Karl-Heinz Wellmann, Utz Thimm (Hrsg.)

Intelligenz zwischen Mensch und Maschine

Karl-Heinz Wellmann, Utz Thimm (Hrsg.)

Intelligenz zwischen Mensch und Maschine

Von der Hirnforschung zur künstlichen Intelligenz
Begleitbuch zum Neuen Funkkolleg
"Die Zukunft des Denkens"

LIT

Die Deutsche Bibliothek – CIP-Einheitsaufnahme

Intelligenz zwischen Mensch und Maschine : Von der Hirnforschung zur künstlichen Intelligenz, Begleitbuch zum Neuen Funkkolleg "Die Zukunft des Denkens" /Karl-Heinz Wellmann, Utz Thimm (Hrsg.) . – Münster : LIT, 1999
ISBN 3-8258-4466-8

NE: GT

Grevener Str. 179 48159 Münster Tel. 0251–23 50 91 Fax 0251–23 19 72

Inhalt

Vorwort

Das Glas erklingt von lieblicher Gewalt,
es trübt, es klärt sich; also muss es werden!
Ich seh' in zierlicher Gestalt
ein artig Männlein sich gebärden.
Was wollen wir, was will die Welt nun mehr?
Denn das Geheimnis liegt am Tage.
Gebt diesem Laute nur Gehör,
es wird zur Stimme, wird zur Sprache.
(Goethe, Faust II, 2. Akt)

Tote Materie in lebendige zu verwandeln, nach dem Vorbild der Götter: Davon haben wir Menschen offenbar schon in früher Vorzeit geträumt. Schon die ältesten uns überlieferten Mythen handeln davon, und Hunderttausende haben das moderne "Männlein" besungen im Kultfilm "The Rocky Horror Picture Show". Der Homunkulus, wie er von Goethe beschrieben wurde, entstand in einem chemischen Labor. Die "Versuchsküchen" der Gegenwart heißen hingegen Informatiklabor, das "Männlein" heißt heute Roboter.

Ein zierliches Männlein zu bauen, das Sprechen, Schauen und Lieben kann, ist bisher noch nicht gelungen. Auch weiß niemand, ob es je gelingen wird. Zu unverstanden sind selbst die scheinbar einfachsten Fertigkeiten, die unser Gehirn uns ermöglicht. Kein Wissenschaftler weiß bis heute genau, wie unser Gehirn uns das Sehen, das Hören und das Laufen ermöglicht. Wie sollte man da eine Maschine bauen können, die denken kann? Und überhaupt: Was genau ist "denken"?

Allzu oft wird Denken noch gleichgesetzt mit dem langwierigen geistigen Durchdringen eines komplizierten Sachverhalts. Als intelligent gelten in diesem Sinne nur die so genannten höheren kognitiven Fähigkeiten. Als Erfolg für "intelligente" Software werden daher zum Beispiel die viel beachteten Schachcomputer angesehen. Wenn ein Computer Schachspielen, also logisch denken könne, dann müsse er eine sehr hohe Intelligenz haben. Wenn ein Computer "bloß" laufen oder etwas sehen könne, dann seien dies hingegen elementare Fähigkeiten, die nichts mit Intelligenz zu tun haben.

Aus der Sicht der Computertechniker stellt sich die Situation jedoch genau umgekehrt dar. Alles, was stark logisch geprägt ist, kann mit Rechnern elegant nachgebaut werden und kann auch weit komplexere Aufgaben bewältigen als der Mensch. Aber alles, was "untere" kognitive Fähigkeiten betrifft, ist sehr schwierig technisch nachzubilden. Ein Beispiel: Wir verstehen die Sätze unseres Gesprächspartners auch in einem Gewirr von 15 Leuten, die gleichzeitig sprechen; ein Computer kann das bis heute nicht. Das Denken des Menschen unterscheidet sich also vom "Denken" einer Maschine – aber wodurch? Dieser Frage ist der vorliegende Sammelband "Intelligenz zwischen Mensch und Maschine: Von der Hirnforschung zur künstlichen Intelligenz" gewidmet.

Die Themen der ausgewählten Beiträge sollen einen Weg weisen von der Hirnforschung über die Robotik und die sogenannte Künstliche Intelligenz (KI) hin zu Visionen vom Leben in digitalen Welten. Leitmotiv unserer Auswahl war, wichtige und zugleich eingängige Arbeiten von bedeutenden Forschern vorzustellen und so einen Einstieg in die Beschäftigung mit Forschungen zur menschlichen und künstlichen Intelligenz zu ermöglichen. Wir hoffen, auf diese Weise auch einen Grundstein legen zu können, von dem aus eine intensive Beschäftigung mit den Themen der vorgestellten Forscher möglich ist.

Dieses "Lesebuch" ist zugleich ein Angebot an die Hörerinnen und Hörer des Neuen Funkkollegs "Die Zukunft des Denkens", sich im Anschluss an die Hörfunk-Sendungen vertiefend mit den Themen der Sendereihe zu befassen. Die vom Hessischen Rundfunk (hr) produzierten 30 Halbstundensendungen beleuchten anhand anschaulicher Beispiele die Folgen der Annäherung von Hirnforschung und Computerwissenschaften. Zugleich wird kritisch beleuchtet, wie tragfähig die Parallele von Hirn und Computer auf Dauer sein kann – schließlich ist beides bisher nur in der Science Fiction "wirklich" miteinander verknüpft.

Wie das Neue Funkkolleg insgesamt, so richtet sich auch dieses Buch an alle, die sich für Themen aus den Bereichen Hirnforschung, Psychologie, Computerwissenschaften und Künstliche Intelligenz interessieren. Auf anschauliche Weise wird der aktuelle Stand der Forschung vorgestellt und dessen ethische sowie gesellschaftliche Auswirkungen erörtert. Dieses Buch richtet sich daher auch an Schülerinnen und Schüler der Sekundarstufe II sowie an Studierende, die im Rahmen ihrer Ausbildung Grundkenntnisse in den Bereichen Neurobiologie, Informatik oder Psychologie erwerben wollen. Ferner an Lehrerinnen und Lehrer der Fächer Biologie, Informatik und Physik, Gesellschaftslehre und Ethik sowie an Erzieherinnen und Erzieher, die Anregungen für Unterrichtsangebote oder Diskussionsrunden sammeln möchten.

Anknüpfend an das seit Jahrzehnten erprobte Funkkolleg-Modell wird in Zusammenarbeit mit den Volkshochschulen ein Orientierungskurs angeboten, der 30 Kollegsendungen im Hörfunk (ab 31. Oktober 1999 sonntags im Hessischen Rundfunk, hr1, Wiederholungen donnerstags in hr2), Begleitzirkel bei den Volkshochschulen und die Materialien in diesem Reader umfasst. Die Gespräche mit führenden US-amerikanischen Forschern über fortgeschrittene Roboterforschung sowie mit Stanislaw Lem und Joseph Weizenbaum werden hier zum ersten Mal in deutscher Fassung gedruckt. Die Herausgeber danken Hardy Tasso, der die Abdruckrechte uneigennützig zur Verfügung gestellt hat.

1989 hatten zunächst Japans Hirnforscher und hernach der US-Kongress und die Europäische Kommission die 90er Jahre zum "Jahrzehnt des Gehirns" ausgerufen. Das Neue Funkkolleg "Die Zukunft des Denkens" ist so zugleich eine Bilanz unseres Wissens über Hirnforschung und Computertechnologien am Ende dieser Dekade.

Frankfurt am Main, September 1999
Karl-Heinz Wellmann
Utz Thimm

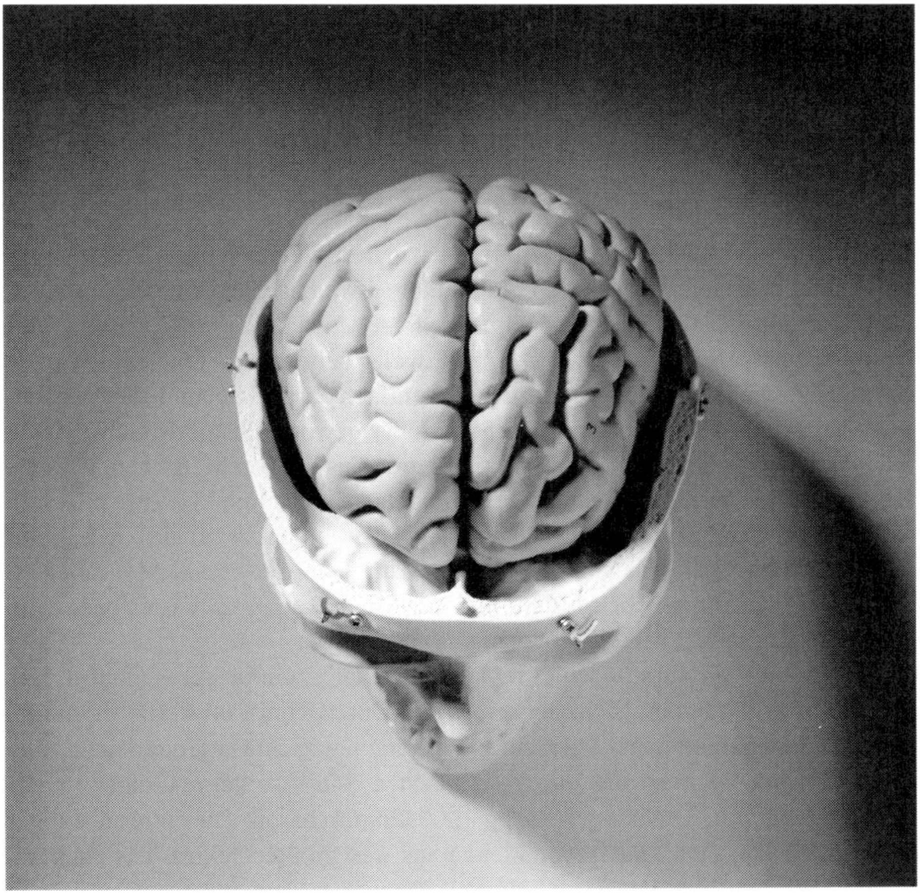

William F. Allman

Wie man einen dicken Kopf bekommt

Im Verlauf der menschlichen Evolution hat sich das Gehirn unserer Vorfahren größenmäßig verdreifacht – aus dem kleinen, etwa baseballgroßen Gehirn des *Homo habilis,* der vor 2,5 Millionen Jahre lebte, entstand das "Riesenhirn" des heutigen Menschen, das etwa die Größe zweier nebeneinandergelegter Fäuste besitzt. Diese Vergrößerung liegt zum Teil einfach daran, daß auch der menschliche Körper im Laufe der Jahrtausende größer geworden ist. Die Gehirne von Elefanten und Walen beispielsweise sind größer als die von Menschen, weil die Körper dieser Tiere größer sind. Wenn man das menschliche Gehirn jedoch in Relation zur Körpergröße betrachtet, so gehört es wieder zu den Riesen im Tierreich: Das Verhältnis von Körpergröße zum Gehirn ist beim Mensehen etwa doppelt so groß wie beim Elefanten und dreimal so groß, wie es bei einem typischen Primaten unserer Größe zu erwarten wäre.

Ein größeres Gehirn bedeutet nicht zwangsläufig ein besseres Gehirn. Das Gehirn eines modernen Menschen wiegt im Durchschnitt etwa 1350 Gramm; das Gehirn des russischen Dichters Iwan Sergejewitsch Turgenjew hatte über 2000 Gramm, während das des französischen Schriftstellers Anatole France angeblich nur ein Gewicht von knapp 1000 Gramm besaß. Die Gehirne einiger moderner Menschen sind sogar kleiner als das größte Gehirn, das man für *Homo erectus,* einen der Vorfahren des Menschen, berechnet hat, und auch das geschätzte Hirngewicht des Neandertalers, eines weiteren Frühmenschen, bewegt sich mit 1400 Gramm oberhalb des obengenannten durchschnittlichen Hirngewichts eines modernen Menschen.

Das menschliche Gehirn ist nicht nur größer als das Gehirn anderer Tiere, es ist auch anders strukturiert. Man wird nie ein menschliches Gehirn erhalten, indem man zum Beispiel ein Schimpansengehirn nimmt und einfach nur vergrößert. Im Schimpansenhirn macht der Neocortex – derjenige Teil des Ge-

---

* zu 1. William F. Allman: "Wie man einen dicken Kopf bekommt"
Schädel mit Gehirn, (Abb. S. 5)
"Ein größeres Gehirn bedeutet nicht zwangsläufig ein besseres Gehirn. Das Gehirn eines modernen Menschen wiegt im Durchschnitt etwa 1350 Gramm; das Gehirn des russischen Dichters Iwan Sergejewitsch Turgenjew hatte über 2000 Gramm, während das des französischen Schriftstellers Anatole France angeblich nur ein Gewicht von knapp 1000 Gramm besaß."

hirns, in dem höhere Lern-, Problemlöse- und Wahrnehmungsvorgänge stattfinden – etwa 75 Prozent der Hirnmasse aus, beim Menschen hingegen 85 Prozent. Das menschliche Gehirn unterscheidet sich von dem anderer Tiere auch darin, daß sich die beiden Hemisphären spezialisiert haben: Die linke Hälfte unseres Gehirns ist für Sprache und Symbolerkennung verantwortlich, während die rechte Hälfte für Eigenschaften wie räumliche Zuordnung, Emotionen und musikalisches Verständnis zuständig ist. In anderen Worten: Genau wie die moderne Gesellschaft ihre Stärke aus der Arbeitsteilung zwischen Bauern, Handwerkern, Soldaten und so weiter bezieht, hat es offenbar auch das Gehirn geschafft, seine Leistungsfähigkeit zu steigern, indem es die Arbeit zwischen verschiedenen Teilen seiner verwickelten neuralen Struktur aufteilte.

Das Gehirn ist zwar ein leuchtendes Beispiel für die unglaubliche Komplexität, die in lebendiger Materie entstehen kann, bleibt aber – wie auch andere komplexe Eigenschaften von Tieren, zum Beispiel das Echolotorgan der Fledermäuse oder die Fähigkeit der Spinne, ein Netz zu weben – dennoch ein Produkt der Evolution. Der starke Größenzuwachs unseres Gehirns kann aber auch nicht als Evolutionsanomalie bezeichnet werden: Damit es innerhalb der vergangenen 2,5 Millionen Jahre seine heutige "Ballongröße" erreichen konnte, mußte es in jeder Generation gerade mal um ein Millionstel eines Prozentpunktes wachsen. Darüber hinaus ist es für den Menschen gar nicht so ungewöhnlich, ein großes Gehirn zu besitzen; denn das große Gehirn ist ein Merkmal, das bei den Primaten schon lange vor dem Erscheinen des Menschen auftauchte. Das Gehirn des gemeinsamen Vorfahren von Affen, Menschenaffen und Menschen erfuhr vor 60 Millionen Jahren einen Größenzuwachs von 65 Prozent und wuchs seitdem kontinuierlich weiter.

Was war der Auslöser?

Selbstverständlich hat ein großes Gehirn auch seinen Preis: Wie eine alte Luxuslimousine "schluckt" so ein Gehirn "viel Sprit". Bei erwachsenen Menschen benötigt das Gehirn 20 Prozent des Ruheenergiebedarfs, im Gegensatz dazu genügen einem erwachsenen Schimpansen neun Prozent. Und genau wie eine alte Limousine ist auch das menschliche Gehirn recht hitzeempfindlich: Wenn die Körpertemperatur nur um vier Grad steigt, kann dies bei Erwachsenen zu Verwirrtheitszuständen und bei Kindern zu Fieberkrämpfen führen. Durch das Wachstum des Gehirns ergab sich als weiteres Problem, daß ein großes Gehirn natürlich auch einen großen Schädel brauchte; dadurch wurde die Geburt für Mutter und Kind zu einer gefährlichen Angelegenheit.

Was das angeht, gibt es noch weitere Unterschiede zwischen unserer Art und den übrigen Primaten: Gemessen an der Gesamtlebensdauer hat der Mensch eine der kürzesten Tragzeiten unter allen Primaten. Wenn die Schwangerschaft beim Menschen nach dem gleichen Muster verliefe wie bei den übrigen Affen, würden unsere Babys 18 Monate nach der Empfängnis geboren. Tatsache ist, daß das Gehirn eines Säuglings bei der Geburt nur etwa ein Viertel seiner endgültigen Größe hat; unmittelbar danach durchläuft das Gehirn seinen größten Wachstumsschub. Da das Wachstum auch dann noch anhält, wenn die Gehirne anderer Primatenkinder ihres längst eingestellt haben, kann unser Gehirn größer werden als das der anderen Primaten.

Diese verlängerte kindliche Wachstumsphase beim Menschen – und das große Hirn, das sie mit sich brachte – entwickelte sich wahrscheinlich aufgrund von Mutationen jener Gene, welche die Gesamtentwicklung des Menschen steuern: Im Gegensatz zu den übrigen Primaten hält sich das jugendliche Aussehen beim Menschen bis ins Erwachsenenalter, zusammen mit der jugendlichen Hirnzuwachsrate. In der Tat ähnelt ein erwachsener Mensch äußerlich einem jungen Menschenaffen, dessen vorgewölbte Stirn und flaches Gesicht sich erst später zum vorspringenden Kinn und zur fliehenden Stirn der adulten Tiere entwickeln.

Bedenkt man all die Unannehmlichkeiten, die dem Körper durch ein großes Gehirn erwachsen, so leuchtet ein, daß sich diese "Riesenhirne" in unseren Vorfahren nicht rein zufällig entwickelt haben. Die Intelligenztests, von denen sich unsere Vorfahren tagein, tagaus gefordert sahen, müssen schon recht beachtlich gewesen sein; denn durch das Lösen dieser Probleme konnte die Intelligenz, die quasi Hand in Hand mit dem "Riesenhirn" daherkam, die enormen biologischen Nachteile ausgleichen, die dieses für den Körper mit sich brachte.

Im Laufe der Jahre stellten Forscher verschiedene Theorien auf, was wohl die Wachstumsexplosion des menschlichen Gehirns ausgelöst haben könnte.

[...] Ein Schlüssel zum Verständnis der Ursachen des Gehirnwachstums ist die Feststellung, daß die bemerkenswerte Intelligenz des *Homo sapiens* ihn nicht zwangsläufig zu einem Außenseiter der Evolution machte: Während der Evolution der Primaten haben sich nämlich bei allen Affen große Gehirne entwickelt. Insgesamt schneiden alle Affen bei Intelligenztests besser ab als irgendeine andere Tiergruppe. Wenn also das große Gehirn des Menschen nur Teil eines allgemeinen Entwicklungstrends in Richtung Intelligenz bei *allen* Primaten ist, sollte die eigentliche Frage besser lauten: Was machen Primaten mit all der Gehirnsubstanz, was andere Tiere nicht tun?

Die Antwort auf diese Frage findet sich in der Art und Weise, wie Primaten – insbesondere wir Menschen – sozial miteinander umgehen. Den bedeutendsten Faktor im Leben der Primaten stellt ihr soziales Umfeld dar: Viele Affen- und Menschenaffenarten leben in Sozialverbänden, die durch Bündnisse, Fehden, hierarchische Strukturen, Konkurrenz, Kooperativität und Täuschungsmanöver gekennzeichnet sind. In freier Wildnis verwenden Primaten nur sehr selten Werkzeug; doch benutzen sie ihre Artgenossen als "soziale Mittel zum Zweck", um Bündnisse zu schließen oder zu brechen und auf diese Weise ein bestimmtes Ziel zu erreichen. Die Schwierigkeiten beim Aufbau von komplexen Beziehungen zu anderen Menschen stellten die Gehirne unserer Urahnen vor die größten kognitiven Probleme – und förderten ihre Evolution.

Ganz gleich, ob man nun die Rangordnung innerhalb einer Horde Meerkatzen beachten oder sich den Weg durch das Gedränge auf einer New Yorker Cocktailparty bahnen muß – komplexe soziale Beziehungen zu unterhalten, erfordert enorme geistige Fähigkeiten. Im Gegensatz zur typischen physischen Umwelt eines Primaten, die sich nur sehr langsam verändert, bleibt sein soziales Umfeld nie konstant; vielmehr besteht es aus einem Geflecht von Intrigen und ständig wechselnden Allianzen, einem Spiel, in dem viele verschiedene Mitspieler, die alle ihre eigenen Interessen verfolgen, heftig mitmischen. Und so kommentiert denn auch die kleine Alice in Lewis Roman *Alice im Wunderland* ein Krocketspiel, bei dem Igel als Bälle und Flamingos als Schläger verwendet werden, mit folgenden Carrolls Worten: "Sie können sich überhaupt nicht vorstellen, wie verwirrend es ist, daß hier alle Dinge lebendig sind."

William F. Allman lebt als Wissenschaftsjournalist in Washington, D. C. und berichtet vor allem im U.S. News and World Report über Themen aus den Gebieten der Anthropologie, der Hirnphysiologie und der Verhaltensforschung. In seinem Buch Mammutjäger in der Metro: wie das Erbe der Evolution unser Denken und Verhalten prägt (Spektrum Akad. Verlag, 1996) geht es um die stammesgeschichtlichen Wurzeln unseres Sozialverhaltens: von Sexualität und Aggressivität, von Sprachfähigkeit und Moral, von der Fähigkeit, Freundschaften und Bündnisse zu schließen und damit zugleich Außenseiter zu schaffen. Allmans durchaus anfechtbare These und zugleich Sorge ist, dass der Mensch mit seiner im Grunde steinzeitlichen Psyche eines Jägers und Sammlers auf Dauer ernste Probleme haben wird, in einer hochtechnisierten Massengesellschaft zu bestehen.

Ronald D. Laing

Jill und Jack

Aus einer existentialistischen Perspektive hat der britische Psychiater Ronald D. Laing schon vor 30 Jahren beschrieben, wie verflochten sozialen Beziehungen sein können (Knoten. Rowohlt, 1972), wie lautlose Dialoge nahezu unbemerkt die Beziehungen eines Menschen zum Mitmenschen zugrunde richten können, wie ein gewohnheitsmäßiger Stellungskrieg sich entwickelt, der die Beteiligten zwingt, in den alten Mustern von Liebe und Hass, Gut und Böse, Hoffnung und Angst zu denken.

Jill glaubt, daß Jack kleinlich und gierig ist
Jack glaubt, daß Jill kleinlich und gierig ist
je mehr Jill glaubt, daß Jack kleinlich ist
desto gieriger findet Jack Jill
je mehr Jill glaubt, daß Jack gierig ist
desto kleinlicher findet Jack Jill
je gieriger Jack Jill findet
        desto kleinlicher findet Jill Jack
        je kleinlicher Jill Jack findet
desto gieriger findet Jack Jill
Jack glaubt, daß Jill gierig ist
                weil Jill Jack kleinlich findet
Jill glaubt, daß Jack kleinlich ist
        weil Jack Jill gierig findet
Jack glaubt, daß Jill kleinlich ist
                weil Jill Jack gierig findet
Jill glaubt, daß Jack gierig ist
        weil Jack Jill kleinlich findet

---

* zu 2. Ronald D. Laing: "Jill und Jack"
Wirbelsturm, (Abb. S. 11)
"Je mehr Jill glaubt, Jack sei kleinlich
zu glauben, sie sei kleinlich, zu glauben
er sei gierig, zu glauben, sie sei kleinlich . . ."

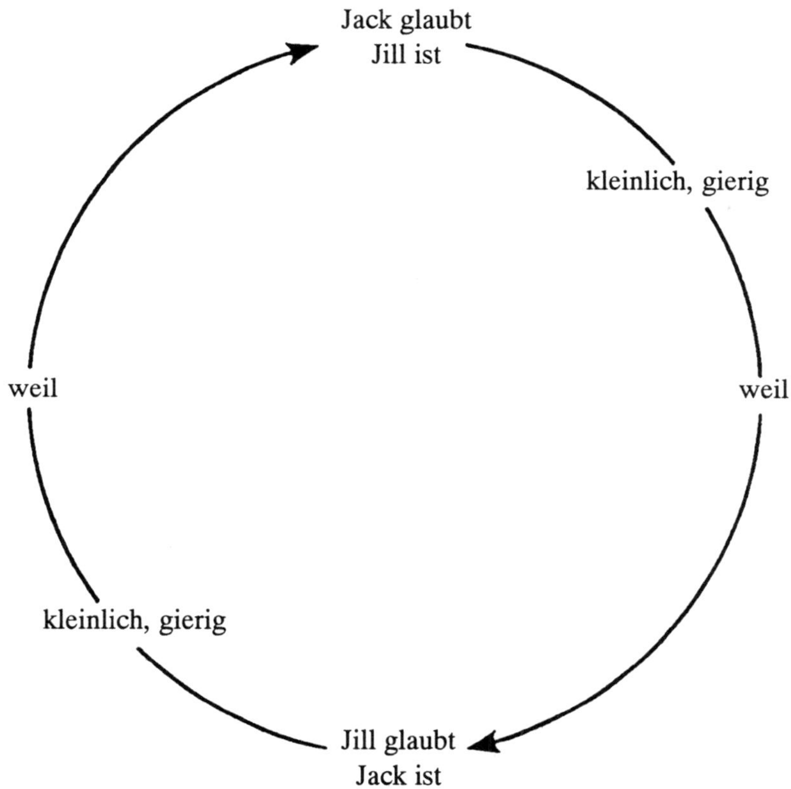
Jack glaubt
Jill ist
kleinlich, gierig
weil
Jill glaubt
Jack ist
kleinlich, gierig
weil

Jack glaubt, Jill
ist
kleinlich
gierig
weil
Jill glaubt, Jack
ist
kleinlich
gierig

Je mehr
    Jack glaubt, Jill sei kleinlich, zu glauben, er sei gierig
desto mehr
    glaubt Jill, Jack sei kleinlich
        zu glauben, sie sei kleinlich, zu glauben, er sei gierig
            zu glauben, sie sei kleinlich

Je mehr Jill glaubt, Jack sei kleinlich
    zu glauben, sie sei kleinlich, zu glauben
    er sei gierig, zu glauben, sie sei kleinlich
desto mehr glaubt Jack, Jill sei kleinlich
    zu glauben
        Jack sei kleinlich
            zu glauben sie sei kleinlich
            zu glauben er sei gierig
            zu glauben sie sei kleinlich
    weil sie ihm nicht gibt, was er will

Er will, daß sie großzügiger ist
    in ihrem Urteil über ihn
nämlich, nicht zu glauben er sei kleinlich
    zu glauben sie sei kleinlich
        zu glauben er sei gierig
            zu glauben sie sei kleinlich
    zu glauben er sei kleinlich
        zu glauben sie sei kleinlich
        zu glauben er sei gierig
        zu glauben sie sei kleinlich

Sie glaubt
er verlange zu viel (gierig)
wenn er von *ihr* erwartet
nicht zu glauben er verlange zu viel (gierig)
wenn er von ihr erwartet
nicht zu glauben er sei kleinlich und gierig
zu glauben sie sei kleinlich
zu glauben er sei gierig
zu glauben *sie* sei kleinlich
zu glauben er sei kleinlich
zu glauben sie sei kleinlich
zu glauben er sei gierig
zu glauben sie sei gierig
wo *sie* doch nur will, daß
er großzügiger ist in seinem Urteil über sie

nämlich, nicht zu glauben sie sei kleinlich
zu glauben er sei kleinlich
zu glauben sie sei gierig
zu glauben er sei kleinlich
zu glauben sie sei kleinlich
zu glauben er sei kleinlich
zu glauben sie sei gierig
zu glauben er sei kleinlich
von ihr mehr Großzügigkeit in ihrem Urteil über ihn zu wollen,

Roger Fouts

Durch Gebärden das Sprachzentrum im Gehirn überlisten

Mit den archaischen Wurzeln der Kommunikation beim Menschen, speziell mit dem Zusammenspiel von Deuten und Bedeuten beschäftigt sich auch der US- amerikanische Kinderpsychologe Roger Fouts, seit er Schimpansen mit Erfolg die amerikanische Gebärdensprache beibrachte (Unsere nächsten Verwandten: von Schimpansen lernen, was es heißt, ein Mensch zu sein. Limes, 1998). Seine Studien, die zum Bedeutendsten gehören, was je von Verhaltensforschern erarbeitet wurde, widmeten sich auch dem Verständnis des Autismus. Ihm gelang es, ein autistisches Kind aus seiner Isolation zu befreien, indem er dem Jungen – wie zuvor mehreren Schimpansen – die Gebärdensprache beibrachte. Später erlernte dieser Junge sogar gesprochene Sprache. Da die Steuerungszentren für Bewegungen der Hand und des Mundapparats in der Hirnrinde direkt benachbart sind, sieht Fouts in Gebärden auch evolutionär den Ursprung gesprochener Sprache.

David war ein klassischer Fall von kindlichem Autismus. Autismus ist eine Entwicklungsstörung, gekennzeichnet durch fehlende Sprachentwicklung, Kontaktstörungen, zwanghafte und repetitive Körperbewegungen und die Unfähigkeit, die Existenz und Gefühle anderer Menschen zur Kenntnis zu nehmen. Das autistische Kind lebt unter einer Art Glasglocke, in einer eigenen Wirklichkeit ohne Verbindung nach außen. Autismus hatte mich schon immer fasziniert, seitdem ich mich auf dem College damit befaßt hatte; deshalb hörte ich gespannt zu, als George mir von seinem kleinen Patienten David erzählte. Und bald darauf nahm eine ziemlich unorthodoxe therapeutische Idee in meinem Kopf Gestalt an. [...]

Ich hatte das Gefühl, daß David in der Lage sein könnte, die American Sign Language (ASL) zu lernen. Natürlich war ich kein Autismusexperte, doch manche Aspekte des autistischen Verhaltens drängten einen visuellen Zugang zur Sprache geradezu auf. Zum einen scheinen die meisten autistischen Kinder Probleme mit der Verarbeitung und der Reaktion auf auditive Reize, also Laute, zu haben; wenn die Ärzte sagten, autistische Kinder hätten "Sprachschwierigkeiten", meinten sie in Wahrheit Probleme mit der *gesprochenen* Sprache. Zum anderen war ich auf mehrere Studien aus den späten sechziger Jahren gestoßen, die zeigten, daß viele autistische Kinder auf Gesichtsausdrücke, Gesten und Berührungen sehr wohl reagierten, und ich hatte den Eindruck, daß die moderne Psychologie sich auf den falschen Kommunikationskanal konzentrierte, nicht anders, als es bei den ersten Sprachexperimenten mit Menschenaffen der Fall gewesen war. Einem autistischen Kind die Lautsprache aufzuzwingen, ist ebenso sinnlos, wie es die diversen lautsprachlichen Versuche mit Schimpansen gewesen waren.

Es war natürlich nicht sehr verwunderlich, daß niemand je versucht hatte, einem autistischen Kind die Gebärdensprache beizubringen. Die meisten Psychologen waren wie die meisten Linguisten Anhänger des Dogmas: "Die Lautsprache ist etwas Besonderes." Bis in die siebziger Jahre galt Taubstummheit als pathologisch und wurde "therapiert", indem man taub geborene Kinder zwang, von den Lippen zu lesen und mit ihrer Stimme zu sprechen. Auch von autistischen Kindern wurde erwartet, daß sie entweder so sprachen, "wie es sich gehört", oder überhaupt nicht. [...]

Als ich das erste Mal ins Krankenhaus kam, saß David auf einem Stuhl, starrte zum Deckenlicht hinauf und wedelte mit der rechten Hand rasch vor den Augen hin und her. Dann begann er, sich vor und zurück zu wiegen, wobei er hinter sich griff und mit dem Daumen entlang der Stuhllehne hin und her fuhr. Nach einigen Minuten stand er auf, ging zum Schreibtisch und blätterte ein Buch durch, immer wieder von neuem. Dann drehte er sich zu mir um und kam auf mich zu, aber er sah mich nicht an, als wäre ich ein Teil der Zimmereinrichtung. Er griff in meine Hemdtasche, zog meine Pfeife heraus und spielte eine Weile damit. Gegen Ende der Sitzung stellte sich David mit dem Gesicht zur Wand und stieß einen durchdringenden Schrei aus, wobei er mehrmals den Kopf auf und ab bewegte.

Das alles waren Beispiele der klassischen "Stereotypien": sinnlose, repetitive Verhaltensweisen. Aber dieses Verhalten kam vielleicht nur uns sinnlos vor – für David mußte es eine Bedeutung haben. Also begann ich, nach Hinweisen auf seine Art der Informationsverarbeitung zu suchen. Klar war zunächst, daß David visuelle Reize wahrnahm (Starren auf fluoreszierendes Licht und die sich bewegenden Buchseiten). Außerdem hatte er keine Schwierigkeiten, auf visuelle Reize mit motorischer Aktivität zu reagieren (Wedeln mit der Hand vor dem Gesicht, Blättern im Buch, Spielen mit Pfeife und Schlüsseln). Er war auch in der Lage, zweierlei Bewegungen miteinander zu verbinden – den Oberkörper zu wiegen, während er gleichzeitig den Daumen hin- und herbewegte. Was ihm offenbar mißlang, war die gleichzeitige Verarbeitung auditiver und visueller Reize. Deshalb mußte er das Gesicht zur Wand drehen, wenn er schrie: Er schloß sein Gesichtsfeld aus, während er Lärm machte.

David hatte offensichtlich Schwierigkeiten, die Informationen, die über das Gehör zu ihm gelangten, mit anderen, die er über die Augen wahrnahm, zu verbinden. Diese Gehirnfunktion nennt man Modaltransfer. David konnte visuelle mit visuellen, visuelle mit motorischen und motorische mit motorischen Funktionen verbinden, doch die Integration von visuellen und auditiven Informationen gelang ihm nicht. Jeder, dem diese Verbindung zwischen Gehör- und Gesichtssinn fehlt, hat größte Mühe, eine Lautsprache zu lernen. Wenn ich einen Stift hochhalte und sage: "Das ist ein Kugelschreiber", stellen die meisten Kinder die Verbindung sofort her. Aber für jemanden wie David, der zwei getrennte sensorische Systeme hatte, war es dasselbe wie ein sehr schlecht synchronisierter Film: Für ihn waren Töne bestenfalls verwirrend und im schlimmsten Fall erschreckend. Kein Wunder, daß er seiner Mutter und allen anderen aus dem Weg ging. Ihre Sprache verstörte ihn. (Eine genauere Vorstellung von dieser verzerrten auditiven Wirklichkeit gewann ich später durch die Arbeit mit einem autistischen Mädchen: Auf das Läuten des Telefons reagierte sie nicht, aber fünf Sekunden später fing sie an zu schreien.)

Nachdem ich David beobachtet hatte, war ich zuversichtlicher denn je, daß die Gebärdensprache für ihn geeignet war. Für die Verständigung mit Gebärden sind genau die beiden Sinneskanäle notwendig, die bei ihm funktionierten, der Gesichts- und der Bewegungssinn. Seine Mutter war mit einem Versuch einverstanden, und in der Woche darauf besuchte ich ihn wieder in der Klinik. Nachdem David eine Weile dagesessen und sich hin und her gewiegt hatte, ging er zur Tür und begann, wild am Türknauf zu drehen, als wollte er hinaus. Ich nahm seine beiden Hände in die meinen, formte sie zu der ASL-Gebärde für ÖFFNEN (Handflächen nebeneinander, nach unten gerichtet) und führte sie dann durch die gesamte Gebärde (die Hände öffnen sich und wenden sich nach außen, wie ein Buch, das aufgeschlagen wird). Als wir auf den Gang hinaustraten, begann David zu rennen. Ich hielt ihn auf, nahm wieder seine Hände und zeigte ihm die Gebärde LAUFEN (die rechte Handfläche reibt gegen die linke).

Eine Woche später sahen wir uns wieder. Diesmal ging David zur Tür und machte die Gebärde ÖFFNEN. Wir traten in den Flur hinaus, er deutete LAUFEN, und wir rannten gemeinsam durch die Korridore. Von dem Augenblick an hatte ich keine Schwierigkeiten, David Gebärden beizubringen: Er saugte sie förmlich auf – offensichtlich entlud er damit ein lang aufgestautes Bedürfnis nach Kommunikation. David und ich sahen uns nur einmal in der Woche für eine halbe Stunde, doch innerhalb von zwei Monaten hatte er sich bereits ein kleines Vokabular von Gebärden angeeignet und begann, sie zu Sätzen zu kombinieren wie DU MIT MIR LAUFEN.

Ausgerüstet mit diesen Gebärden, zertrümmerte David die Glasglocke, die ihn neun lange Jahre in einer isolierten Welt gefangengehalten hatte. Sein Verhalten änderte sich radikal. Er schrie nicht mehr, wiegte sich nicht mehr hin und her, sondern konnte andere Menschen ansehen, sie zum Spielen auffordern und seine eigenen Gesten erfinden, um mitzuteilen, was er wollte. Für Davids Mutter war der Anblick ihres autistischen Sohns, der mit einer Gebärde MAMA sagte, ein regelrechtes Wunder. Ebenso sprachlos waren die Ärzte und Schwestern der Universitätsklinik. Mehr als alles andere verblüffte sie seine Fähigkeit, Blickkontakt herzustellen. Sie konnten nicht glauben, daß dies dasselbe Kind war, das ihre Existenz bisher nie zur Kenntnis genommen hatte.

Davids Gebärden und die drastische Veränderung seines Verhaltens waren in der Tat beeindruckend. Wenn meine Methode auch bei anderen Kindern funktionierte, konnte sie sicher als Durchbruch gewertet werden. Aber die Geschichte war damit nicht zu Ende. Denn ein paar Wochen, nachdem David begonnen hatte, sich durch Gebärden auszudrücken, geschah etwas Außerordentliches und Unerwartetes: David fing an zu *sprechen.* Zuerst waren es nur einzelne Wörter: "Öffnen", "Mama", "trinken". Aber zur selben Zeit, wie er seine Gebärden zu Sätzen zu kombinieren begann, bildete er auch aus Wörtern Sätze: "Gib mir Trinken."

Ich war vollkommen perplex. Wie war es möglich, daß Gebärden, die rein visuell waren, ihn zum Sprechen veranlaßten, für das er Gehör und Stimme brauchte? Ich hatte zwar alle meine Gebärden mit Worten kommentiert (eine Methode, die man "totale Kommunikation" nennt), aber nie versucht, ihn zu einer gesprochenen Antwort aufzufordern. Offensichtlich hatte die Gebärdensprache bei ihm auch die Fähigkeit zu lautlicher Sprache aktiviert. Aber wie?

Das konnte nicht bloß ein glücklicher Zufall sein. Deshalb beschloß ich, die ASL-Therapie bei einem anderen autistischen Kind auszuprobieren, einem fünfjährigen Jungen namens Mark. Mark war extrem hyperaktiv. Als ich ihn das erste Mal zu Hause besuchte, wirbelte er wild herum, rang die Hände, stieß unverständliche Laute aus. Seine Eltern sagten, er lache und weine oft unmäßig und greife sich selbst und andere an. Er war bei fünf verschiedenen Ärzten in Behandlung gewesen, unter anderen zwei Kinderneurologen und einem Psychiater. Drei Schulen hatten ihn wieder fortgeschickt, darunter eine für lernbehinderte und emotional gestörte Kinder.

Nun erhielt Mark zweimal in der Woche je eine halbe Stunde Unterricht in der Gebärdensprache. Wie David lernte Mark seine erste Gebärde – GIB MIR – schon in der ersten Woche. In der zweiten Woche deutete er seinen ersten Satz – GIB MIR SCHLÜSSEL. In der vierten Woche zählte ich insgesamt 100 gebärdete Antworten.

Dann begann Mark wie auf ein Stichwort hin zu reden. Zuerst, in der fünften Woche, sprach er nur ein Wort. Es folgten immer mehr Wörter bis zur zehnten Woche, in der er seine ersten Sätze bildete. Im selben Maß wie seine Gebärdensätze länger wurden (GIB MIR MEHR TRINKEN), sprach er auch längere Sätze. Um Marks sprachliche Fortschritte graphisch darzustellen, zeichnete ich vier Kurven nebeneinander, jede mit einem Abstand von wenigen Wochen, die alle denselben Verlauf nahmen: eine Kurve für die Gebärden, die zweite für Gebärdensätze, die dritte für Wörter und die vierte für Wortsätze. Es bestand kein Zweifel, daß die Gebärdensprache ihm die Lautsprache erleichterte. In unserer zwanzigsten Unterrichtsstunde erfand er ein Spiel, bei dem er mir die Schlüssel in die Tasche steckte und wieder herausnahm, wobei er sagte: "Schlüssel finden", "Gib mir Schlüssel zurück" oder "Zurück Schlüssel geht raus."

Wie David erlebte auch Mark einen radikalen Persönlichkeitswandel. Während unserer Sitzungen war er aufmerksam, und er freute sich schon lang im voraus darauf. Er forderte mich zu Spielen auf, teilte mir durch Gebärden mit: BITTE KITZELN, oder er formte meine Hand zur Gebärde KITZELN und griff mich dann spielerisch an. Wenn seine Eltern ihn umarmten, erwiderte er die Umarmung, was eine erstaunliche Entwicklung war. Mark war zwar noch kein normaler Fünfjähriger, doch er lebte nicht mehr allein in seiner Welt.

[...]

Dennoch blieb die Frage, *warum* Gebärden die Lautsprache fördern? Darüber zerbrach ich mir endlos den Kopf, bis ich genau dort über die Antwort stolperte, wo ich sie am wenigsten erwartete, wie es in der Wissenschaft so häufig der Fall ist. Anfang 1977 hielt ich einen Vortrag an der University of Western Ontario im kanadischen London. Eine meiner Gastgeberinnen war die Neurologin Dr. Doreen Kimura, die kurz zuvor einige interessante Forschungsarbeiten über Aphasie-Patienten durchgeführt hatte: Menschen, die ihr Sprechvermögen infolge einer Schädigung der linken Gehirnhälfte ganz oder teilweise verloren hatten. Kimura stellte fest, daß die Patienten außerdem Schwierigkeiten mit feinmotorischen Bewegungsabläufen hatten, zu denen sie die Finger benötigten. Wurden sie zum Beispiel aufgefordert, auf einen Knopf zu drücken und dann einen Henkel zu ergreifen, drückten sie sowohl auf den Knopf als auch auf den Henkel.

Die Sprachregion im Gehirn sei offenbar auch für die Steuerung präziser Handbewegungen zuständig, erklärte mir Kimura. Ein Aphasie-Patient kann ein Wort begreifen und sogar aussprechen, aber es gelingt ihm nicht, Wörter zu Sätzen zusammenzufügen. Er kann auch eine motorische Bewegung ausführen – auf einen Knopf drücken –, aber einen ganzen Bewegungsablauf zu koordinieren gelingt ihm nicht.

Es dauerte etwa eine Sekunde, bis mir klar wurde, was das bedeutete. *Am Sprachvermögen sind präzise, aufeinanderfolgende Bewegungsabläufe beteiligt.* Das war die perfekte Erklärung, weshalb die autistischen Kinder über Gebärden zur Lautsprache gelangt waren. Hatten sie einmal gelernt, mit Hilfe der feinmotorischen Bewegungen der Gebärden zu kommunizieren, begannen sie spontan, sich durch eine andere Form feinmotorischer Bewegungen auszudrücken: gesprochene Worte. Ich hatte mich auf den *Unterschied* zwischen gebärdeter und gesprochener Sprache konzentriert – die eine sieht man, die andere hört man – und damit die augenfällige Tatsache übersehen, daß beide Sprachen eine Form von Gestik sind.

Die Gebärdensprache stützt sich auf Gesten der Hände; die Lautsprache ist die Gestik der Zunge. Die Zunge vollführt präzise Bewegungen und stoppt an spezifischen Stellen innerhalb des Mundes, so daß wir bestimmte Laute hervorbringen. Und die Hände und Finger halten an bestimmten Stellen des Körpers inne, um Gebärden zu erzeugen. Die Präzisionsbewegungen von Zunge und Händen sind nicht nur verwandt, sondern in den motorischen Regionen des Gehirns miteinander *verbunden.* Diese Verbindung war schon Charles Darwin aufgefallen, und zwar bei einer Tätigkeit, die uns allen wohlbekannt ist: Wenn unsere Finger sich sehr präzise bewegen – zum Beispiel beim Einfädeln einer Nadel –, vollführt die Zunge oft unfreiwillig eine ähnliche Bewegung. Und Doreen Kimura bemerkte, daß bestimmte Arten von Handbewegungen nur dann erfolgen, wenn die betreffende Person spricht, also die Zunge bewegt.

[...]

Kumura fand die Brücke in den neuronalen Mechanismen, die Hand- und Zungenbewegungen miteinander verbinden. Aber es waren zwei autistische Kinder, David und Mark, die uns diese Brücke auf dramatische Weise vor Augen führten, indem sie sie binnen weniger Wochen überquerten. Es ist durchaus denkbar, daß David und Mark damit noch einmal dem evolutionären Pfad unserer eigenen Ahnen folgten, einer sechs Millionen Jahre dauernden Reise, die von der affenähnlichen Gestik der Hominiden zur Sprache des modernen Menschen führte.

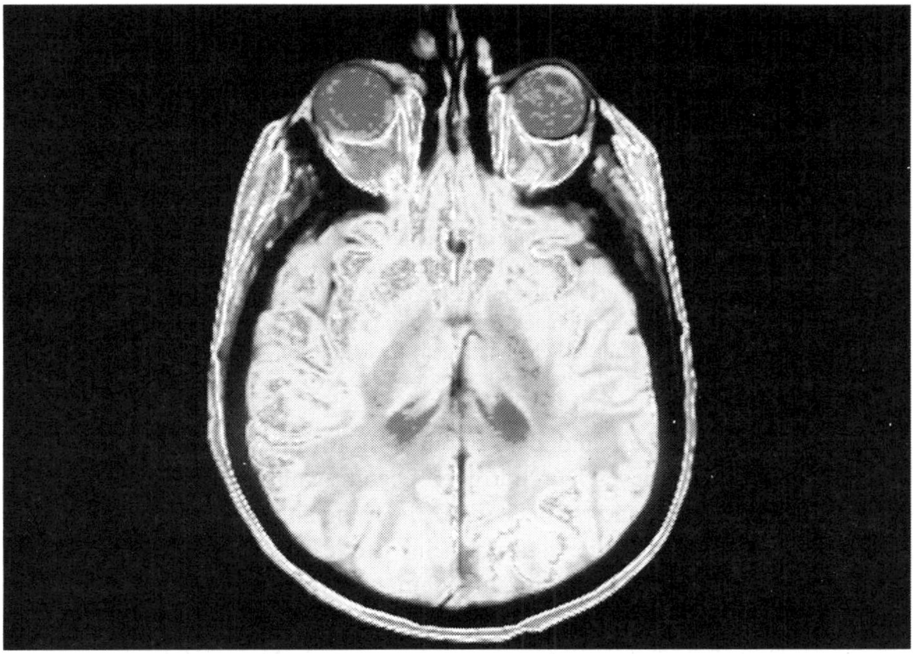

Jürgen Matijevic

Evolution und Erkenntnisvermögen

Auf welche Weise das Gehirn durch Erinnerungsspuren gefurcht wird, beschäftigt den Direktor des Frankfurter Max Planck-Instituts für Hirnforschung, Prof. Wolf Singer. Am Beispiel des Spracherwerbs erläuterte er im Gespräch mit dem Diplom-Biologen und Wissenschaftsjournalisten Jürgen Matijevic jene angeborenen Regeln, die dazu führen, dass externe physikalische Ereignisse (zum Beispiel Luftdruckschwankungen) in innere, für das Gehirn "verständliche" physiologische Zustände übersetzt werden.

Die Grenzen der Haut sind zwar durchlässig für manches aus der Umwelt, aber nur selten wird dieses Durchdringen bewußt wahrgenommen. Dort fliegt ein Windhauch vorbei, und rasch ist die Erinnerung an ihn verblasst. Dann reibt etwas an der Hautoberfläche, es drückt eine Stelle am Rücken, kaum spürbar. Manchmal wird es ein wenig kühl, manchmal ein wenig warm. Eindrücke aus der Welt außerhalb des Körpers – die nicht vor Anker gehen, sondern rasch vergehen, sich in Nichts auflösen, verblassen. Die Sprache ist reich an Metaphern hierfür.

Das Erleben der Grenze zwischen Innen und Außen, das Anbranden eines "Ich-Gefühls" verdichtet sich kaum je zur Erinnerung. So nährt sich der spätere bewußte Blick zurück zu den Spuren der ersten Lebensjahre allein von der Phantasie, von den Berichten der Augenzeugen. Doch wie unterscheidet sich die "Innere Welt" des Körpers mit ihren pulsierenden Flußläufen des Blutes, dem Schlagen des Herzens, dem Empfinden von Hunger, Durst oder Schmerz: Wie unterscheidet sich all das von der "Äußeren Welt"? Wann wird das Gedächtnis von Erinnerungsspuren gefurcht? Alles beginnt mit dem Deuten der ersten Zeichen. Einer Windharfe gleich sind im Menschen Saiten gespannt, die angeschlagen werden von den Reizen der Außenwelt, die für uns zu Signalen werden. Die Architektur für diese Saiten liegen im Erbgut, in den Genen des Menschen verborgen – so Prof. Dr. Wolf Singer, der Direktor des Max Planck-Instituts für Hirnforschung in Frankfurt am Main:

---

* zu 4. Jürgen Matijevic: "Vom Windhauch zum Wissen und Sprechen"
horizontaler Gehirnschnitt in Höhe der Augen, (Abb. S. 23)
"Die Signale der 'Äußeren Welt' und die der 'Inneren Welt', die pausenlos von den Wahrnehmungsorganen, den sensiblen Horchposten des Körpers registriert werden, sie bleiben unverständlich, solange sie nicht in jene Universalsprache übersetzt werden, die das Gehirn des Menschen versteht: in elektrische Signale."

"Sicher ist, daß sehr viel Wissen über die Struktur von Welt im Lauf der Evolution erworben worden ist, sich in den Genen manifestiert und in den Genen ausdrückt, jeweils neu in den Verschaltungen des Gehirns. Alles, was Gehirne vergleichbar macht, also alles das, was die Wissenschaft in der Lage ist, an Struktur zu erkennen, denn das ist das, was zwischen Hirnen vergleichbar ist, das muß über genetische Instruktionen realisiert worden sein und das ist deshalb angeboren. Nun ist es so, daß 'Struktur und Verschaltung' für Hirne 'das Programm' bedeutet. Und diese Verschaltung und auch die räumliche Anordnung der Verschaltungen und Zentren ist natürlich weitestgehend genetisch festgelegt, und damit sind auch die Grundstrukturen des Programmes, nach dem Gehirne funktionieren, genetisch festgelegt."

Chemische Verbindungen hinterlassen eine Art "Eindruck" an den Geruchs- und an den Geschmacksrezeptoren, bestimmte elektromagnetische Wellen vermögen dies auf der Netzhaut des Auges, und die Druckwellen des Schalls dank Trommelfell und Gehörknöchelchen im Innenohr. Wieviele Sinne der Mensch darüber hinaus noch außer dem Tastsinn, dem Temperatursinn, der Tiefensensibilität und dem Schmerzsinn besitzt – darüber herrscht Uneinigkeit. Die Signale der "Äußeren Welt" und die der "Inneren Welt", die pausenlos von den Wahrnehmungsorganen, den sensiblen Horchposten des Körpers registriert werden, sie bleiben unverständlich, solange sie nicht in jene Universalsprache übersetzt werden, die das Gehirn des Menschen versteht: in elektrische Signale. Schon in der Wiege der filigranen Gehirnarchitektur mit ihren komplexen Signalmechanismen der Nervenzellen verbirgt sich vererbtes Wissen über die Welt, meint Prof. Singer:

"Ich würde diesen Anteil sehr hoch ansetzen. Wir wissen aus Verhaltensuntersuchungen an Tieren ebenso wie aus Verhaltensuntersuchungen an Babys, daß eine Fülle von Regeln über das wahrscheinliche Verhalten der Dinge draußen in der Welt angeborenen sind. Es gibt ein angeborenes Regelwissen, und dies ist notwendige Voraussetzung dafür, daß wir überhaupt in der Lage sind, die Vielfalt von Sinneseindrücken sinnvoll zu ordnen."

Einige Umrisse der menschlichen Sprache, die je nach kultureller Eigenart eine bestimmte Spielart von bedeutungs-unterscheidenden Lauten, von Phonemen besitzt, zeichnen sich wahrscheinlich schon im vererbten Wissensschatz ab. Prof. Wolf Singer meint hierzu:

"Es sieht sogar so aus, als ob wir Regeln über die Sprachlogik haben, und daß uns dies erst befähigt, Sprache überhaupt zu erlernen. Wir wissen, daß wir geboren werden mit einer 'Kategorie von Kategorien' für Phoneme. Und das teilen wir mit höher entwickelten Tieren. Diese Fähigkeit, die den kontinuierlichen Lautfluß von Sprache ausmacht, diesen Sprachfluß in Phonemseg-

mente zu teilen, das ist notwendige Voraussetzung dafür, Worte segmentieren zu können und Sprache zu interpretieren. Und hier kann man sehr schön zeigen, daß diese angeborenen Phonemkategorien, die für alle Menschen gleich sind, durch Erfahrung verändert werden können. Wenn Sie an die Problematik denken, die unsere Kollegen im asiatischen Sprachraum haben, das R vom L zu unterscheiden, dann ist dies ein kulturell geprägtes Unterscheidungsproblem. Japanische Kinder haben die gleichen Phonemgrenzen, wenn sie auf die Welt kommen, wie deutsche oder amerikanische Kinder. Aber weil in diesem Sprachraum die Phonemtrennung zwischen R und L keine Rolle spielt, werden die Phonemgrenzen eingeschmolzen. Es kommt, wahrscheinlich über die Veränderung der Gehirnarchitekturen, zu einer Verschmelzung der beiden Phonemkategorien, so daß sie später dann nicht mehr gehört werden können. Daran sieht man sehr schön, daß dieses Vorwissen entscheidet, was wir überhaupt unterscheiden können."

Ähnliche Erfahrungen machen deutsche – hessische – Dialektsprecher, die zwar *wissen*, daß sie zum Beispiel "Arbeit" als "Abbeit" sprechen und "aber" als "abber", dies aber selber beim Sprechen nicht *hören*. Auch wenn schon Vorwissen über einige Gesetzmäßigkeiten der "Äußeren Welt" in der Architektur des Gehirns festgeschrieben zu sein scheint, wenn also die Maschengröße einiger Netze feststeht, mit der die bunten Sinnes-Schmetterlinge jenseits der Körpergrenze eingefangen werden: Erst durch die vielgestaltigen Sinneseindrücke selbst entsteht die Fähigkeit des Wahrnehmens. Denn das menschliche Gehirn ist zum Zeitpunkt der Geburt noch nicht vollständig ausgereift. Ein Großteil der Verbindungen zwischen den Nervenzellen sind noch nicht ausgewachsen. Dieser Reifungsprozeß gilt erst mit der Pubertät, also ab dem 10. bis 12. Lebensjahr als abgeschlossen. Prof. Singer:

"Das am meisten beforschte Beispiel ist die Entwicklung des Gesichtssinns, also der visuellen Wahrnehmung. Hier weiß man aus Untersuchungen an Menschenbabys, daß visuelle Erfahrung unabdingbar ist für die Ausreifung der Hirnzentren, die den Sehvorgang unterstützen. Wenn während der ersten Lebensmonate die Aufnahme visueller Erfahrungen nicht möglich ist, etwa weil die Hornhäute getrübt sind oder die Lider sich nicht öffnen können, was in der Klinik durchaus vorkommt, dann werden Hirnrindenregionen, die für das Sehen notwendig sind, an ihrer Ausreifung gehindert, so daß später, wenn über chirurgische Eingriffe die optischen Eigenschaften der Augen repariert werden, der Sehvorgang trotzdem stark gestört bleibt. Das kann bis zur Blindheit gehen, wenn diese frühe Deprivation lange angedauert hat. Bei Kindern, die von der Geburt an bis zur Pubertät nicht in der Lage waren, den Gesichtssinn zu gebrauchen, sind die Störungen oder die Reifungsfehler so gravierend, daß

die Wiederherstellung der Sehfähigkeit der Augen dennoch den Gesichtssinn nicht zu benutzen erlaubt. Diese Patienten nehmen dann Licht als schmerzend wahr oder als Geräusch, und sie sind nur in seltenen Fällen in der Lage, Objekte zu erkennen, Raum zu strukturieren. In der Regel (nun kommt das heute nicht mehr vor, weil man aufgrund dieser Erkenntnis früh eingreift) haben diese Spätoperierten ihr Blindendasein nicht aufgegeben."

Um die "Äußere Welt" nicht als einen Teil der "Inneren Welt" zu begreifen, muß die Grenze beider Kontinente als klare Trennlinie erkannt werden. Die Wärme, die ich auf der Haut so wohlig empfinde und die höher ist als meine Körpertemperatur, empfinde ich zwar als "meine Wärme" – die Ursache dafür liegt jedoch außerhalb meines Körpers. Mit dem Erkennen dieser Trennung wächst auch das Wissen um das eigene "Ich", berichtet Prof. Wolf Singer.

"Das ist eine Erkenntnis, wenn sie so wollen, die in den ersten Lebensjahren gewonnen wird. Vermutlich bedarf es zum Erwerb des Ichgefühls, zum Erwerb einer eigenen Identität der Interaktion mit Bezugspersonen, die in der Lage sind, mentale Modelle zu erzeugen in Ihrem Gehirn. Das ist es, was uns ganz wesentlich unterscheidet von allen Tieren, auch von den großen Primaten, den Menschenaffen, die diese Fähigkeit nur in sehr engen Grenzen haben. Wir Menschen können, und das ist eines der wichtigsten Merkmale, uns vorstellen, was in anderen Gehirnen vorgeht, wenn wir sie beobachten, und wir sind dadurch in der Lage, mit unseren Mitmenschen in einen Dialog einzutreten, der spezifisch menschlich ist. Also in einen Dialog zum Beispiel der Art: 'Ich weiß, daß Du weißt, daß ich weiß, wie Du dich fühlst'. Also eine wechselseitige Bespiegelung. Und diese wechselseitige Bespiegelung ist die Voraussetzung dafür – meine Hypothese, und ich glaube, ich teile das mit vielen Kollegen-, daß Ich-Bewußtsein entstehen kann."

Die Erinnerungen an diesen Aufbruch zum "Ich" scheint jedoch für immer verloren, meint Prof. Singer:

"Babys, und wir können das alle nachvollziehen, indem wir uns zurückversetzen, haben die ersten zwei drei Lebensjahre noch nicht die Gelegenheit, episodische Gedächtnisinhalte aufzubauen. Sie können also, wenn sie etwas lernen, die Inhalte des Lernens noch nicht in Bezug setzen zu den Bedingungen, die geherrscht haben, als sie die Erfahrungen gewonnen haben – man spricht da von der kindlichen Amnesie. Der Grund, warum dieses episodische Gedächtnis noch nicht funktioniert, liegt darin, daß die Gehirnstrukturen, die dafür erforderlich sind, noch nicht ausgereift sind. Die Folge davon ist, daß wir uns an bestimmte Lernprozesse – zum Beispiel: das Immer-mehr-gewahrwerden, daß man ein verantwortliches autonomes Ich ist, das selbst entscheiden kann, was es tut und das dafür auch zur Rechenschaft gezogen werden

kann – daß wir uns an diesen Lernprozeß nicht erinnern. Und uns deshalb dieses Bewußtsein, ein Selbst zu sein, als etwas sehr Transzendentales vorkommt, als etwas Nicht-Verursachtes, als etwas Immer-schon-dagewesenes. Und das macht, glaube ich, einen Teil der Problematik in der Bewußtseinsdiskussion aus, daß wir zwar nachvollziehen können, wie es sich hat entwickeln können. Daß wir aber keine im engeren Sinn bewußte Erinnerung an diesen Akt haben."

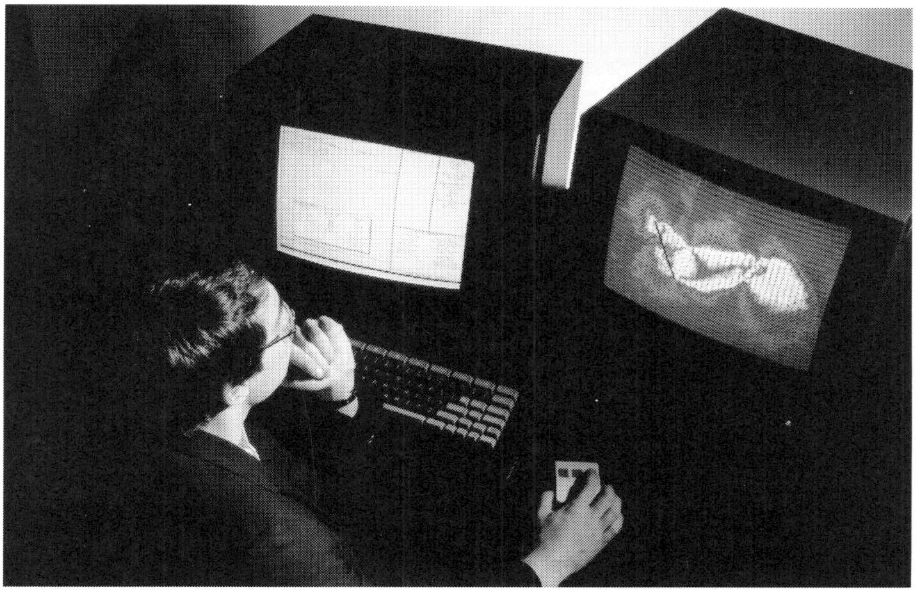

Walter Frese

Parallele Datenverarbeitung in der Großhirnrinde

100 Milliarden Nervenzellen, über 100 Billionen Kontakte und etwa eine Million Kilometer Leitungsbahnen bilden das komplexeste materielle System das wir kennen – das Gehirn des Menschen. Wichtiger aber als die schiere Zahl der Bauteile ist die Struktur ihrer Verknüpfungen – denn erst diese Verbindungen bestimmen, wie Sinneseindrücke verarbeitet werden um schließlich Wahrnehmung und Erkenntnis daraus zu konstruieren. Walter Frese ist als Redakteur im Pressereferat der Max Planck-Gesellschaft spezialisiert auf die Vermittlung komplexer Sachverhalte für ein nicht-fachliches Publikum.

Mit einem merkwürdigen Brummton begann vor gut zwölf Jahren ein neues, aufregendes Kapitel der Hirnforschung. "Es klang wie ein Außenbordmotor", erinnert sich Prof. Wolf Singer, Geschäftsführender Direktor des Frankfurter Max-Planck-Instituts für Hirnforschung, an jenen Tag im Frühjahr 1986: Damals lief gerade ein Versuch mit einer Katze, die mehrere haarfeine Elektroden im visuellen Kortex trug, in dem Bereich der Großhirnrinde, der für das Sehen zuständig ist. Im Verlauf des Experiments, das Fragen der Hirnentwicklung galt, führte man der Katze verschiedene Muster vor Augen. Die Elektroden leiteten die Impulse, mit denen die Neuronen – die Nervenzellen – der Hirnrinde auf die wechselnden Bildreize ansprachen, an ein Meßsystem. Dieses zeichnete die Signale auf, gab sie aber auch akustisch wieder: So konnten die Hirnforscher praktisch der Katze beim Sehen zuhören. Dabei geschah es dann, berichtet Singer: *"Ich wollte einmal das Gesamtsignal von mehreren Elektroden erhalten und drehte deshalb einige Frequenzfilter am Verstärker weg. In dem Augenblick schlug das gewohnte Knacken und Prasseln der Nervenzellen in ein kräftiges, gleichmäßiges Brummen um – das zunächst an einen Fehler, einen Netzbrumm, denken ließ ...* " Doch es war nicht das Netz. Vielmehr entpuppte sich das vermeintliche Störsignal als Ausdruck eines zeitlich geordneten Zusammenwirkens von Nervenzellen. Singer war zum ersten Ohrenzeugen sogenannter synchroner Oszillationen geworden: Das Schädel-

* zu 5. Walter Frese: "Im Gleichtakt zur Erkenntnis"
Forscher vor Bildschirmen, (Abb. S. 29)
"Ich wollte einmal das Gesamtsignal von mehreren Elektroden erhalten und drehte deshalb einige Frequenzfilter am Verstärker weg. In dem Augenblick schlug das gewohnte Knacken und Prasseln der Nervenzellen in ein kräftiges, gleichmäßiges Brummen um – das zunächst an einen Fehler, einen Netzbrumm, denken ließ ..."

brummen der Katze stammte von einigen tausend Neuronen in verschiedenen Arealen des visuellen Kortex, die jeweils für kurze Zeit im Gleichtakt "feuerten" und ihre Signale zu rhythmischen, dreißig- bis siebzigmal pro Sekunde wiederholten Impulssalven überlagerten. Durch diese Synchronisation schalteten sich die beteiligten Nervenzellen auch über größere Entfernungen, ja sogar über beide Hirnhälften hinweg in Konferenz. Und ein solches "Ensemble " umfaßte Neuronen, die jeweils auf die Analyse und Darstellung unterschiedlicher optischer Merkmale – wie etwa die Orientierung oder die Bewegungsrichtung von Konturen – spezialisiert waren. Demnach schien der Sinn der Konferenzschaltung darin zu liegen, verschiedene optische Informationen jeweils für Augenblicke zu einer einheitlichen, in sich geschlossenen Gesamtschau zu fügen.

Die Entdeckung dieses Phänomens eröffnete neue experimentelle Zugänge zur Erforschung höherer Hirnleistungen wie Wahrnehmung, Steuerung von Bewegungen und – vielleicht – sogar Bewußtsein. Durch sie wurde auch eine klassische, dogmatisch verengte Lehrmeinung über die grundsätzliche Organisation und Arbeitsweise des Kortex entscheidend erweitert: Singers Befunde bedeuteten so etwas wie die "Feuertaufe" für eine damals, 1986, noch wenig beachtete, neue Theorie über die Funktion des Großhirns.

Die alte Lehre betrachtete das Gehirn als hierarchisch-zentralistisch angelegtes Organ. In ihm sollten alle Informationen von sämtlichen Sinneseingängen nach einer gewissen Vorbearbeitung am Ende auf ein einziges Zentrum zulaufen und dort in einheitliche Wahrnehmung umgemünzt werden. Der erste namhafte Vertreter dieser Lehre war René Descartes (1596 – 1650). Er sah in dem Konvergenzzentrum an der Spitze der Verarbeitungspyramide so etwas wie einen inneren Beobachter am Werk, einen Homunculus, der alle einlaufenden Sinnessignale im Überblick erfaßt und sie zu einer Gesamtschau fügt.

In der Folge kam man zwar von diesem "Mann im Kopf" ab. Doch zweifelte noch bis vor etwa einem Jahrzehnt kaum jemand an der Existenz eines Konvergenzzentrums als oberster Instanz und Sitz aller höheren Leistungen des Gehirns. Die Rolle des einstigen Homunculus übernahmen einzelne Zellen oder kleine Zellgruppen, in denen jeweils gesonderte, durch die Bindung bestimmter Merkmale zu einer Einheit verschmolzene Wahrnehmungsinhalte gespeichert sein sollten – so zum Beispiel das Gesicht der Großmutter. Derart geprägte Zellen, so die Theorie weiter, sollten immer dann, wenn von den Sinneseingängen her eine auf ihre "Schablone" passende Merkmals-Konriguration einlief, Erkenntnis signalisieren – also, um beim Beispiel zu bleiben, die Wahrnehmung "Großmutter" vermitteln.

Dieses auf den ersten Blick anschauliche und einleuchtende Bild wurde allerdings durch theoretische wie auch durch experimentelle Befunde getrübt.

Ein Einwand kam von theoretischer Seite: Was, wenn die Großmutter vom Friseur zurückkommt, wenn sie mit einer neuen Brille oder einem Hut auftritt? Dazu Singer:

"Würden nur 'Einzelbilder' im Gehirn archiviert, dann müßte man für alle möglichen Erscheinungsformen eines jeden erkennbaren Objekts jeweils ein Neuron oder eine Neuroneneinheit bereitstellen, die auf die entsprechende Merkmals-Kombination programmiert ist. Man bräuchte deshalb, um die ganze Komplexität der sinnlich erfahrbaren Welt abzubilden, eine immense Zahl solcher Gedächtnis-Zellen. Und nicht nur das: Daneben müßten ähnlich viele, noch unbeschriebene Speicher-Zellen bereitgehalten werden, um neue Objekte oder bereits bekannte Objekte in neuen Zusammenhängen darzustellen. Folglich müßte irgendwo im Kortex ein ausgedehntes Areal liegen, das eine Vielzahl hochspezifisch reagierender Nervenzellen, daneben aber ebenso viele noch 'ungeprägte', im Wartestand verharrende Neuronen birgt."

Doch ein solches Areal ließ sich nirgends im Kortex aufspüren. Und nachdem im Lauf der Zeit die Funktionen aller größeren Bereiche der Hirnrinde aufgeklärt waren, fehlte schließlich der Platz, der als Sitz für ein derart raumforderndes Konvergenzzentrum und Zentralarchiv hätte dienen können.

Dazu kam ein weiterer Befund, der sich aus der immer detaillierteren "Funktionslandkarte" des Kortex ableitete. Entgegen dem Bild von konvergenten, nach oben hin verdichteten Informationsströmen erwies sich die Großhirnrinde als hochgradig distributiv und arbeitsteilig angelegtes Organ. Das heißt: Die in den Kortex einlaufenden Informationen werden voneinander getrennt und auf zahlreiche Rindenareale verteilt. Sie fließen also auseinander, statt weiter verdichtet und zentral zusammengeführt zu werden.

Vor allem am Sehsystem, mit dem sich die Wissenschaftler am Max-Planck-Institut für Hirnforschung vorwiegend beschäftigen, läßt sich dieser Sachverhalt veranschaulichen: Untersuchungen an Affen deckten mehr als 30 getrennte Orte in der Hirnrinde auf, in denen Nervenzellen auf visuelle Reize reagieren. Beim Menschen, als ausgeprägtem Augenwesen, sind es vermutlich noch mehr. Prof. Singer erklärt:

"Diese Areale" teilen sich die Analyse der optischen Informationen. In einigen reagieren die Neuronen bevorzugt auf die Farben eines Objekts, in anderen auf Texturen oder die Kombination von Konturen, in wieder anderen auf die Bewegung eines betrachteten Gegenstands."

Gesehenes wird also nicht, wie das Modell der "Großmutter-Zellen" postuliert, durch einzelne oder sehr wenige Neuronen erkannt und wahrgenommen, sondern durch zahlreiche, über weite Rindenbereiche – und sogar auf beide Hirnhälften – verteilte Zellgruppen, die jeweils auf die Analyse bestimmter

Merkmale spezialisiert sind. Angesichts dieser "Zerstreutheit" der Großhirnrinde war die Frage, wie sich das Gehirn am Ende zusammenreimt, was zusammengehört: Wie werden die verschiedenen Aspekte ein- und desselben Objekts zu einer Gesamtsicht verknüpft?

Dieses sogenannte Bindungsproblem verschärft sich noch dadurch, daß ein Objekt nie allein im Gesichtsfeld erscheint, sondern in eine Gesamtszene eingebunden ist, deren Details ebenfalls von den merkmalspezifischen Neuronen in den verschiedenen Arealen des visuellen Kortex aufgeschlüsselt werden müssen: Das verlangt eine Arbeitsteilung auch noch innerhalb der getrennten Areale.

Eine Theorie zur Lösung dieses Bindungsproblems hatte 1981 Christoph von der Malsburg entwickelt. Der Physiker arbeitete damals am Max-Planck-Institut (MPI) für biophysikalische Chemie in Göttingen; inzwischen leitet er eine Abteilung am Institut für Neuroinformatik der Ruhr-Universität Bochum.

Unter dem Titel: "Korrelationstheorie der Hirnfunktionen" hatte Malsburg ausgeführt, daß sich räumlich verteilte Neuronen jeweils durch Synchronisation ihrer Signale zu Ensembles zusammenfinden können: Die Zellen sollten immer dann, wenn sie auf dasselbe Objekt im Gesichtsfeld reagierten, gleichzeitig und im gleichen Rhythmus feuern. Neuronen, die sich zur selben Zeit mit einem anderen Gegenstand beschäftigten, sollten ihre Impulse ebenfalls synchronisieren, doch dafür einen anderen, eigenen Rhythmus wählen.

Auf diese Weise hätten jeweils mehrere Ensembles auf gesonderten "Trägerfrequenzen" nebeneinander arbeiten können, ohne sich dabei in die Quere zu kommen: Es hätten also mehrere Objekte im Rahmen einer Szenenanalyse gleichzeitig dargestellt werden können, ohne daß es zu falschen Merkmalsbindungen und Überschneidungen gekommen wäre.

Singer kannte dieses "Zeitcodierungsmodell" – und er ahnte deshalb 1986 sehr bald, was es mit dem Brummton aus dem Katzenkopf auf sich haben konnte: Daß damit vielleicht der erste konkrete Hinweis auf synchrone Oszillationen, wie sie Malsburgs Theorie vorschlug, gefunden war.

In der Folge arbeiteten Singer und seine Mitarbeiter am Frankfurter MPI für Hirnforschung konzentriert daran, dieses Phänomen weiter aufzuklären und experimentell zu festigen. Und inzwischen [...] fügen sich zahlreiche Befunde über synchrone Oszillationen zu einem schlüssigen Bild – das Singer selbst allerdings noch nicht als endgültig betrachtet: Noch, so meint er vorsichtig, wisse man noch nicht mit Sicherheit, ob die beobachteten Synchronisationsphänomene die ihnen zugedachten Funktionen erfüllen.

Man hat synchrone Oszillationen im Frequenzbereich zwischen 40 und 80 Schwingungen pro Sekunde mittlerweile nicht nur im visuellen Kortex, sondern auch in anderen Bereichen der Großhirnrinde nachgewiesen: Sie wurden im Hörsystem gemessen, ebenso im Riechsystem, im somatosensorischen Bereich – das heißt in der "Körperfühlsphäre" – sowie in motorischen Regionen des Kortex, von denen aus Bewegungen koordiniert und gesteuert werden.

Die Bildung neuronaler Ensembles durch zeitliche Codierung der Signale scheint ein spezifisches Merkmal kortikaler Strukturen zu sein – die in der Evolution erst relativ spät auftreten und die Grundlage höherer Hirnleistungen liefern. Sie konnten sich möglicherweise erst herausbilden, nachdem die ursprünglichen, hierarchisch und konvergent organisierten Verarbeitungsstrukturen parallelisiert und über Ensemblebildung miteinander vernetzt waren: So konnten mehr Einzelmerkmale in immer komplexeren Konstellationen mit hoher Flexibilität zu Einheiten verbunden werden. Prof. Singer merkt an:

"Die alte Strategie ist deshalb aber nicht aufgegeben worden, sondern wird nach wie vor angewandt. Bekannte oder häufig auftretende Inhalte werden höchstwahrscheinlich auf die 'klassische' Weise abgehandelt. Neue, vorher noch nie aufgetretene Sachverhalte hingegen werden vermutlich durch Ensemblebildung erfaßt und aufgeschlüsselt – und möglicherweise, wenn sie wiederholt auftauchen, nach und nach klassisch repräsentiert ".

Denn die Strategie der parallelen Informationsverarbeitung setzt entsprechende "Hardware" voraus. Das heißt, daß zwischen solchen Arealen des Kortex, deren Nervenzellen oft gemeinsam beansprucht und in Ensembles eingebunden werden, jeweils auch besonders viele und effektive Verbindungen – Nervenfasern – bestehen müssen.

Tatsächlich liegen inzwischen Befunde vor, wonach Neuronengruppen, die für häufig gemeinsam vorkommende Merkmale zuständig sind, schon von Geburt an stärker miteinander verbunden sind als solche, die weniger oft gemeinsam aktiviert werden. Das "Wissen" über Gruppierungsmerkmale ist also bereits genetisch verankert. In die Architektur des Gehirns, in die Dichte der Verbindungen, sind bereits "Erwartungen" eingewoben, die dann zusätzlich noch über Lernvorgänge modifiziert werden. Außerdem scheinen Neuronen verschiedener Areale, die häufig in Ensembles eingebunden werden, auch ohne äußeren Anstoß oft gemeinsame Aktivitätsmuster zu erzeugen – also durch eine Art "Standby"-Betrieb eine erhöhte Reaktionsbereitschaft zu gewährleisten. Diese und zahlreiche andere Ergebnisse haben dazu geführt, daß die Existenz synchroner Oszillationen inzwischen von der Fachwelt allgemein anerkannt wird.

Das war nicht immer so. Am Anfang stießen Singers Befunde auf Skepsis – und es dauerte einige Jahre, ehe ausländische Gruppen das neue Paradigma annahmen und damit begannen, von mehreren Nervenzellen gleichzeitig abzuleiten und nach Synchronisationsphänomenen zu suchen. Anders allerdings in Deutschland: Hier fanden Singers Messungen sehr früh Beachtung – und manche wollten (im nachhinein) synchrone Oszillationen sogar schon vorher gefunden haben!

Was immerhin auch eine gewisse Anerkennung bedeutet. . .

Ernst Pöppel

Die Gegenwart dauert drei Sekunden

Der Psychologe und Sinnesphysiologe Ernst Pöppel ist Gründer und Vorstand des Instituts für Medizinische Psychologie sowie geschäftsführender Vorstand des Humanwissenschaftlichen Zentrums der Universität München. Er forscht u.a. über Strukturen, die das Gehirn dem Zeiterleben aufprägt. Eines seiner Ergebnisse: Die Gegenwart, die physikalisch betrachtet einen unendlich kleinen Punkt auf der Zeitachse bildet, dauert im menschlichen Erleben ca. drei Sekunden.

Der Lauf der Zeit ist für uns etwas Selbstverständliches. Wie aber wird uns Zeit in unserer Anschauung verfügbar? Woher wissen wir, was Zeit ist? Wie ist es möglich, daß wir einen Begriff von Zeit haben? Wie nehmen wir die Zeit wahr? Wie ist es möglich, daß wir uns, ohne darüber nachdenken zu müssen, in der Zeit orientieren können? Dies sind Fragen grundsätzlicher Art, denen man sich im Hinblick auf menschliches Erleben stellen muß. Sie mögen beim ersten Hinschauen als sehr einfache Fragen erscheinen.

Daß dieser Eindruck täuscht, belegt ein berühmter Ausspruch des Kirchenvaters und Philosophen Augustinus, der im 11. Buch seiner "Bekenntnisse" (Confessiones) im Jahre 397 geschrieben hat: "Was also ist Zeit? Wenn mich niemand danach fragt, weiß ich es; will ich einem Fragenden es erklären, weiß ich es nicht." Trotz dieser Schwierigkeiten wollen wir aber dennoch Fragen stellen. Allerdings fragen wir nicht, was Zeit ist, sondern wie wir ein Wissen von Zeit erwerben, wie Zeit in unser Bewußtsein, in unser Gehirn hineinkommt.

Beginnen wir damit, jene Erlebnisse zu beschreiben, die unsere Zeiterfahrung kennzeichnen. Das Ergebnis dieser Beschreibung sei schon einmal vorweggenommen: Menschliches Zeiterleben läßt sich durch fünf elementare Phänomene beschreiben; es handelt sich um die Erlebnisse von Gleichzeitigkeit, Ungleichzeitigkeit, Aufeinanderfolge, Gegenwart und Dauer.

---

* zu 6. Ernst Pöppel: "Die Gegenwart dauert drei Sekunden"
Tropfen fallen aus einem Trichter, (Abb. S. 37)
"Der subjektive Eindruck einer zeitlichen Kontinuität ist also eine Illusion. Die Basis unseres Erlebens ist zeitlich zerstückelt; nur weil wir über die zeitlichen Grenzen von drei Sekunden hinaus an dasselbe denken, kommt es zum Eindruck einer kontinuierlichen Zeit."

Was mit diesen Zeitphänomenen gemeint ist und wie sie miteinander in Beziehung stehen, läßt sich durch einfache Beobachtungen aus Experimenten verdeutlichen.

Zunächst seien einige Befunde über das Phänomen der Gleichzeitigkeit und Ungleichzeitigkeit beschrieben. Wenn man über einen Kopfhörer in beide Ohren kurze Reize (sogenannte Klicks) gibt, die etwa eine Tausendstelsekunde (eine Millisekunde) dauern, und wenn die beiden Reize gleichzeitig gegeben werden, dann hört man einen einzigen Ton, und zwar mitten im Kopf. Wird zwischen die beiden Klicks eine zeitliche Verzögerung, z. B. von zwei Tausendstelsekunden, eingeschaltet, so hört man ebenfalls nur einen Ton, das heißt, die zwei Klicks werden beim Hören miteinander verschmolzen, obwohl sie objektiv betrachtet ungleichzeitig sind.

Objektive Ungleichzeitigkeit ist also nicht hinreichend, um Ungleichzeitigkeit beim Hören zu ermöglichen. Erst dann, wenn die zeitliche Differenz zwischen den beiden Klicks etwa drei Millisekunden beträgt (bei manchen Versuchspersonen auch vier oder fünf), ist die Schwelle zur Ungleichzeitigkeit erreicht; man hört dann getrennt in jedem Ohr einen Klick.

Führt man einen analogen Versuch über die zeitliche Verschmelzung von aufeinanderfolgenden Reizen im Sehsystem durch, dann stellt man fest, daß die Verschmelzungsgrenze beim Sehen etwa bei 20 bis 30 Millisekunden liegt. Wenn man also Hören und Sehen miteinander vergleicht, so fällt auf, daß der Übergang von Ungleichzeitigkeit zu Gleichzeitigkeit in den beiden Sinnessystemen bei unterschiedlichen Zeiten liegt. Die beste zeitliche Auflösung hat das Hören, die schlechteste das Sehen.

Aus diesen Beobachtungen halten wir fest, daß subjektive Gleichzeitigkeit der objektiven nicht entsprechen muß. Wenn man das Wort "gleichzeitig" verwendet, muß man sich erst einmal klarmachen, in welchem Sinn man es gebraucht. Es kommt leicht zu vermeidbaren Mißverständnissen, wenn das Wort "gleichzeitig" in einem unterschiedlichen Sinnzusammenhang verwendet wird. Einmal gibt es "Gleichzeitigkeit" in der Welt da draußen, und dann gibt es "Gleichzeitigkeit" in unserem Kopf; einmal kann man "Gleichzeitigkeit" mit Instrumenten exakt zu messen versuchen, indem man Ereignisse der physikalischen Welt aufeinander bezieht, und dann mißt man Gleichzeitigkeit mit dem Gehirn als Meßinstrument. Diese Messungen führen nicht nur zu quantitativ verschiedenen Ergebnissen, sondern sie verwenden qualitativ verschiedene Bezugssysteme, wobei die "Hirnmessung" sich unmittelbar im Erleben abbildet, die physikalische Messung dagegen mittelbar, da man Geräte einsetzen muß, deren Ergebnisse man abliest.

Bei den Untersuchungen über die Grenze zwischen Gleichzeitigkeit und

Ungleichzeitigkeit haben wir uns gefragt, ob wir jeweils einen oder zwei Klicks hören. Im nächsten Experiment fragen wir nicht mehr, ob ein oder zwei Reize wahrgenommen werden, sondern ob wahrgenommen wird, welches der erste und welches der zweite Reiz war. Die Frage zielt also auf die Reihenfolge der Reize, auf ihre zeitliche Ordnung. Durch die neue Frage wird die Aufmerksamkeit auf einen anderen Gesichtspunkt gelenkt.

Die Änderung der Frage führt zu einem anderen Ergebnis: Während die Schwelle zur Ungleichzeitigkeit beim Hören bei wenigen Millisekunden liegt, beobachtet man für das Erkennen der zeitlichen Ordnung, daß dieser Wert bei etwa 30 bis 40 Millisekunden liegt. Wir nennen diese Schwelle die Ordnungsschwelle. Offensichtlich wird durch die andere Frage ein Mechanismus des Gehirns angesprochen und abgefragt, der sich für die Abfolge von Ereignissen interessiert.

Es ist nun auffällig, daß die Ordnungsschwellen in den verschiedenen Sinnesbereichen – also beim Hören und Sehen, aber auch beim Tasten – gleich hoch sind, während der Übergang von der Gleichzeitigkeit zur Ungleichzeitigkeit in den einzelnen Sinnesbereichen verschieden ist. Diese Beobachtung legt die Annahme nahe, daß für die Erkennung einer zeitlichen Ordnung ein einheitlicher Mechanismus des Gehirns in Anspruch genommen wird, der den drei Sinnessystemen in gleicher Weise zur Verfügung steht, während für das Erkennen von Ungleichzeitigkeit andere verantwortlich sind.

Aus diesen Beobachtungen leitet sich eine allgemeine Aussage ab: Die Tatsache, daß zwei Reize als zeitlich getrennt wahrgenommen werden können, heißt nicht, daß sie eine zeitliche Aufeinanderfolge definieren. Die subjektive Ungleichzeitigkeit von gehörten, gesehenen oder auch gefühlten Reizen ist eine notwendige, aber keine hinreichende Bedingung dafür, daß ihre Aufeinanderfolge angegeben werden kann. Unser Wissen, daß etwas zeitlich verschieden ist, reicht nicht aus, um sagen zu können, in welche Richtung es läuft. Diese Beobachtung widerspricht unserer alltäglichen Erwartung; wir gehen eigentlich davon aus, daß für Reize, die als ungleichzeitig erlebt werden, auch ihre Reihenfolge mitbestimmt ist.

Wir merken zwar, daß zwei Reize nicht gleichzeitig sind, können aber nicht sagen, welcher der erste und welcher der zweite Reiz war. Das können wir erst jenseits der zeitlichen Grenze von etwa 30 Millisekunden; hier werden ungeordnete Reize zu Ereignissen mit Eigenständigkeit; sie erhalten eine eigene Identität und sind dadurch elementare Bausteine für unsere Bewußtseinstätigkeit.

Daß unser Gehirn etwa 30 Millisekunden benötigt, um eine zeitliche Ordnung von Ereignissen herzustellen, läßt sich durch eine Vielzahl von Experimenten belegen. Wenn man sich beispielsweise möglichst schnell zwischen zwei Alternativen entscheiden muß, dann erfolgt der zugrundeliegende Entscheidungsprozeß ebenfalls in Schritten von etwa 30 Millisekunden. Das Gehirn arbeitet also nicht kontinuierlich, sondern mit einem zeitlichen Takt, wobei der Abstand aufeinanderfolgender Taktsignale bei etwa 30 Millisekunden liegt. Deutlich läßt sich das bei Augenbewegungen beobachten. Wenn sich ein Gegenstand zu bewegen beginnt und wir ihn mit unseren Augen verfolgen, dann starten die Augen bevorzugt nach bestimmten Intervallen, wobei der Abstand zwischen den Intervallen etwa 30 Millisekunden beträgt, wie Nikos Logothetis aus Houston/Texas entdeckt hat. Das früheste Intervall mag 120 Millisekunden sein, das nächste liegt dann bei 150 Millisekunden, gefolgt von einem bei 180 Millisekunden.

Theoretisch gehen wir davon aus, daß durch einen Reizauftritt im Gehirn ein periodischer Prozeß in Gang gesetzt wird. Ein optischer oder akustischer Reiz führt zu periodischen Entladungen in den angesprochenen Nervenzellen. Mit einem solchen periodischen Nervenprozeß besitzen wir gleichsam eine Uhr im Gehirn, die die Takte liefert, um Ereignisse zu identifizieren und zeitliche Ordnung herzustellen.

Der hier angesprochene periodische Prozeß läßt sich auch sichtbar machen. Bietet man einer Versuchsperson eine Serie von akustischen Reizen an und zeichnet die dadurch ausgelöste elektrische Aktivität des Gehirns in einem Elektroenzephalogramm (EEG) auf, so beobachtet man durch die Reize ausgelöste Wellen mit einer Periode von etwa 30 Millisekunden.

Der beschriebene Taktmechanismus des Gehirns ist vermutlich auch dafür verantwortlich, daß wir Bewegungen in einem regelmäßigen Tempo ablaufen lassen können, also mit gleichbleibendem Tempo sprechen, gehen oder auch musizieren können. Gleichbleibendes Tempo beim Sprechen und Gehen mag für uns selbstverständlich sein; wir vermuten vielleicht gar nicht, daß komplizierte Hirnmechanismen erforderlich sind, um konstantes Tempo zu garantieren. Es leuchtet jedem ein, daß dies beim Musizieren ein Problem ist, vor allem, wenn man anfängt, ein Musikinstrument spielen zu lernen. Aber auch für den geübten Musiker ist Finden und Einhalten eines Tempos eine der schwierigsten Aufgaben; Richard Wagner hat einmal gesagt, daß man ein Musikstück erst dann verstanden habe, wenn man sein Tempo verstanden habe.

Wir können nun zu unserer Klassifikation des subjektiven Zeiterlebens zurückkehren. Über die Phänomene der Gleichzeitigkeit, der Ungleichzeitigkeit und der zeitlichen Ordnung sind wir zu einer Ebene gelangt, bei der wir uns fragen müssen, ob diese drei Phänomene schon hinreichend sind für das, was wir allgemein unter Zeiterleben verstehen.

Eine kurze Überlegung zeigt, daß für das menschliche Zeiterleben ein weiterer Mechanismus angenommen werden muß. Jedem ist aus seinem eigenen Erleben deutlich, daß Ereignisse nicht für sich allein stehend wahrgenommen, sondern aufeinander bezogen werden und daß aufeinanderfolgende Ereignisse jeweils eine Wahrnehmungsgestalt bilden. Dies ist nur möglich, weil das Gehirn einen zeitlichen Integrationsmechanismus bereitstellt, der dafür sorgt, daß Wahrnehmungsgestalten gebildet werden. Dieser Integrationsmechanismus läßt sich durch verschiedene Beispiele veranschaulichen.

Nimmt man etwa ein Metronom und läßt es im Sekundentakt schlagen, so ist es jedem leicht möglich, eine subjektive Akzentuierung vorzunehmen; wir können etwa jedem zweiten Metronomschlag einen subjektiven Akzent geben, so daß wir das Gefühl haben, er sei etwas lauter als der nicht-akzentuierte Schlag.

Es ist für viele auch möglich, drei aufeinanderfolgende Schläge zu einer Gestalt zusammenzuschließen, indem wir jedem dritten Schlag ein stärkeres subjektives Gewicht geben. Versuchen wir nun aber, vier oder gar fünf aufeinanderfolgende Schläge subjektiv zu einer Gestalt zusammenzufassen, so fällt dies äußerst schwer, und für die meisten ist es unmöglich. Dieser einfache Versuch zeigt, daß die Integration aufeinanderfolgender Ereignisse zu Wahrnehmungsgestalten eine zeitliche Grenze hat, die bei einigen Sekunden liegt. Nur wenn zwei aufeinanderfolgende Ereignisse in einen zeitlichen Rahmen fallen, kann eine Beziehung zwischen ihnen hergestellt werden, und erst dann ist es möglich, eines der Ereignisse subjektiv hervorzuheben.

Zahlreiche Versuche, insbesondere auch aus dem Bereich des Sehens, machen deutlich, daß etwa drei Sekunden die Grenze darstellen, über die hinaus wir Information nicht mehr zu Wahrnehmungsgestalten zusammenbinden können. Der Neckersche Würfel ist ein Beispiel hierfür. Ein anderes Beispiel aus dem Bereich "doppeldeutiger" Figuren zeigt die zeitliche Begrenztheit dieses Integrationsmechanismus auch für akustische Ereignisse. Bei der regelmäßigen Folge der Silben "KU" und "BA" hört man entweder "KUBA" oder "BAKU". Es zeigt sich, daß automatisch nach etwa drei Sekunden ein Wechsel in der Wahrnehmung stattfindet, also beispielsweise "KUBA" sich in "BAKU" verwandelt.

Wir deuten dieses Phänomen so, daß zentrale Mechanismen des Gehirns eine Wahrnehmungsgestalt nur etwa drei Sekunden festhalten können und daß die Integrationsfähigkeit nach dieser Zeit gleichsam "erschöpft" ist. Bietet eine Reizkonfiguration die Möglichkeit, in zwei Weisen gesehen oder gehört zu werden, dann kommt automatisch nach etwa drei Sekunden die jeweils andere "Sehweise" oder "Hörweise" zur Geltung.

[...]

Eine wichtige Frage ist, ob der auf etwa drei Sekunden begrenzte zeitliche Integrationsmechanismus nur für die Wahrnehmung gilt oder ob er auch für andere Bereiche unseres Erlebens und Verhaltens zutrifft. Untersuchungen über die Dauer von geplanten Bewegungen haben ergeben, daß auch hier eine deutliche zeitliche Strukturierung vorliegt. Eine solche Bewegung ist etwa dann gegeben, wenn man einem anderen zur Begrüßung die Hand reicht. Auch hier gibt es die hervorgehobene Zeitstrecke; d. h., Bewegungsabläufe werden bevorzugt für drei Sekunden programmiert. Interessanterweise hat ein Vergleich von ähnlichen Bewegungsweisen bei verschiedenen Kulturen ergeben, daß die Dauer der Bewegungen überall gleich ist; das spricht dafür, daß es sich hier um einen grundlegenden Mechanismus des Gehirns handelt, der der Planung und Ausführung von Bewegungen zugrunde liegt.

[...]

Vieles weist somit darauf hin, daß ein zeitlicher Integrationsmechanismus in unserem Gehirn auf nur etwa drei Sekunden beschränkt ist. Die Tatsache, daß sich in vielen verschiedenen Bereichen unseres Erlebens immer wieder ein gleiches Zeitintervall von etwa drei Sekunden aufspüren läßt, spricht dafür, daß das Gehirn mit einem elementaren Mechanismus ausgestattet ist, der überall gestaltend eingreift.

Man kann nun versuchen, das Phänomen der zeitlichen Integration bis etwa drei Sekunden zur Definition des Bewußtseins heranzuziehen. Was uns in unserem Erleben jeweils verfügbar wird, worauf sich unsere Aufmerksamkeit richtet, bleibt bewußt nur für etwa drei Sekunden. Die Verfügbarkeit eines Bewußtseinsinhalts für nur wenige Sekunden ist durch die zeitliche Begrenztheit eines zentralen Integrationsmechanismus bedingt.

Mit diesen Überlegungen sind wir in der hierarchischen Klassifikation der subjektiven Zeit auf der nächsten Stufe angelangt. Erläutert wurden bisher die elementaren Zeiterlebnisse Gleichzeitigkeit, Ungleichzeitigkeit, Aufeinanderfolge und subjektive Gegenwart. Spricht man vom Zeiterleben, so hat man aber noch ein anderes Phänomen im Blick, nämlich das der Dauer. Welche Mechanismen werden wirksam, damit wir bestimmte Zeitintervalle als unterschiedlich lange empfinden?

Ein wesentlicher Befund ist, daß der "geistige Inhalt", wieviel wir also erleben, die Dauer vorbeigegangener Zeit bestimmt. Wird viel verarbeitet, dann wird im Rückblick die Zeit als lang beurteilt. Wird hingegen in einem gegebenen Zeitintervall wenig verarbeiter, geht also wenig Information oder Erlebnisgehalt durch das Bewußtsein, dann erscheint die vorbeigegangene Zeit im Rückblick eher kurz.

Hier wird ein Integrationsmechanismus ganz anderer Art angesprochen, nämlich ein Gedächtnis, in dem Information gespeichert wird, wobei dann später die gespeicherte Information im Hinblick auf Zeitdauer abgefragt werden kann. Gedächtnis ist also eine notwendige Voraussetzung dafür, daß wir unterschiedliche Dauern erleben können.

In diesem Zusammenhang wollen wir auf das sogenannte zeitliche Paradox eingehen. Wir sagten, daß dann, wenn viel Information verarbeitet wird, im Rückblick ein Zeitintervall als lang erscheint, während das Fehlen von verarbeiteter Information die Zeit rückblickend schrumpfen läßt. Befinden wir uns jedoch in einer Situation, in der viel Information verarbeitet wird, scheint die Zeit wie im Fluge vorüberzugehen; wir spüren überhaupt nicht, daß die Zeit vergeht. Dies ist das angesprochene Paradox: Obwohl die Zeit zu fliegen scheint, wird sie rückblickend als lang erlebt.

Im Gegensatz dazu ist ein durch wenig Information gekennzeichnetes Geschehen langweilig. Die Zeit scheint dann dahinzukriechen. Im Rückblick erscheint die Zeit dagegen geschrumpft. Dies ist der zweite Teil des Paradoxes: Während des Erlebens vergeht die Zeit langsam, im Rückblick erscheint sie kurz. Dieses Erlebnis erklärt sich aus der Tatsache, daß beim Erleben selbst die Aufmerksamkeit einmal auf das Geschehen (Kurzweil), im anderen Fall auf den Ablauf der Zeit (Langeweile) gerichtet wird; rückblickend wird das Zeiterleben dagegen über den Erlebnisreichtum beurteilt.

Wie kommt es nun, daß wir trotz der zeitlichen Segmentierung ein kontinuierliches Erleben haben? Sinnesinformationen werden zu Drei-Sekunden-Segmenten vereinigt, so daß herausgehobene "Gegenwartsfenster" entstehen. Wie ist es trotz einer solchen "Zerstückelung" möglich, daß wir auch Kontinuität im Erleben empfinden, daß die Zeit zu fließen scheint?

Hier wird ein weiterer Mechanismus unseres Gehirns wirksam. Was jeweils ins Bewußtsein gelangt, ist nicht unabhängig von den vorhergegangenen Bewußtseinsinhalten, d. h., aufeinanderfolgende Bewußtseinssegmente enthalten voneinander abhängige Bewußtseinsinhalte. Entscheidend für unser zeitliches Erleben ist die inhaltliche Vernetzung aufeinanderfolgender Bewußtseinsinhalte. Der subjektive Eindruck einer zeitlichen Kontinuität ist also eine Illusion. Die Basis unseres Erlebens ist zeitlich zerstückelt; nur weil wir über die zeitlichen Grenzen von drei Sekunden hinaus an dasselbe denken, kommt es zum Eindruck einer kontinuierlichen Zeit.

Daß hier in der Tat eine aktive Leistung des Gehirns vorliegt, zeigt sich, wenn man Patienten mit bestimmten Denkstörungen untersucht. Ein schizophrener Patient ist im Extremfall nicht mehr in der Lage, aufeinanderfolgende Bewußtseinsinhalte so miteinander in Beziehung zu setzen, daß die Bedeutung der einzelnen Bewußtseinsinhalte eine sinnvolle Gedankenkette ergibt. Für einen solchen Patienten gehen die Kontinuität des Erlebens und der subjektive Eindruck eines zeitlichen Stroms verloren.

[...]

Zeit scheint nicht nur zu fließen; sie hat auch eine Richtung. Von der Gegenwart ausgehend, sind Vergangenheit und Zukunft im Erleben nicht gleichwertig; sie sind daher nicht spiegelbildlich. Man kann den Unterschied von Vergangenheit und Zukunft mit einem Gedanken von Carl Friedrich von Weizsäkker verdeutlichen: Die Zukunft ist gekennzeichnet durch Potentialität, die Vergangenheit durch Faktizität. Die Zukunft ist also offen, Verschiedenes kann eintreffen; die Vergangenheit ist geschlossen, d. h. es kann nichts mehr verändert werden; was geschehen ist, das ist geschehen.

[...]

Während wir einen Zeitbegriff auf der Grundlage elementarer Zeiterlebnisse erschließen können, indem wir solche grundlegenden Erlebnisse wie Gleichzeitigkeit, Aufeinanderfolge, das Gefühl der Gegenwärtigkeit und das Erleben der Dauer nach ihrem gemeinsamen neurobiologischen Nenner befragen, wird uns durch die periodischen Veränderungen der Umwelt das Vorübergehen der Zeit gleichsam von außen aufgezwungen. Alle 24 Stunden wiederholt sich in unserem Organismus etwas, was sich in Erleben und Verhalten zeigt; aber was sich da wiederholt, ist nicht genau dasselbe; durch geistige Verarbeitungsprozesse sehen wir in diesen Kreisläufen viele Ähnlichkeiten, doch auch ihre Veränderungen über die Zeit hinweg. Das Gedächtnis erlaubt uns somit Vergleiche, und nur über das Gedächtnis wird uns das Bewußtsein des Wechsels in der Zeit und damit letzten Endes auch der Begriff von Zeit ermöglicht.

Oliver Sacks

Farbenblindheit: Vom Vorteil eines Nachteils

Die Netzhaut unserer Augen ist gleichsam eine Ausstülpung unseres Gehirns. Der britisch-amerikanische Arzt und Autor Oliver Sacks schildert das sehr anschaulich am Beispiel von Knut: Knut ist farbenblind, was er aber nicht nur als Mangel erlebt. Tagsüber muss er sich mit einer fast schwarzen Sonnenbrille vor Blendung schützen und Gegenstände mit der Lupe oder mit dem Monokular betrachten; nachts aber entwickelt er eine Sehschärfe, die die seiner Mitmenschen übertrifft. Oliver Sacks arbeitet seit 1985 als Professor für Neurologie am Albert Einstein College of Medicine in der New Yorker Bronx. Die von ihm verfasste anrührende literarische Fallbeschreibung "Awakenings" (deutsch: "Zeit des Erwachens") wurde zu einem Bestseller und mit Robert de Niro und Robin Williams kongenial verfilmt.

Bob sah mit seinen purpurroten Shorts und dem hellen Tropenhemd wie ein Bilderbuchtourist aus, während Knut in der sengenden Sonne von Waikiki recht deplaziert wirkte: Über seiner normalen Brille trug er noch zwei dunkle Brillen – aufsteckbare Polaroidgläser und eine breite Sonnenschutzbrille, ein dunkles Visier, wie es vielleicht ein Kataraktpatient aufgesetzt hätte. Trotzdem blinzelte und zwinkerte er unablässig, und wir konnten erkennen, daß seine Augen hinter den dunklen Gläsern ständig kleine, ruckartige Bewegungen vollführten – Nystagmus oder Augenzittern. Erheblich wohler fühlte er sich, als wir uns in ein ruhiges (und, wie ich fand, ziemlich dämmriges) kleines Café in einer Seitenstraße zurückzogen, wo er seine beiden Sonnenbrillen abnehmen konnte und auch zu blinzeln aufhörte. Mir war das Café zunächst viel zu dunkel, so daß ich beim Eintreten stolpernd umhertastete und einen Stuhl umstieß, während sich Knut, durch die dunklen Brillen bereits ans Dunkel gewöhnt und ohnehin besser auf Nachtsehen eingestellt als wir, in dem Dämmerlicht sogleich zurechtfand und uns zu einem Tisch führte.

Wie andere farbenblind Geborene besitzt Knut keine Zapfen (zumindest keine funktionsfähigen Zapfen); das sind die Zellen, die bei normalsichtigen

---

* zu 7. Oliver Sacks: "Farbenblindheit"
Halbmond, (Abb. S. 47)
"Knut blieb unter dem Baum stehen und betrachtete den Mond aufmerksam durch sein Monokel, mit dem er die Meere und Schatten erkennen konnte. Dann setzte er das Monokel ab, ließ den Blick über den Himmel wandern und sagte: "Ich sehe Tausende von Sternen, die ganze Milchstraße!"
"Unmöglich", meinte Bob. "Bei Ihrer Sehschärfe, einem Zehntel des Normalen, ist doch der Winkel, den ein Stern einnimmt, sicher zu klein."

Menschen die Fovea, die Netzhautgrube, ausfüllen – den winzigen empfindlichen Bereich im Zentrum der Netzhaut – und auf die Fein- und Farbwahrnehmung spezialisiert sind. Daher ist er auf den spärlichen visuellen Input der Stäbchen angewiesen, die bei Farbenblinden wie Normalsichtigen über die Netzhautperipherie verteilt sind und die – wenn sie auch keine Farben unterscheiden können – sehr viel lichtempfindlicher sind. Der Stäbchenapparat dient zum Dämmerungssehen (Skotopie), etwa bei einem Nachtspaziergang. Auf ihm beruht Knuts gesamtes Sehvermögen. Doch ohne den vermittelnden Einfluß der Zapfen kommt es im hellen Licht zu einer raschen Ermüdung der Stäbchen, so daß sie fast ihre gesamte Funktion einbüßen. Tageslicht blendet Knut also, und bei strahlendem Sonnenschein erblindet er buchstäblich. Wenn er die Augen nicht schützt, schrumpft sein Gesichtsfeld in kürzester Zeit fast auf Null.

Wegen der fehlenden Zapfen liegt seine Sehschärfe nur bei einem Zehntel des Normalwerts – als uns die Karte gereicht wurde, zog er eine Lupe mit vierfacher Vergrößerung aus der Tasche, und zum Lesen der Tageskarte, die, mit Kreide auf eine Tafel geschrieben, an der gegenüberliegenden Wand hing, benutzte er ein Monokel mit achtfacher Vergrößerung (es sah wie ein Minifernrohr aus); ohne diese Ausrüstung wäre er kaum in der Lage, kleine oder ferne Schriften zu lesen. Stets trägt er Lupe und Monokel bei sich; wie die Sonnenbrillen gehören sie zu seinen unentbehrlichen Sehhilfen. Ohne funktionsfähige Fovea hat er, vor allem in hellem Licht, Schwierigkeiten, ein Ziel zu fixieren – daher die tastenden, nystagmischen Bewegungen seiner Augen.

Knut muß seine Stäbchenzellen vor Überlastung schützen und gleichzeitig, wenn es Einzelheiten wahrzunehmen gilt, Möglichkeiten finden, die Bilder, die ihm die Stäbchen liefern, zu vergrößern – indem er entweder Sehhilfen verwendet oder mit den Augen näher herangeht. Außerdem muß er, bewußt oder unbewußt, Methoden entwickeln, um anderen Aspekten der visuellen Welt Informationen zu entnehmen, anderen optischen Anhaltspunkten, die in Ermangelung von Farbe erhöhte Bedeutung gewinnen. Daher – und dies fiel uns sofort auf – seine ausgeprägte Empfänglichkeit für Form und Struktur, für Umrisse und Grenzen, für Perspektive, Tiefe und Bewegungen selbst feinster Art.

Knut findet an der visuellen Welt ebensoviel Gefallen wie Normalsichtige; er begeisterte sich an einem pittoresken Markt in einer Seitenstraße von Honolulu, an den Palmen und der tropischen Vegetation, an den Wolkenformen – auch für die Schönheit von Menschen hat er einen sicheren Blick. (Er ist mit einer auffallend hübschen Norwegerin verheiratet, einer Psychologin und Mitarbeiterin von ihm, wie er uns erzählte – doch erst als nach ihrer Heirat ein Freund sagte: “Du hast wohl ein Faible für Rotschöpfe”, erfuhr er, daß sie flammend rotes Haar hat.)

Knut ist begeisterter Schwarzweißfotograf – seine eigene Sehwelt, meinte er in dem Bemühen, uns einen Eindruck davon zu vermitteln, habe in der Tat eine gewisse Ähnlichkeit mit einem orthochromatischen Schwarzweißfilm, nur daß sie ein viel breiteres Spektrum von Tonwerten aufweise. “Graustufen würden Sie sie nennen, aber das Wort Grau hat für mich keine Bedeutung, genausowenig wie Blau oder Rot.” Dennoch, fügte er hinzu, empfinde er seine Welt keineswegs als “farblos” oder in irgendeiner Hinsicht unvollständig. Knut, der nie Farben gesehen hat, vermißt sie nicht im mindesten; von Anfang an hat er Sehen immer nur positiv erlebt und sich auf der Grundlage dessen, was ihm zur Verfügung steht, eine Welt voller Schönheit, Ordnung und Bedeutung geschaffen.

Als wir ins Hotel zurückgingen, um vor dem Weiterflug am folgenden Tag noch ein paar Stunden zu schlafen, begann es dunkel zu werden, und ein beinahe voller Mond stieg hoch in den Himmel empor, bis er sich als Silhouette von den Blättern einer Palme abhob – sich in ihnen verfing, wie es schien. Knut blieb unter dem Baum stehen und betrachtete den Mond aufmerksam durch sein Monokel, mit dem er die Meere und Schatten erkennen konnte. Dann setzte er das Monokel ab, ließ den Blick über den Himmel wandern und sagte: “Ich sehe Tausende von Sternen, die ganze Milchstraße!”

“Unmöglich”, meinte Bob. “Bei Ihrer Sehschärfe, einem Zehntel des Normalen, ist doch der Winkel, den ein Stern einnimmt, sicher zu klein.”

Daraufhin beschrieb Knut Sternbilder in allen Himmelsregionen – einige sahen ganz anders aus als jene, die er vom heimatlichen Himmel in Norwegen her kannte. Möglicherweise, so meinte er, offenbare sich hier ein paradoxer Vorteil seines Nystagmus: Durch die ruckartigen Augenbewegungen würden die sonst unsichtbaren Punktbilder vielleicht so “verschmiert”, daß sie größer erschienen – natürlich könnten dies aber auch ganz andere Faktoren ermöglichen. Es lasse sich schwer erklären, räumte er ein, warum er bei so geringer Sehkraft Sterne erkennen könne – aber so sei es nun einmal.

“Ein Lob dem Nystagmus, was?” sagte Bob.

Francis Crick

Über den freien Willen

Der Mitentdecker des Bauplans – der universellen Sprache – der Erbsubstanz und Nobelpreisträger Francis Crick glaubt in seinem Alterswerk, jenen Zellen auf der Spur zu sein, die im Gehirn die "Willenskraft" des Menschen hervorrufen. Erklärtermaßen reduktionistisch, versucht er Forschungsansätze anzuregen, die die komplexen Leistungen des Gehirns auf überschaubar große Mengen von Nervenzellen zurückführen, auf die prinzipiell verständliche "Sprache" der Neuronen.

Die Willensfreiheit ist in vielerlei Hinsicht ein etwas altmodisches Thema. Die meisten Menschen setzen sie als selbstverständlich gegeben voraus, denn sie haben den Eindruck, daß es ihnen gewöhnlich freisteht, so zu handeln, wie es ihnen gefällt. Juristen und Theologen mögen sich mit diesem Thema auseinandersetzen müssen, die Philosophen haben im großen und ganzen kein großes Interesse mehr daran. Psychologen und Neurowissenschaftler erwähnen es fast nie. Ein paar Physiker und andere Wissenschaftler, die sich Gedanken über Quantenunbestimmtheit machen, stellen sich gelegentlich die Frage, ob das Unschärfeprinzip am Grunde der Willensfreiheit liegt.

Ich selbst hatte der Willensfreiheit kaum Aufmerksamkeit geschenkt, bis ich im Jahr 1986 einen Brief von meinem alten Freund Luis Rinaldini erhielt. Luis ist ein argentinischer Zellbiologe, den ich in den späten vierziger Jahren in Cambridge kennengelernt hatte. Er lebt jetzt mit seiner Frau in Mendoza, einer Provinzstadt in der Nähe der Anden. Er wollte mich in den Vereinigten Staaten besuchen, um über einige seiner Ideen zu sprechen. Als wir uns in New York trafen, erzählte er mir, daß er zusammen mit einigen Freunden in Mendoza eine Diskussionsgruppe gebildet habe und daß er sich nun für das Thema Willensfreiheit interessiere. Später schrieb er mir ausführlicher dazu.

Bis dahin war mir gar nicht bewußt gewesen, daß ich eine Theorie über die Willensfreiheit hatte, doch aus dem, was er mir schrieb, konnte ich ersehen, daß meine Ideen sich von seinen ein wenig unterschieden. Ich setzte mich damals auf der Stelle hin und schrieb in wenigen Worten nieder, was ich gerade

---

* zu 8. Francis Crick: "Über den freien Willen hinaus"
Spiegelung eines Gesichts, (Abb. S. 51)
"Eine solche Maschine (das war das Wort, das ich in meinem Brief verwendete) wird dann von sich selbst den Eindruck haben, Willensfreiheit zu besitzen – vorausgesetzt, sie kann ihr Verhalten personifizieren, das heißt, sie hat ein Bild von 'sich selbst'."

als meine Überzeugungen entdeckt hatte, und das schickte ich ihm dann. Ich zeigte es auch der Philosophin Patricia Churchland, unter anderem auch deshalb, weil sie mir bestätigen sollte, daß das, was ich da gerade verfaßt hatte, nicht völlig albern war. Ihr verdanke ich eine klarere Ausformulierung, und sie steuerte einen weiteren Punkt bei; sie sagte mir, daß ihr meine Ideen plausibel vorkamen. Nachfolgend findet sich eine unwesentlich erweiterte Version meines Schreibens an Luis.

Meine erste Annahme war: Ein Teil des Hirns ist damit beschäftigt, Pläne für das Handeln in der Zukunft zu machen, die natürlich nicht unbedingt ausgeführt werden. Ich nahm weiterhin an, daß man sich solcher Pläne bewußt sein kann – d. h., daß es wenigstens möglich ist, sie unmittelbar abzurufen.

Meine zweite Annahme war: Man ist sich nicht der "Berechnungen" bewußt, die der betreffende Teil des Hirns anstellt, sondern nur der "Entscheidungen", die sich daraus ergeben – d. h. der resultierenden Pläne. Natürlich werden diese Berechnungen von der Struktur jenes Teils des Hirns abhängen (die teils epigenetisch, teils durch frühere Erfahrungen bestimmt ist) und auch von den Inputs, die dieser Teil des Hirns zu diesem Zeitpunkt von anderen Teilen des Hirns empfängt.

Meine dritte Annahme war, daß für die Entscheidung, den einen oder anderen Plan auszuführen, das gleiche gilt. Mit anderen Worten: Der Inhalt der Entscheidung, aber nicht die Berechnungen, die in sie eingegangen sind, können unmittelbar abgerufen werden, auch wenn man sich des Plans bewußt ist, eine bestimmte Bewegung auszuführen.

Eine solche Maschine (das war das Wort, das ich in meinem Brief verwendete) wird dann von sich selbst den Eindruck haben, Willensfreiheit zu besitzen – vorausgesetzt, sie kann ihr Verhalten personifizieren, d. h. sie hat ein Bild von "sich selbst".

Die Ursache der Entscheidung kann scharf umrissen sein (ein Zusatz von Patricia Churchland), sie kann aber auch deterministisch und zugleich chaotisch sein – d. h., eine sehr kleine Schwankung kann für das Endresultat sehr viel ausmachen. Daraus würde der Anschein entstehen, der Wille sei "frei", denn das Ergebnis wäre dann ja eigentlich unvorhersagbar. Natürlich können auch bewußte Aktivitäten Einfluß auf den Entscheidungsmechanismus haben (ein Zusatz von Patricia Churchland).

Eine derartige Maschine kann versuchen, sich selbst (mit Hilfe von Introspektion) zu erklären, warum sie eine bestimmte Entscheidung getroffen hat. Gelegentlich gelangt sie vielleicht zur richtigen Schlußfolgerung. In anderen Fällen wird sie es nicht wissen oder – was wahrscheinlicher ist – einfach konfabulieren, weil sie ja von den "Gründen" für die Entscheidung keinerlei bewußte

Kenntnis hat. Daraus ergibt sich, daß es einen Mechanismus des Konfabulierens geben muß, und das bedeutet, daß ein Teil des Hirns angesichts einer gewissen Menge von Anhaltspunkten (die vielleicht irreführend sind, vielleicht aber auch nicht), blindlings den einfachsten Schluß daraus zieht.

Damit war meine Theorie der Willensfreiheit zu Ende. Offenkundig setzt sie ein Verständnis dessen voraus, worum es beim Bewußtsein geht, wie das Hirn Handlungen plant (und ausführt), wie wir konfabulieren und so weiter. Ich bezweifle, daß meine Theorie etwas wirklich Neuartiges ist, aber vielleicht sind einige Details in früheren Erklärungen noch nicht enthalten.

Und damit war das Thema für mich eigentlich abgehakt. Ich traf Luis in New York, anschließend kam er zu Besuch nach La Jolla (Kalifornien). Er konnte über dieses Problem mit Paul Churchland (dem Ehemann von Patricia Churchland) diskutieren. Ich selbst hatte eigentlich nicht die Absicht gehabt, noch weiter über die Frage nachzudenken. Aber nachdem mein Interesse einmal geweckt war, ertappte ich mich von Zeit zu Zeit dabei, daß ich darüber nachdachte.

Wo, fragte ich mich, könnte der freie Wille im Hirn sitzen? Offenkundig sind mehrere Teile des Hirns an der Willensfreiheit beteiligt, aber es war nicht abwegig anzunehmen, daß ein Teil des Cortex eine besondere Rolle spielt. Man dürfte erwarten, daß dieser besondere Teil des Cortex seine Inputs von den höheren Ebenen der sensorischen Systeme empfängt und daß sein Output an die höheren Planungsebenen des motorischen Systems geht (oder daß er sie umfaßt).

Damals fiel mir zufällig ein Bericht von Antonio Damasio und seinen Kollegen über eine Frau mit einer besonderen Hirnschädigung in die Hände. Sie schien kaum noch Reaktionen zu zeigen. Sie lag regungslos im Bett, wirkte allerdings wach und aufmerksam. Sie konnte Menschen mit ihren Augen verfolgen; sie sprach allerdings nicht von sich aus. Sie gab keine verbale Antwort auf an sie gerichtete Fragen. Gleichwohl schien sie diese Fragen zu verstehen, denn als Antwort darauf bewegte sie ihren Kopf auf eine bestimmte Weise. Sie konnte Wörter und Sätze wiederholen, aber sie tat das sehr langsam. Kurzum, die wenigen Reaktionen, die sie hatte, waren sehr begrenzt und ziemlich stereotyp.

Nach einem Monat hatte sie sich weitgehend erholt. Sie sagte, ihre vorherige Unfähigkeit, sich mitzuteilen, sei gar nicht so schlimm gewesen. Den Unterhaltungen habe sie folgen können, sie habe aber nicht geredet, weil sie "nichts zu sagen" gehabt habe. Ihr Geist sei "leer" gewesen. Mein erster Gedanke war: "Sie hatte ihren Willen verloren" – wo war die Schädigung? Es stellte sich heraus, daß die Schädigung irgendwo in (oder bei) einem Bereich lag, der als "anteriorer Sulcus cinguli" bekannt ist und der Nähe des Brodmann-Areals 24 liegt. Dieses Gebiet befindet sich auf der Innenoberfläche – die man sähe, wenn das Hirn in der Mitte durchgeschnitten würde – , eher vorne (deshalb "anterior") und am oberen Ende. Mit Vergnügen hörte ich, daß dieser Bereich in der Tat viele Inputs von den höheren sensorischen Bereichen empfängt und sich bei den höheren Ebenen des motorischen Systems befindet.

Die Gruppe um Terry Sejnowski hat an den Werktagen meistens eine zwanglose Zusammenkunft nachmittags zum Tee. Hier kann man wunderbar über die jüngsten experimentellen Ergebnisse diskutieren, neue Ideen unter die Leute bringen oder einfach über Wissenschaft, Politik oder jederlei Neuigkeiten reden. Zu einer dieser Zusammenkünfte bin ich dann eines Tages gegangen, und ich erklärte in Anwesenheit von Patricia Churchland und Terry Sejnowski, daß der Sitz des Willens entdeckt worden sei! Der Wille sitze im (oder nahe beim) anterioren Cingulum. Als ich darüber mit Antonio Damasio sprach, stellte sich heraus, daß er auf dieselbe Idee gekommen war. Ihm verdanke ich einige weitere Einzelheiten über die anatomischen Verbindungen dieser Hirnregion. Sie hat starke Verbindungen mit dem entsprechenden Areal auf der anderen Seite des Hirns – normalerweise hat man zu jedem einzelnen Zeitpunkt immer nur einen Willen (auch wenn Split-Brain-Patienten zwei Willen haben können). Außerdem projiziert diese Region stark zum Corpus striatum (das ein wichtiger Teil des motorischen Systems ist), und zwar auf *beiden* Seiten des Hirns – genau das würde man von *einem* Willen erwarten. Das sah sicherlich sehr verheißungsvoll aus.

Irgendwann später las ich einen Aufsatz von Michael Posner, in dem er über eine seltsame Symptomatik berichtete, die von einer speziellen Hirnschädigung hervorgerufen wird. Man spricht hier vom "Fremde Hand"-Syndrom. Da ist z.B. ein Patient, dessen linke Hand Bewegungen ausführt – normalerweise recht einfache und stereotype Bewegungen –, für die er jede Verantwortung ablehnt. Beispielsweise ergreift die Hand spontan irgendeinen Gegenstand, den man in ihre Nähe gelegt hat. In manchen Fällen kann der Patient dann diesen Gegenstand nicht aus der Hand lassen; er muß mit seiner rechten Hand der linken den Gegenstand entwinden. Ein Patient stellte fest, daß er seine "fremde" Hand zwar nicht mit Hilfe seiner Willenskraft zum Loslassen bewegen konnte, wohl aber dadurch, daß er laut sagte "Laß los".

Und wo war die Hirnschädigung? Wiederum in oder nahe beim anterioren Sulcus cinguli (auf der rechten Seite, wenn die fremde Hand links ist), doch *außerdem auch* im entsprechenden Teil des Corpus callosum, so daß die linksseitige Region nicht in der Lage war, der linken Hand die Anweisungen zu geben, die von der beschädigten Region auf der rechten Seite nicht kommen konnten. Weiterhin ist das anteriore Cingulum an gewissen Auswahlvorgängen beteiligt, wie sich an der erhöhten Durchblutung dieser Region zeigt.

Vielleicht ist dieser Aspekt der Idee neuartig. Der freie Wille befindet sich in (oder nahe bei) dem anterioren Sulcus cinguli. In der Praxis wird es sich wohl etwas komplizierter verhalten. Andere Areale im Vorderhirn könnten ebenfalls beteiligt sein. Es bedarf weiterer Experimente mit Tieren, einer sorgfältigen Untersuchung von weiteren Fällen der "fremden Hand" und ähnlicher Symptomatiken – vor allem aber bedarf es eines detaillierten neurobiologischen Verständnisses des visuellen Bewußtseins und (von dort ausgehend) anderer Formen des Bewußtseins.

Julian Jaynes

Odysseus – ein Held ohne Bewußtsein?

Der US-amerikanische Professor für Psychologie, Julian Jaynes (1920-1997), entwickelte – nach Studien in Harvard und Yale – in den 70er Jahren an der Princeton Universität die These: Bewußtsein ist in der Menschheitsgeschichte erst vor rund 3000 Jahren aufgetreten. Subjektives Erleben und Autonomie beim Handeln werden von ihm anhand alter religiöser Texte und früher Mythen als historisch gewordene, relativ junge Errungenschaften des menschlichen Geistes gedeutet. Demzufolge trafen die Menschen der Frühzeit keine bewußten Entscheidungen, sondern erlebten – modern ausgedrückt – ihre eigene "innere Stimme" als akustische Halluzination: Der vorbewußte Mensch gehorchte automatenhaft der Stimme Gottes, die von außen zu ihm zu sprechen schien.

Die "Ilias" weiß im allgemeinen nichts von einem Bewußtsein. Und dementsprechend kennt sie im allgemeinen auch keine Wörter für Bewußtsein oder Bewußtseinstätigkeiten. Das Wort *psyche,* das später die Seele oder den sich wissenden Geist bezeichnet, steht hier meistenteils für Lebenssubstanzen wie das Blut und den Atem: Ein sterbender Krieger verströmt die *psyche* aus seinen Wunden auf den Boden, oder er haucht sie mit seinem letzten Seufzer aus. Der *thymos,* der später die Seele als Sitz der Affekte bezeichnet, bedeutet hier einfach noch – sei's normale, sei's heftige – Bewegung. Hört ein Mensch auf, sich zu bewegen, verläßt der *thymos* seine Glieder. Zugleich ist er in gewisser Beziehung aber auch ein Organ für sich, denn als Glaukos zu Apollon betet, ihm die Kraft zu geben, um die Leiche seines gefallenen Freundes Sarpedon zu streiten, da erhört ihn der Gott und "schickt ihm Kraft in den *thymos*". Der *thymos* heißt den Menschen essen, trinken oder kämpfen. Diomedes sagt an einer Stelle, Achilleus werde wieder kämpfen, "wenn der *thymos* in seiner Brust es ihm gebietet und wenn ein Gott ihn erregt". Aber er ist kein Organ im eigentlichen Sinn und auch nicht immer genau lokalisiert: die tobende See hat *thymos.* In mancher Beziehung vergleichbar ist die Verwendungsweise des Wortes *phren,* das indes etwas anatomisch Lokalisiertes, nämlich das Zwerchfell oder Empfindungen im Zwerchfell, bezeichnet und gewöhnlich in der Mehrzahl gebraucht wird. Hektors *phrenes* sind es, die erkennen, daß sein Bruder nicht an seiner Seite steht, es ist derselbe Sachverhalt, den wir in der Wendung ausdrücken, daß einem "vor Schreck der Atem stockt". Erst Jahrhunderte später kommt das Wort zu der Bedeutung "Sinn" oder "Herz" (beides im übertragenen Sinn von "Geist", "Seele" oder "Gemüt").

Vielleicht das wichtigste Wort dieser Art ist *noos,* das später (in der Schreibweise *nous)* die Bedeutung von Geist annahm. Es ist von *noeein,* sehen, abgeleitet. So wie es in der "Ilias" gebraucht wird, müßte es genaugenommen mit Ausdrücken wie "Wahrnehmung", "Wiedererkennen" oder "Gesichtsfeld" übersetzt werden. Zeus "behält Odysseus in seinem noos". Er hat ein wachsames Auge auf ihn.

Ein weiteres wichtiges Wort, möglicherweise durch Reduplikation von *meros,* Teil, abgeleitet, ist *mermera,* das "zweigeteilt" bedeutet. Daraus wiederum wurde durch Anfügen des üblichen Verb-Suffixes *-izo* an den Substantivstamm das Verb *mermerizein,* "angesichts einer Sache in zwei Teile gespalten sein". Der vermeintlichen literarischen Qualität ihrer Arbeit zuliebe benutzen moderne Übersetzer häufig die moderne Ausdrucksweise der Subjektivität, die Sinn und Bedeutung des Originals verfehlt. So wird *mermerizein* fälschlich wiedergegeben mit "hin und her überlegen", "erwägen", "im Zweifel sein", "unschlüssig sein", "sich sorgen" oder "beunruhigt sein über", "um einen Entschluß ringen" und ähnlichem. Im wesentlichen besagt das Wort jedoch, daß man einen Konflikt zweier Handlungsweisen, nicht zweier Gedanken austrägt. Sein Sinn ist immer behavioristisch. Es wird wiederholt von Zeus ausgesagt, aber auch von anderen Akteuren. Als Austragungsort dieses Widerstreits wird oft der *thymos* angegeben, manchmal auch die *phrenes,* aber niemals der noos. Das Auge kann nicht unschlüssig zögern oder mit sich selbst im Widerstreit liegen, wie das später der (in der "Ilias" noch auf seine Erfindung harrende) Geist zu tun vermögen wird.

Im allgemeinen – das heißt, wie gesagt, bis auf gewisse Ausnahmen – bezeichnen die bisher aufgeführten Wörter den höchsten Grad der Annäherung an bewußte Geistigkeit oder bewußtes Denken, den man – und dieses "man" umfaßt gleichermaßen Verfasser wie Götter wie Helden der "Ilias" – in dieser Dichtung üblicherweise zu erreichen vermag.

Die Dichtung kennt auch kein Konzept des Willens, noch hat sie ein Wort dafür – das Konzept des Willens ist eine auffallend späte Schöpfung des griechischen Denkens. So besitzen die Menschen in der "Ilias" keinen eigenen Willen und schon gar keine Vorstellung von Willensfreiheit. In der Tat ist das ganze Problem des Wollens, mit dem sich die moderne Psychologie meinem Eindruck nach so schwer tut, vielleicht nur deshalb zum Problem geworden, weil die Ausdrücke für die einschlägigen Phänomene erst so spät erfunden wurden.

Und ähnlich fehlt in der "Ilias" auch ein Wort für den Körper in unserem Sinn. Das Wort *soma,* das im fünften Jahrhundert v. Chr. die Bedeutung von Körper annimmt, steht bei Homer stets im Plural und bezeichnet leblose

Glieder oder einen Leichnam. Es kennzeichnet den Gegensatz zu *psyche.* Die Sprache der "Ilias" hat eine Reihe von Bezeichnungen für einzelne Körperteile – und jedesmal, wenn sie gebraucht werden, ist dann aber auch nur dieser bestimmte Körperteil gemeint, niemals der Körper im ganzen. Kein Wunder also, daß die frühgriechische Kunst der mykenischen Periode die menschliche Gestalt als eine Montage aus einzelnen Gliedern wiedergibt, die auf (für uns) befremdliche Weise untereinander verbunden sind (schwach ausgeprägte Gelenke; die Verbindung zwischen Rumpf und Hüfte kaum vorhanden). Das ist die bildkünstlerische Version dessen, was uns bei Homer laufend begegnet, wenn hier von Händen, Unterarmen, Oberarmen, Füßen, Waden und Schenkeln die Rede ist, die behende sind oder nervig oder in hurtiger Bewegung und so weiter, ohne daß auch nur ein einziges Mal der Körper als Ganzheit in den Blick käme.

Das alles ist nun höchst eigenartig. Wenn die Menschen der "Ilias" kein subjektives Bewußtsein haben, keinen Geist, keine Seele, keinen Willen – was bewegt sie dann zum Handeln?

[...]

Nach ebenso alter wie allgemein akzeptierter Überzeugung gab es vor dem vierten Jahrhundert v. Chr. in Griechenland keine echte Religiosität: die Götter Homers seien lediglich "farbenfrohe Ausgeburten der dichterischen Phantasie" (wie anerkannte Altertumswissenschaftler es ausdrücken). Diese irrige Auffassung rührt daher, daß man die Religion als ethisches System betrachtet, als eine dem Streben nach einem tugendhaften Lebenswandel entsprungene Unterordnung gegenüber äußeren Göttern. Und tatsächlich ist den Gelehrten insoweit recht zu geben. Zu behaupten freilich, die Götter der "Ilias" seien lediglich dichterische Kunstgriffe oder rhetorische Topen, kommt einer völligen Verkennung der Tatsachen gleich.

Die Helden der "Ilias" überlegen nicht, was als nächstes zu tun sei. Sie haben kein Bewußtsein in dem Sinn, wie wir das von uns sagen, und auf gar keinen Fall verfügen sie über die Gabe der Introspektion. Für uns mit unserer Subjektivität ist es unmöglich nachzuempfinden, wie das ist. Als Agamemnon, der König der Mannen, dem Achilleus seine schöne Gefangene wegnimmt, greift eine Göttin in das goldene Haar des Peleussohns und ermahnt ihn, nicht das Schwert zu zücken gegen Agamemnon. Und am düsteren Strand des Meeres steigt dann eine Göttin aus dem grauen Gewässer auf, um bei den schwarzen Schiffen dem Weinenden die Zornestränen zu trocknen. Eine Göttin flößt mit ihrem Geflüster das süße Verlangen nach der alten Heimat ins Herz der Helena! Eine Göttin verbirgt den Paris in einer Nebelwolke vor dem Angriff des wütend heranstürmenden Menelaos. Ein Gott heißt Glaukos die goldene

Wehr gegen die eherne tauschen. Stets ist es ein Gott, der die Heere in die Schlacht führt, der in kritischen Momenten zu den einzelnen Kriegern spricht, der Hektor vorschlägt und ihn lehrt, was er tun soll, der die Krieger antreibt oder ihre Niederlage bewirkt, indem er einen lähmenden Bann auf sie legt oder ihr Gesichtsfeld vernebelt. Götter sind es, die Zwietracht unter den Menschen stiften, die in Wirklichkeit den Krieg anzetteln und dann auch die strategische Planung und Ausführung übernehmen. Eine Göttin nimmt Achilleus das Versprechen ab, nicht mehr am Kampf teilzunehmen, eine andere heißt ihn später, die Troer zu vertreiben, und wiederum eine andere umkränzt sein Haupt mit goldenen Wolken und läßt eine himmelhoch aufragende Flamme von ihm ausgehen und schickt durch seine Kehle einen so fürchterlichen Wutschrei über den blutdampfenden Graben zu den Troern, daß diese von namenloser Panik ergriffen werden. Kurzum, die Götter spielen die Rolle des Bewußtseins.

Handlungen werden nicht von bewußten Planungen, Überlegungen oder Motiven in Gang gebracht, sondern durch das Handeln und Reden der Götter initiiert. Seinen Nebenmenschen erscheint der Mensch als Verursacher seines eigenen Verhaltens. Nicht so sich selber. Als Achilleus gegen Ende des Krieges dem Agamemnon vorhält, wie dieser ihm seinerzeit die schöne Beutegefangene raubte, da erklärt der König der Mannen, Gebieter des Volkes: “Nicht ich habe die Handlung verursacht, sondern Zeus und mein Schicksal und dunkelschleichend Erinys, welche mir böse *ate* eingaben in der Versammlung jenes Tags, da ich Achilleus der Beute beraubte. Es tut ja alles die Göttin”. Und daß dies nicht eine hastig improvisierte faule Ausrede des Agamemnon ist, mit der er die Verantwortung von sich abzuwälzen gedenkt, erhellt aus dem Umstand, daß Achill sich mit dieser Erklärung voll und ganz zufriedengibt – denn auch Achill gehorcht seinen Göttern. Wenn Gräzisten in ihren Kommentaren zu der zitierten Textstelle anmerken, Agamemnons Verhalten grenze hier an “Selbstentfremdung”, so liegen sie damit weit, weit vom Schuß. Denn die Frage ist doch: Wie war es mit der Psychologie der homerischen Helden in der “Ilias” bestellt? Und ich sage: Die Helden der “Ilias” hatten überhaupt kein Selbst.

Sogar die Dichtung als solche ist nicht Menschenwerk in unserem Sinn. Ihre ersten drei Worte lauten: *Menin aeide, thea*, “Singe, o Göttin, von Zorn!” Und das gesamte nachfolgende Epos ist nichts anderes als eben dieser Gesang der Göttin, von einem verzückten Poeten “vernommen” und als Re-Zitation in den Ruinen von Agamemnons Welt an seine eisenzeitliche Hörerschaft weitergegeben.

Wären wir in der Lage, unsere sämtlichen vorgefaßten Konzepte von Dichtung zu löschen und auf dieses Epos zu reagieren, als hätten wir noch nie etwas von Dichtung gehört, dann würden wir auf der Stelle von der ganz ungewöhnlichen Beschaffenheit dieser Sprache in Bann geschlagen. Das, womit wir es da zu tun haben, nennen wir heute “Metrum”. Doch welch ein Unterschied zwischen dem stetig wiederkehrenden “hexametrischen”, also sechshebigen, Schema des Tonhöhenwechsels in der solchermaßen “gebundenen” Rede einerseits und andererseits der holprigen – “ungebundenen” – Betonungsweise in unseren alltäglichen Unterhaltungen! Die Funktion des dichterischen Metrums ist es, die elektrische Aktivität des Gehirns aufzuputschen und auf jeden Fall die normalerweise gegebenen moralischen Hemmungen sowohl des Vortragenden wie auch seiner Zuhörer abzubauen. Mit etwas Ähnlichem haben wir es zu tun, wenn die “Stimmen” der Schizophrenen in skandierten Rhythmen oder in Reimen sprechen. Demnach wurde, von späteren Hinzufügungen abgesehen, das Epos als solches weder bewußt produziert noch bewußt reproduziert, sondern im jeweils neuschöpfenden Vortrag von Mal zu Mal kreativ verändert, ohne daß dabei auf Seiten des Sängers mehr Bewußtheit im Spiel war als bei einem improvisierenden Pianisten.

Wer aber nun waren diese Götter, die die Menschen herumdirigierten, als wären sie Roboter, und die durch Menschenmund epische Dichtungen zum besten gaben? Es waren Stimmen, deren Reden und Befehle von den Helden der “Ilias” genauso deutlich vernommen wurden, wie manche Epileptiker und Schizophrene ihre Stimmen hören, oder wie die heilige Johanna von Orleans die ihrigen hörte. Die Götter waren Organisationstypen des Zentralnervensystems; sie lassen sich als “personae” im Sinne scharf ausgegrenzter Konsistenzen im Zeitfluß auffassen, als Amalgame von Eltern- und/oder Erzieher-Imagines. Der Gott ist Bestandteil des Menschen, und mit dieser Betrachtungsweise stimmt sehr gut überein, daß die Götter niemals den Bezirk der Naturgesetzlichkeit verlassen. Anders als der Gott der Hebräer im ersten Buch Mose sind die griechischen Götter nicht imstande, etwas aus dem Nichts zu erschaffen. Im Wechselspiel der Beziehung zwischen dem Gott und dem Heiden gilt das gleiche Schicklichkeitszeremoniell, treten die gleichen Emotionen auf, werden die gleichen Überredungsstrategien eingesetzt wie zwischen zwei Menschen. Der griechische Gott tritt niemals unter Blitz- und Donnerbegleitung auf, erzeugt im Helden niemals Furcht und Schrecken und ist himmelweit entfernt von der schauerlich outrierten Erhabenheit des Gottes im Buch Hiob. Er geleitet, rät und befiehlt, mehr nicht. Dieser Gott erwirkt keine Demut, ja nicht einmal Liebe, und allenfalls in bescheidenem Umfang Dankbarkeit. Tatsächlich meine ich, daß die Gott-Held-Beziehung – als genetische Vorform – in der Sache genau dem entspricht, was bei Freud als Ich-Über-Ich-Beziehung und bei George H. Mead als die Beziehung des Selbst zum generalisierten Anderen erscheint. Das Äußerste, was der Held dem Gott an Gefühl entgegenbringt, ist Staunen oder Verblüffung – die Art von Gefühl, die wir empfinden, wenn uns plötzlich die Lösung eines besonders kniffligen Problems durch den Kopf schießt, oder die im "Heureka!" des badenden Archimedes zum Ausdruck kommt.

Die Götter sind – so würden wir es heute ausdrücken – Halluzinationen. Gewöhnlich sind sie zu sehen und zu hören nur für denjenigen Helden, an den sie gerade das Wort richten. Manchmal kommen sie aus einem Nebel oder aus dem "grauen Gewässer" des Meeres oder eines Flusses, oder vom Himmel herunter – was alles darauf hindeutet, daß ihnen aura-artige Gesichtserscheinungen vorausgingen. Zu anderen Malen dagegen ist es einfach nur so, daß sie plötzlich da sind. In der Regel melden sie sich in eigener Person, meist nur stimmlich; zuweilen kommen sie jedoch auch in Gestalt eines Menschen aus der näheren Umgebung des Helden.

Unter dem zuletzt genannten Aspekt ist die Beziehung zwischen Apollon und Hektor besonders interessant. Im Sechzehnten Gesang tritt Apoll Hektor zur Seite in Gestalt von dessen Oheim, im Siebzehnten Gesang spricht er zu ihm in Gestalt des verbündeten Kikonenfürsten Mentes und dann nochmals in Gestalt des liebsten Gastfreunds Phainops. Die entscheidende Wende des ganzen Kriegsgeschehens bahnt sich an, als Athene, nachdem sie Achilleus den Auftrag erteilt hat, Hektor zu "erlegen", nunmehr in Gestalt von dessen Lieblingsbruder Deiphobos zu Hektor tritt und sich als Waffenträger anbietet. Im Vertrauen auf diesen Beistand fordert Hektor Achilleus heraus, schleudert seinen Speer nach dem Gegner, verfehlt jedoch das Ziel, und wie er sich daraufhin nach seinem Bruder umdreht, um dessen Speer zu fordern, muß er feststellen, daß da niemand mehr ist. Wir würden heute sagen, daß Hektor das Opfer einer Halluzination geworden ist. Und gleich Hektor hatte auch Achilleus eine Halluzination. Im Trojanischen Krieg führten Halluzinationen das Kommando. Und die Recken, die diesem Kommando unterstanden, waren ganz andere Menschen, als wir es sind. Sie waren erlauchte Roboter, die nicht wußten, was sie taten.

Wir blicken also in Fremdheit, Herzlosigkeit, Leere. Zu diesen Helden gewinnen wir kein Verhältnis, indem wir hinter ihren grimmigen Blicken ein Bewußtsein fingieren, wie wir das untereinander tun. Die Menschen der "Ilias" kannten keine Subjektivität wie wir; sie wurden ihres Gewahrseins der Welt nicht gewahr, besaßen keinen inneren Raum, wo sie sich selbst hätten beobachten können. Um die Geistesverfassung der Mykener von unserem eigenen, subjektiven Geist zu unterscheiden, werden wir sie als *Zwei-Kammer-Psyche* oder (der dadurch vereinfachten Kompositabildung halber) als *bikamerale Psyche* bezeichnen. Wollen, Planung und Handlungsanstoß kommen ohne irgendwelches Bewußtsein zustande und werden sodann dem Individuum fix und fertig in seiner vertrauten Sprache "mitgeteilt", manchmal mit einer Gesichtsaura in Gestalt eines vertrauten Menschen oder einer Autoritätsfigur als Begleiterscheinung, manchmal allein in einem Stimmphänomen. Das Individuum gehorcht diesen Stimmen, weil es nicht "sieht", was es von sich aus tun könnte.

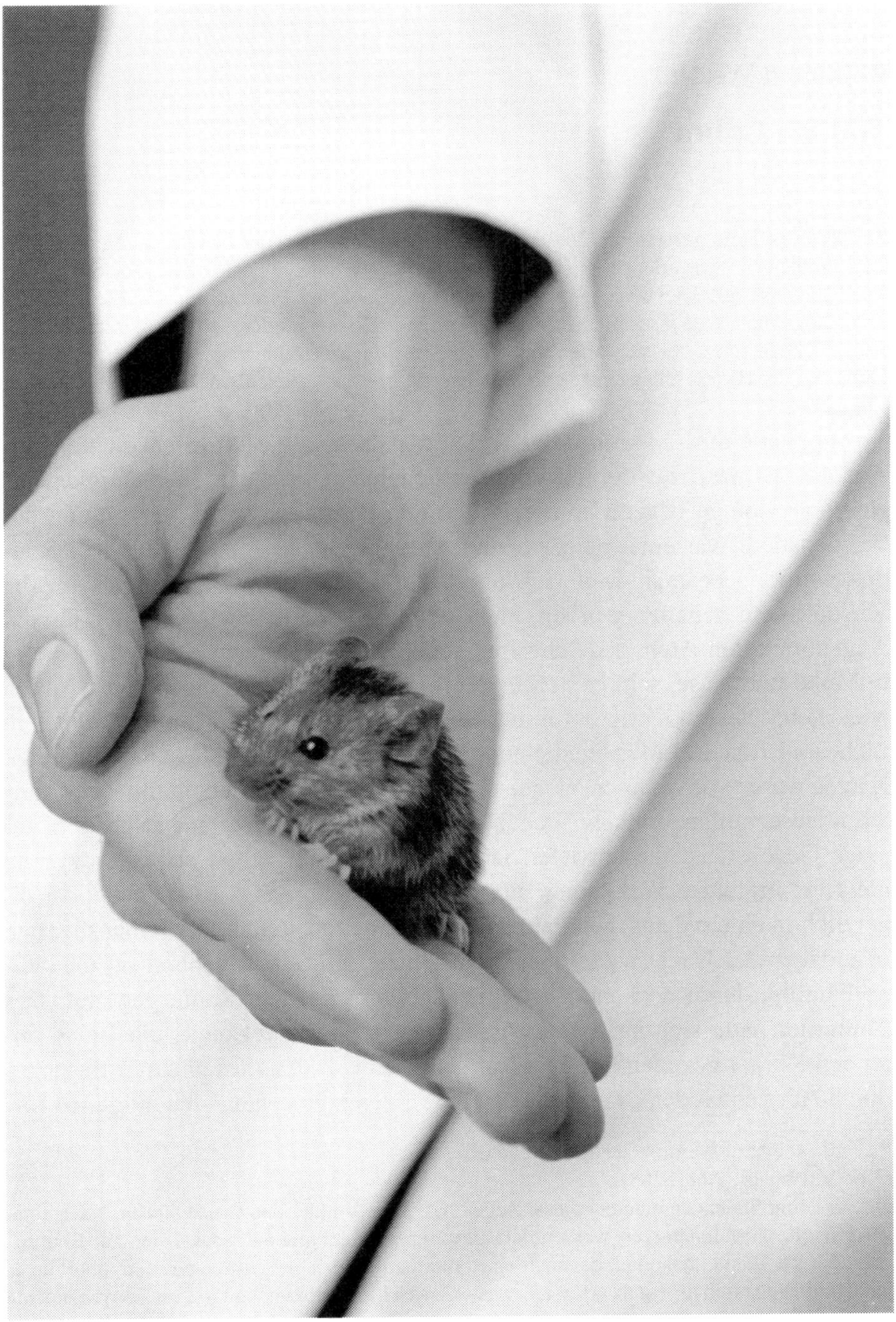

Reinhard Werth

Tod im Labor

Die Hirnforschung gewann ihr Wissen in erheblichem Maße aus der Untersuchung unfreiwilliger Probanden: hirnverletzte Kriegsopfer und Tiere. Auch heute noch ist Hirnforschung notwendigerweise mit Tierversuchen verbunden. Der Münchener Privatdozent für Medizinische Psychologie und Wissenschaftstheorie, Reinhard Werth, ist einer der wenigen Wissenschaftler seines Fachgebietes, der sich offen mit den zwiespältigen Gefühlen auseinandersetzt, die die Methoden der Hirnforschung zur Folge haben, ohne in eine unpersönliche Sprache zu flüchten.

Man hatte mir schon prophezeit: Du wirst sehen, die Wirklichkeit sieht anders aus als das, was du aus Veröffentlichungen kennst. Meine Tätigkeit als Neurophysiologe begann an einem warmen Sommertag. Die Versorgung der Versuchstiere war eine meiner ersten Aufgaben, die bald zur täglichen Routine wurde. Jedesmal, wenn ich die Tür zu dem Raum öffnete, in dem die Versuchstiere gehalten wurden, hielt ich ganz unwillkürlich für einen kurzen Augenblick den Atem an. Schwerer, feuchter Geruch nach Katzenurin drang in Mund und Nase, schlug sich in den Lungen nieder und machte das Atmen widerlich. Dieser klebrig empfundene Nebel fiel aus einem Raum, der, gegen Licht und frische Luft abgedichtet, Tag und Sonne draußen ließ. Vier junge Katzen waren vor wenigen Wochen hier geboren worden, lebten mit ihrer Mutter in dieser stillen, dunklen Welt. Niemals hatten sie Licht, einen Schatten, gar einen Gegenstand, Geschwister oder die Mutterkatze je gesehen. Ich konnte die Tiere im fahlen Weiß eines Infrarot- Nachtsichtgerätes ausmachen, das eigentlich in einem deutschen Panzer Dienst hätte tun sollen. Der Lebensbereich in andauernder Nacht war einige Quadratmeter groß, ausreichend für die kleine Familie, durch deckenhohe Gitterstäbe vom übrigen Raum getrennt. Das Muttertier hatte sich nach Katzenart auf den Boden gekauert, die Beine unter den Körper gezogen. Aufmerksam versuchte es den unsichtbaren Besucher durch Ausrichten der Ohren zu orten. Die Jungen bewegten sich langsam, vor-

---

* zu 10. Reinhard Werth: "Der Tod im Labor"
Hand hält Maus, (Abb. S. 65)
"Welche Empfindungen man bei dieser Arbeit hat? Das ist individuell verschieden. Nach einer gewissen Eingewöhnungszeit werden derartige Experimente und auch das Töten zur Routine. Alle, die ich kannte, behielten dennoch eine emotionale Beziehung zu den Tieren, über die es jedoch hinwegzuschauen galt. Man tat, was wissenschaftlich unumgänglich war. Wer mochte sich am Töten freuen? Der Tod war ein Teil der Forschungspraxis."

sichtig. Ohne erkennbare Anteilnahme am Geschehen tasteten sie sich durch den für sie unsichtbaren Raum. Ich öffnete die Käfigtür, faßte eine der jungen Katzen vorsichtig unter der Brust, hob sie auf eine bereitstellende Babywaage. Sie ließ alles willig über sich ergehen. Vielleicht einmal ein langgezogenes Miauen. Eine nach der anderen wurde gewogen, die Werte wurden in eine Liste eingetragen, die Tierchen in den Käfig zurückgesetzt. Der Futternapf mußte ausgekratzt und im Nebenraum ausgespült werden. In Dosen frisches Futter, eine dicklich weiche Masse, die für Menschen unappetitlich roch, doch offenbar dem Geschmack der Katzen genügte. Ein paar Löffel des nassen, fleischigen Teiges ließ ich in den Napf fallen. Rasch das Futter in den Käfig stellen, die Gittertüre schließen und dann raus. Nur flach atmen, um möglichst wenig des üblen Geruchs in sich aufzunehmen. Draußen schien die Luft so rein, als tränke man klares Wasser.

Wozu sollte man Tiere unter solch unnatürlichen Bedingungen aufwachsen lassen? Das Leben in permanenter Nacht währte ohnehin nur wenige Monate, dann verließ eine junge Katze nach der anderen den Käfig. Eine nach der anderen nahm einen Tag, vielleicht noch eine Nacht an einem Experiment teil, an dessen Ende der Tod wartete. Die wissenschaftlichen Fragen, auf die die Experimente eine Antwort geben sollten, waren einfach: Wie beim Menschen, so ist auch bei der Katze die Entwicklung des Gehirns mit der Geburt keineswegs abgeschlossen. Was aber bestimmt, in welcher Weise sich das Gehirn entwickelt? Die Aufzucht in der Dunkelheit zeigt, inwieweit genetisch vorbestimmt ist, was im Gehirn geschieht, wenn – wie in diesem Fall – jede visuelle Erfahrung fehlt, richtiger: wenn Dunkelheit die einzige Seherfahrung ist. Findet sich eine wissenschaftlich gesicherte Antwort, so kann sie das Verständnis von entwicklungsbedingten Störungen des Sehens erweitern. Wußte man aus den Tierexperimenten, in welcher Weise fehlende Seherfahrung die Verschaltung von Nervenzellen des Gehirns beeinflußt, so konnte man eine Vorstellung davon gewinnen, was im Gehirn von Kindern geschieht, bei denen von Geburt an eine Trübung der Linsen normales Sehen verhindert. Wird eine solche Linsentrübung nicht frühzeitig operiert, so stellt sich später durch Veränderungen innerhalb des Sehsystems eine nicht mehr rückgängig zu machende Schwachsichtigkeit ein. Die Gründe für das Entstehen einer solchen Schwachsichtigkeit galt es zum Beispiel zu erforschen.

[...]

Welche Empfindungen man bei dieser Arbeit hat? Das ist individuell verschieden. Nach einer gewissen Eingewöhnungszeit werden derartige Experimente und auch das Töten zur Routine. Alle, die ich kannte, behielten dennoch eine emotionale Beziehung zu den Tieren, über die es jedoch hinwegzuschauen galt. Man tat, was wissenschaftlich unumgänglich war. Wer mochte sich am Töten freuen? Der Tod war ein Teil der Forschungspraxis. Man behandelte die Tiere so, daß unnötige Qual vermieden wurde. Jeder Eingriff vollzog sich in Narkose. Die Tiefe der Narkose wurde genauestens überwacht. Der Tod der Tiere war gesteuert, es war ein kontrolliertes Sterben. Das Bewußtsein ging rasch verloren. Es dauerte kaum Sekunden, bis das Herz versagte, Formalin das Blut ersetzte und das Hirn erstarrte. Viele Neurophysiologen waren Ärzte. Sie hatten oft erfahren, wie die Natur das menschliche Sterben oft über Stunden, Tage bis zu Jahren zieht, das Bewußtsein mit seinem Schmerz, der Angst und mancher Last im Grenzbereich balanciert, Stück um Stück der einstigen Persönlichkeit zerfallen läßt. An das Sterben waren sie gewöhnt. Wer wie ich vom Land kam, kannte auch das Schlachten. Ich erinnerte mich manchmal an die kühlen Wintertage, wenn die langgezogenen Schreie schlachtbereiter Schweine über die baumbestandenen Wiesenhänge zogen, noch außerhalb des Dorfes in den Weinbergen zu hören waren, die in die weiten Moseltäler fielen. Einen Strick mußte man um ihre Hinterbeine binden, um sie aus dem Stall zu ziehen. Dann setzte man den "Knicker" auf die Stirn und schlug einen Eisendorn tief durch die Schädeldecke. War er ins Gehirn gedrungen, fiel das Tier und streckte sich mit einem dumpfen Klatschen auf dem Boden aus. Es war ein rascher Tod, der wenig Qualen mit sich brachte. Ich ging noch nicht zur Schule, als man mir zeigte, wie man Ziegen schlachtet. Man klemmt sie mit den Hüften fest zwischen seine Knie, mit der Linken faßt man sie an Kinn und Nase, biegt den Kopf etwas nach hinten. Fast ohne Widerstand gleitet das Messer durch den Hals der kleinen Tiere. Schon das Zusehen kostete am Anfang große Überwindung. Aber man gewöhnte sich daran und lernte Emotionen abzuschalten.

Es war Mittag. Ein gelber, warmer Sommertag. Die Straßencáfes hatten sich sicher schon gefüllt, die italienischen und griechischen Restaurants mit weißgedeckten Tischen unter den Baumkronen, von denen schon einmal eine Blüte in die bunten Vorspeisenteller fiel, belebten sich.

Mit einigen Kollegen stieg ich die Treppen hoch zur Kantine, einem weißen Raum mit den bekannten Gesichtern an ungedeckten Tischen oder in der Schlange vor der Theke, an der irgendein Essen ausgegeben wurde. Einige balancierten ihre weißen Kunststofftabletts durch die Tischreihen. Ganz gleich, zu welcher Gruppe man sich setzte, in welches Fachgespräch man drang, meist die gleichen Themen: wer an welche Universität berufen worden war, wer mit wem in den USA was bearbeitete, welche Aufsätze wo erschienen waren, welche Projekte man beantragt, welche man abgeschlossen hatte. Einer der jungen Aufstrebenden war aus dem Urlaub in Griechenland zurückgekommen und gab den Umsitzenden Reiseempfehlungen, ich dachte an die Fundamente des Zeus-Tempels auf der Agora, dem antiken Markt, wo Sokrates Opfer für seine Gespräche gefunden haben soll, an die Ebene von Marathon, in der die Phalanx der griechischen Krieger gegen die Perser vorrückte, die Gräber gefallener Athener und Spartaner, an die Tribüne, von der Perikles zur Volksversammlung sprach, an die Akademie Platons. Ich hatte nicht zugehört, als der Zurückgekehrte über einen Strand erzählte, wie er gleich bei seiner Ankunft in Athen zu einer der Inseln gefahren sei. Die Plastiktabletts waren bis zum Boden leergegessen, und man wollte rasch wieder ins Labor. Die Gruppe der Eiligen, mit der ich durch das Treppenhaus hinunterging, zerfiel an jeder Tür ein wenig mehr. Einer, zwei oder drei verschwanden an jeder Station in Räumen mit weißen Metallregalen, Türmen elektronischer Geräte, Monitoren, hinter denen einige ihre Mittagspause mit billigen Wurstsemmeln vom hauseigenen Kiosk verbrachten.

In unserem Labor herrschte geschäftige Erwartung. Es sollte sogleich jemand in das Tierhaus gehen und vier junge Katzen holen. Für eines der nächsten Experimente mußten sie heute vorbereitet werden. Weitere Daten über den Einfluß des Schielens auf die Entwicklung des Sehsystems galt es zu gewinnen. Man mußte nur die Augenmuskeln etwas kürzen, um eine ausgeprägte Schielstellung zu erzeugen.

Mit einem für den Transport der Versuchstiere vorgesehenen Kasten machte ich mich auf den Weg. In einem hellen, leeren Raum war ein Käfig von einigen Quadratmetern Grundfläche abgeteilt. Eine erwachsene Katze machte etwas zögernd einige lautlose Schritte vorbei an ihren wenige Wochen alten Jungen und ließ sich nieder. Aufmerksam, als wäre es Gleichmut, sah sie zu, wie ich eine der kleinen Katzen nach der anderen in die mitgebrachte Kiste setzte. Als ich den Käfig verließ, folgte mir die Mutter mit einigen vorsichtigen Schritten und blieb scheinbar ratlos stehen. Im Labor war schon alles vorbereitet, eine sehr kurze, gekrümmte Nadel an einem Faden, Scheren, Klemmen, ein Skalpell, eine Spritze waren auf einem Tisch geordnet. Die erste der jungen Katzen wurde mit einem Schwung auf den Rücken gedreht. Ein langgezogenes Miauen begleitete diesen ungewohnten Lagewechsel. Von der Innenseite des rechten Vorderlaufs fielen die abgeschnittenen Haare über das Messer eines elektrischen Rasierapparats, wie ihn in den fünfziger Jahren die Friseure benutzten, um ihren Kunden "das Genick auszuputzen", wie sie ihre gestalterische Grausamkeit damals nannten. In dem kahlgeschorenen Bein der Katze ließ sich leicht die dünne Vene finden. Man spürte die harte Haut, wenn man sie durchstach, die Hohlnadel bis zur Vene vorschob. Kaum war etwas Narkosemittel eingespritzt und hatte sich mit dem Blut vermischt, da sanken die kurzen Beine in tiefem künstlichem Schlaf herab. Jemand hielt den Kopf des Tieres, als man mit einer Schere den Augenwinkel aufschnitt, den äußeren geraden Augenmuskel hervorzog, abschnitt und verkürzt wieder vernähte. Die Katze zeigte keine Regung, schlief fest und war nun zum ausgeprägten Schieler geworden. Waren endlich die Augenmuskeln bei allen vieren neu vernäht, saßen sie, zunächst noch halb betäubt, in ihrem Kasten, konnten aber bald zu ihrer Mutter in den Käfig zurück. Noch trunken vom Narkosemittel rutschten auf dem glatten Steinboden die Füße zur Seite, so daß der Bauch unbeholfen den Boden berührte. Aus dem hilflosen Zappeln entstanden bald wieder die ersten ungelenken Schritte. In einigen Wochen werden sie an der Reihe sein. Ein oder zwei Tage wird jedes Experiment wohl dauern, um schließlich mit dem Tod zu enden.

[...]

Erst vor wenigen Wochen waren andere Katzen geboren worden. Grauweiße Flauschbälle mit zu kurzen Beinen. Der Entwicklungsstand ihrer Gehirne sollte mit Gehirnen gleichalter Kätzchen, die in Dunkelheit aufgewachsen waren, verglichen werden. Der Unterschied demonstrierte die Wirkung fehlender Seherfahrung auf die Entwicklung des Sehsystems. Ahnungslos saßen die drei in dem Transportkasten, in dem sie soeben aus dem Tierhaus angekommen waren. Man faßte sie am Rücken, daß sich die Hand wie eine große Klammer um den noch zarten Brustkorb legte und hielt sie senkrecht, ein dünnes Miauen begleitete das reflexartige Anheben des Kopfes. Die Nadelspitze einer Spritze verschwand im luftigen Fell rechts unterhalb der Rippen, durchstieß die Bauchdecke und stach in die Leber ein. Rasch wurde eine tödliche Dosis eines Barbiturats injiziert. Mit einem Ruck war die Nadel herausgezogen, die Katze auf den Boden gesetzt. Wir rechneten nicht mit dem Schmerz des Tieres, erwarteten vielmehr unmittelbare Bewußtlosigkeit und einen raschen Tod. Doch augenblicklich brach ein Sturm unkoordinierter Bewegungen los. Die Vorderbeine konnten keinen Halt mehr finden, waren zur Seite abgeglitten, so daß das Gesicht sich auf den Boden drückte. Ähnlich dem unkoordinierten Zappeln eines aufgezogenen Spielzeugtieres führten die Vorderbeine rasche Laufbewegungen ins Leere aus. Die Hinterbeine strebten dagegen vorwärts, brachten die Katze in eine Haltung, als wolle sie sich in einen Kopfstand zwingen. Sie hätte sich sicher nach vorne überschlagen, wäre das Gesicht nicht auf dem Boden weggerutscht. Es dauerte keine Minute, bis die Bewegungen erlahmten, das angehobene Hinterteil zurückfiel und von dem vehementen Ausbruch ungeregelter Bewegungen nur das Zucken der kurzen Beinchen übrigblieb. Dieses Sterben hatte uns zu lang gedauert.

In Zukunft legten wir die Tiere zuerst mit einer Spritze in die Muskeln in

Narkose. Jetzt galt es, zügig das Blut der toten Kätzchen durch eine Formalinlösung auszutauschen, die das Eiweiß des Gehirns denaturierte und ihm eine gummiartige Konsistenz verlieh. Zwei, drei Schnitte mit der kräftigen Schere genügten, um den Brustraum der Länge nach zu öffnen. Der dünne Herzbeutel war im Nu entfernt, der rechte Vorhof durchschnitten. Dunkelrotes Blut füllte den kleinen Brustraum, klebte tiefe Rinnen in das weiche, weiße Fell. Es dauerte nicht lange, bis genügend Formalinlösung in die linke Herzkammer geflossen war und das Blut aus den Hirngefäßen verdrängt hatte. Der noch zerbrechliche Hals war mit wenigen Schnitten durchtrennt und der Kopf schwamm schon bald in einem Glasbehälter. Die Köpfe der Geschwister sollten in einigen Minuten folgen.

Außenstellende mögen solche Szenen grausam finden. Doch um dem menschlichen Leben mit neuen Erkenntnissen der Medizin zu dienen, müssen Tiere sterben, auch wenn sie klein sind und unsere Zuneigung gewinnen. An diese Realität muß sich gewöhnen, wer Medizin ausübt und wer ihre Errungenschaften in Anspruch nimmt.

Ich hatte das Labor schon am späten Nachmittag verlassen, um ein paar engagierte Kollegen aus anderen Disziplinen zu treffen. Wir besprachen neue Ergebnisse, tauschten Ideen aus und studierten die Mathematik dynamischer Systeme. Der regelmäßige Kontakt mit Kollegen anderer Forschungsbereiche bot Gelegenheit, über die Vorgaben des Forschungsalltags hinauszublicken, eigene Denkgewohnheiten zu überprüfen, manchmal über das zunehmende Spezialistentum zu klagen und Geschichten auszutauschen, die in Erinnerung riefen, was man manchmal zu vergessen drohte: daß es außerhalb der eigenen Forschung noch andere Lebensformen gab.

[...]

Auch am nächsten Morgen werden wir mit einem Tierexperiment beginnen, das bis lange in den Abend hinein dauern wird. Wenn die Katze die Nacht überlebte, konnten wir sicher am folgenden Tag die Untersuchungen fortsetzen. Ich war gerade im Labor angekommen, ging gleich ein Versuchstier holen. Ein paar erwachsene Katzen teilten sich die mehr als 10 Quadratmeter Grundfläche des Käfigs. Ein braungeflecktes, zutrauliches Tier, das sich ganz selbstverständlich auf meinem Arm niederließ, sollte seinen letzten Weg mit mir gehen. Es wurde gewogen und mußte dann in eine etwa 50 Zentimeter lange und 20 Zentimeter hohe Holzkiste. Durch die Plexiglasscheibe, die eine Wand der Kiste bildete, war zu sehen, wie es gelegentlich den Hals zur Decke streckte, um sie mit Vorsicht zu beschnuppern, wie es interessiert die Welt außerhalb des Kastens betrachtete. Im Labor wurden äthergetränkte Zellstoffknäuel zu der Katze in die enge Kiste geworfen, der Deckel verschlossen. Sie sprang erschrocken auf die Beine, suchte vor den Ätherdämpfen in den hinteren Teil des Kastens zu entfliehen. Die Enge erlaubte keinen Rückzug. Gebannt waren die Augen auf das Zellstoffknäuel gerichtet, aus dem der Äther strömte. In panischer Angst oder Wut fauchte sie, fletschte die Zähne einem unsichtbaren Angreifer entgegen, biß ins Leere. Die Wirkung des Äthers setzte ein, ihr verzweifelter Widerstand erlahmte. Ganz langsam, als wollte sie einschlafen, sank der Kopf zu Boden, die Beine gaben nach, und Bewußtlosigkeit überwältigte das Tier.

Die Katze war in tiefen Schlaf gefallen, als ich sie aus ihrem Gefängnis hob. Genau dosiert wurde ein Narkosemittel über die Vene eines Vorderlaufs verabreicht. [...]

Um zu vermeiden, daß die Katze sich spontan bewegte und ihre Position veränderte, gelangte ein curareartiges Medikament ständig in ihr Blut. Mit völlig entspannten Muskeln und in tiefer Narkose lag die Katze auf dem Bauch, den Kopf hocherhoben, durch die Metallstangen in den Gehörgängen fest fixiert. Kleine stumpfe Häkchen hielten die Augenlider offen. In Schritten von wenigen tausendstel Millimetern konnte ein Motor die Elektrode in das Gehirn bewegen. Die Spitze der Elektrode, einer flüssigkeitsgefüllten Glaspipette, war in die Hirnrinde eingedrungen. War die Elektrode in eine Nervenzelle eingestochen, so hatte die Flüssigkeit in ihrer Spitze Verbindung mit dem Milieu im Inneren der Zelle. Auf diese Weise ließen sich die elektrophysiologischen Vorgänge registrieren. Diese Nervenzellen, die Bausteine des Gehirns, sind es, die in ihrem Zusammenspiel unser Bewußtsein generieren. Sie lassen Gefühle, Wahrnehmungen, Stimmungen, unseren Willen, das Gedächtnis. Aufmerksamkeit, Schlaf und Wachheit, Denken, Kreativität entstehen, bringen all das hervor, was die Psyche des Menschen ausmacht, was man als "Seele" bezeichnet hat. Stellen die Nervenzellen, auch Neuronen genannt, ihre Arbeit ein, so versiegt jedes Bewußtsein, der Mensch hört auf zu existieren.

Michel Jouvet

Was träumt eine Katze?

Ein äußerst eindrucksvolles Tierexperiment, das unausgesprochen das Phänomen des Schlafwandeln auf eine biologische Grundlage stellt, schildert Michel Jouvet. Normalerweise "bewegt" man sich im Traum gleichsam bewegungslos, die geträumten Bewegungen finden nur im Kopf statt: Der Schlafende träumt zwar, er schwimme, führt aber keine für andere sichtbaren Schwimmbewegungen aus. Die Bewegungen werden durch bestimmte Gehirnzellen unterdrückt, durch eine Gruppe mittelgroßer Nervenzellen an der Innenseite des sog. Locus coeruleus, wie man in der Arbeitsgruppe des führenden französischen Schlafforschers Prof. Michel Jouvet schon vor Jahrzehnten herausfand. Bei Katzen wurden genau diese Nervenzellen zerstört, wodurch ihnen die Hemmung der Bewegung nicht länger möglich war. Eine träumende Katze bewegte sich dann fast wie im Wachzustand im Raum.

Unsere Versuchsanordnung hat uns in die Lage versetzt, die einzelnen Sequenzen des Traumverhaltens mit der elektrischen Aktivität einzelner Hirnregionen in Zusammenhang zu bringen. Ein Versuchstier wird in einen großen Käfig aus Plexiglas gebracht, der viel Bewegungsspielraum läßt. Eine Videokamera und ein Tonbandgerät zeichnen ununterbrochen das Verhalten auf. Gleichzeitig wird die auf einem Polygraphen oder Oszillographen sichtbar gemachte elektrische Hirn- und Muskelaktivität durch eine andere Kamera aufgenommen. An einem Mischpult werden die einzelnen Verhaltenssequenzen und die elektrische Hirnaktivität zu einem Bild gemischt.

[...]

Das Versuchstier hebt plötzlich den Kopf, statt ihn im Zustand der Atonie auf dem Boden ruhen zu lassen. Diese Sequenz des Orientierungsverhaltens geht stets einer Reihe von Verhaltensweisen voraus, die man – weil sie stereotyp sind – nach einem Ordnungsschema klassifizieren kann. Das Suchverhalten am Anfang des Traums beginnt mit einer visuellen Exploration. Die Katze scheint mit Kopf und Augen einem imaginären, vor ihr im Raum sich bewegenden Gegenstand zu folgen. Aber das Tier sieht nicht im eigentlichen Sinne. Man kann sich dieser Form von "Blindheit" vergewissern, indem man es auf verschiedene Weise reizt: Keine dieser Reizungen verursacht eine Verfolgungsreaktion. Danach bewegt sich das Tier im Käfig, als wolle es ihn erkunden. Gelegentlich nimmt die Katze eine Angriffshaltung ein; sie verhält sich so, als sei eine Maus oder eine Ratte in der Nähe. Sie bewegt sich geduckt und langsam fort – auf der Jagd nach der imaginären Beute. Und hin und wieder nimmt sie eine Lauerstellung ein: Sie bleibt völlig still und hebt eine der beiden Vorderpfoten leicht an.

Eine andere beobachtete Sequenz des Traumverhaltens betrifft das Putzen. Die Katze leckt die Pfoten oder das Fell auf beiden Körperseiten, machmal auch den Käfigboden. In diesem Fall erinnert das Verhalten an den Durst. Aber das Lecken ist nie zielgerichtet. Klebt man ein Pflaster auf das Fell einer wachen Katze, leckt sie sich unaufhörlich, um sich von dem Pflaster zu befreien. Das Lecken im Traum betrifft dagegen nie eine bestimmte Körperstelle. Das Säubern des Gesichts und der Schnurrhaare mit Hilfe der Vorderpfoten, das mit dem Lecken der Pfoten und der Pölsterchen einhergeht, ist an einer träumenden Katze noch nie beobachtet worden.

Das Angriffsverhalten manifestiert sich auf zweierlei Weise. Die *gegen eine Beute gerichtete Aggression* zeichnet sich durch einen oder mehrere Pfotenschläge gegen ein imaginäres Ziel und durch eine Fangbewegung aus. Die Katze versucht, mit ihren Vorderpfoten eine imaginäre Beute oder ein anderes imaginäres Objekt zu packen. Gelegentlich beißt sie ins Leere. Es kommt jedoch auch vor, daß die Pfotenbewegungen bloß mit geringer Kraft ausgeführt werden; das Verhalten erinnert in diesem Fall an eine Berührung oder an ein Spiel. Beim *aggressiven Angriff* schlägt die Katze mit ihren Pfoten nach vorn, senkt aber die Ohren nach hinten und bereitet sich durch das Öffnen des Mundes auf das Zubeißen vor. Das Tier vermittelt den Eindruck, es kämpfe gegen einen imaginären Feind.

Im Angstverhalten zieht sich das Tier wie auf der Flucht zurück. Diese Verhaltensweise endet mit der charakteristischen Abwehrstellung: Der Hinterlauf wird auf den Boden gedrückt, die Ohren liegen seitlich nach hinten gerichtet an, der Schwanz ist leicht gehoben. Dieses Verhalten kann bruchlos in eine andere, ebenso spektakuläre Verhaltensweise übergehen, beispielsweise in Wut oder Zorn.

Die Wut beschließt das Verhaltensrepertoire. An emotionalen Komponenten dieses Zustands fehlt es nicht. Der Rücken krümmt sich, die Ohren liegen seitlich an, auf dem Rücken oder sogar auf dem Schwanz sind die Fellhaare aufgerichtet, und der Mund öffnet sich, als wolle das Tier zubeißen.

Eine weitere Tatsache ist hervorzuheben: Der Angriff, die Angst oder die Wut werden nie von Schreien begleitet, wie dies bei einem wachen Tier der Fall ist. Die einzigen hörbaren Laute während des Träumens sind ein leises, klagendes Miauen während der visuellen Exploration. Wir haben nie irgendein Schnurren beobachtet.

Schließlich sind uns sexuell getönte Verhaltensweisen weder bei männlichen noch bei weiblichen Versuchstieren aufgefallen, ebensowenig übrigens wie Zittern, Schnauben, Erbrechen oder Niesen im Traum.

Die Verkettung der verschiedenen Verhaltenssequenzen folgt keiner festen Ordnung. Davon weicht der Anfang des Träumens ab, bei dem stets eine visuelle Exploration stattfindet. Jedes Tier scheint jedoch bestimmte Verhaltensweisen aus dem Repertoire aller möglichen Verhaltensweisen zu bevorzugen (wenn man die wöchentlich ermittelten Durchschnittswerte zugrunde legt). Einen Zusammenhang zwischen diesen bevorzugten Verhaltensweisen und dem Verhalten im Wachzustand haben wir noch nicht entdecken können. Merkwürdigerweise zeigten die Tiere, die sich beim Träumen eher aggressiv verhielten, nach dem Erwachen nie Aggressionen gegenüber dem Versuchsleiter.

Die meisten unter normalen Lebensbedingungen an wachen Tieren beobachteten Verhaltensweisen sind objektbezogen – entsprechend dem klassischen Reiz-Reaktions-Schema des Behaviorismus. In bestimmten Fällen kann bereits ein minimaler Reiz bei ausgeprägter innerer Motivationslage eine Reaktion auslösen. In bestimmten Versuchen läßt sich ein Angriff durch die zentrale Reizung des Hypothalamus, der Amygdala oder des Hirnstamms auslösen. Dieses Verhalten ist nach wie vor zielgerichtet, auch wenn das Objekt, das die Aggression auf sich zieht, ein bloßes Ersatzziel (die Hand des Versuchsleiters, ein totes Tier oder eine Attrappe) ist. Die Beobachtung spielender Kätzchen zeigt, daß das Objekt des Angriffs keine wirkliche Beute zu sein braucht; es kann sich um ein Blatt oder um ein Wollknäuel handeln. Dennoch gilt grundsätzlich, daß jedes Angriffs-, Flucht- oder Putzverhalten auf ein Objekt bezogen ist. Im Gegensatz dazu ist das Traumverhalten des Tieres nie auf einen Gegenstand gerichtet. Das Tier kann einen äußeren Reiz selbst aus unmittelbarer Nähe gar nicht wahrnehmen.

Jonathan Winson

Durch Träumen zu neuem Verhalten

Die Traumphasen des Gehirns sind regelmäßig verbunden mit ruckartigen Augenbewegungen ("rapid eye movements"), den sog. REM-Phasen. Der US-amerikanische Neurowissenschaftler und emeritierte Professor der New Yorker Rockefeller University, Jonathan Winson, stellt die Hypothese auf, daß im Schlaf – während der Traumphasen – die am Vortag vom Individuum erlebten Geschehnisse gleichsam "off-line" verarbeitet werden, um neue Erfahrungen mit älteren Erinnerungen zu verknüpfen. Dies habe zur Folge, daß neue, zusammenhängende neuronale Strukturen im Gehirn gebildet werden, die fürderhin neuangepasste Verhaltensstrategien erlaubten – Strukturen, die de facto dem Freud'schen Unbewußten entsprächen.

Ich stelle dem Leser jetzt meine Hypothese vor – meine Vermutung, welche Gehirnmechanismen den unbewußten mentalen Prozessen zugrundeliegen könnten. Diese Theorie ist spekulativ, aber da sie auf der Physiologie des Gehirns basiert, erwarte ich, daß sie früher oder später durch neurologische Methoden überprüfbar und somit der Korrektur oder Widerlegung unterworfen werden wird.

Der Schlüssel ist die Evolution – die Evolution des Traumzustandes. Drehen wir die Zeit um 180 Millionen Jahre zurück zu der Epoche, als die Kloakentiere, darunter der Ameisenigel, die einzigen in der Natur vorhandenen Säugetiere waren – die erste Seitenlinie der Gattung der Reptilien. (Man erinnert sich, daß die Kloakentiere aufgrund der Tatsachen zu den Säugern zählen, daß sie warmblütig und behaart sind, ein Herz mit vier Kammern besitzen und ihre Jungen mit Milch säugen. Sie unterscheiden sich von den späteren Beutel- und Plazentatieren insofern, als sie ebenso wie die Reptilien ihre Jungen aus Eiern ausbrüten.) Wir haben darauf hingewiesen, daß der Ameisenigel aufgrund seines Gehirns eine Ausnahme bildet – er hat einen riesigen, gefurchten präfrontalen Kortex. Und er ist in einer weiteren Hinsicht ungewöhnlich; er hat keinen REM-Schlaf. (Auch Reptilien haben keinen REM-Schlaf. Dieses Stadium des Schlafs hatte sich noch nicht entwickelt.) Die Evolution ging weiter, und die Beutel- und Plazentatiere entstanden aus einer Linie, die von den Kloakentieren abzweigte. Unter ihnen gibt es Tiere, die sich von Insekten ernährten wie der Ameisenigel und die diesem auch in ihren Gewohnheiten und Fähigkeiten sehr ähnlich sind. Aber bei keinem dieser Tiere war mehr vorhanden als ein sehr kleiner präfrontaler Kortex, und alle wiesen ebenso wie alle nachfolgenden Säugetiere REM-Schlaf auf.

Ich bin der Ansicht, daß die Natur mit den Beutel- und den Säugetieren eine spezielle Lösung eines fundamentalen Problems der Säugerexistenz gefunden hatte: wie im Laufe der Zeit gemachte Erfahrungen zu integrieren sind, das heißt, wie neurale Regelkreise anzulegen oder zu modifizieren sind, so daß sie künftiges Verhalten leiten können. Dieser Integrationsprozeß ist das Lernen, ein Phänomen, das wir bei Säugern ganz gewöhnt sind, obwohl seine Basis in der Funktionsweise des Gehirns nicht verstanden wird. Man fragt sich, warum die Natur eine Lösung benötigte. Ist Lernen nicht ein Vorgang, der sich abspielt, wenn ein Tier wach ist und mit seiner Umgebung interagiert? Vielleicht fand beim Ameisenigel (und möglicherweise auch bei anderen Kloakentieren mit großem präfrontalem Kortex, die dessen Vorläufer waren) diese Integration neuerer und älterer Erfahrungen während des Wachzustandes statt, und vielleicht brauchte er deshalb einen so großen Kortex. Der Überlebensdruck der Natur hielt in der sich ständig verändernden Umwelt an. Bei anderen, dem Ameisenigel ähnlichen Kloakentieren mögen sogar noch größere Kortexe nötig gewesen sein, um ihnen eine zusätzliche Wahrnehmungs- und Lernfähigkeit zu verschaffen. Dies erwies sich offenkundig als keine produktive Richtung für die Evolution, denn es gibt keine Anzeichen, daß sich eine dem Ameisenigel ähnliche Entwicklungslinie fortsetze. Statt dessen fand die Natur mit den Beutel- und Plazentatieren eine neue Lösung für das Problem, die es gestattete, dieselbe Aufgabe mit einem weitaus kleineren präfrontalen Kortex zu erfüllen. Dies wurde durch den REM-Schlaf ermöglicht (das Problem existierte bei der früher aufgetretenen Gattung der Reptilien nicht. Das Verhalten von Reptilien ist weitgehend reflexartig, und diese Aktivität sowie das geringe Quantum an Lernen, das diese Tiere benötigen, kann adäquat von einem kleinen Gehirn ohne Neokortex gehandhabt werden).

Überlegen wir uns noch einmal, was wir über den präfrontalen Kortex wissen. Er ist gekennzeichnet durch seine Lage am Vorderende des Neokortex und seine Verbindungen zu einem spezifischen Nukleus im Thalamus (dem mediodorsalen Nukleus). Er erhält durch Aufnahmekanäle alle aktuellen kognitiven und emotionalen Informationen, die dem Gehirn zur Verfügung stehen, und einer seiner wichtigsten Outputs geht an die Basalganglien, eine subkortikale Gruppe von Nuklei, die für Aktion oder Bewegung zuständig ist. Erinnern wir uns an Joaquim Fusters Auffassung von der Rolle des frontalen Kortex für die Verhaltenssynthese:

"Die entscheidendsten Elemente sind die aufmerksamen Handlungen, die die Umgebung auf der Suche nach signifikanten Anhaltspunkten 'abtasten', die beabsichtigten und komplexen Bewegungen, die ständige Ergänzung und Aktualisierung relevanter Informationen und das Abgleichen dieser Informa-

tionen mit einem kognitiven Schema der Gesamtstruktur und ihres Ziels. Der präfrontale Kortex liefert nicht nur das Substrat für diese Operationen, sondern verleiht ihnen ihre aktive Qualität. In dieser aktiven Rolle ... kann man eine gewisse Rechtfertigung der oft vertretenen Ansicht sehen, der präfrontale Kortex sei 'die zentrale Schaltstelle des Gehirns'."

Die Funktion des präfrontalen Kortex scheint somit darin zu bestehen, eine Strategie oder einen Plan für das künftige Verhalten eines Tieres zu entwerfen, so daß dieses in einer bestimmten Situation angemessen handeln kann. (Dies ist eindeutig eine andere Funktion als die von anderen Teilen des Neokortex erfüllte, nämlich eintreffende Sinnesreize zu registrieren und zu analysieren und das motorische Verhalten zu steuern.)

Wir kehren zum Ameisenigel zurück. Ich vertrete die Auffassung, daß die komplexe Funktion, neue Informationen zu assimilieren, sie mit Erinnerungen an frühere Erfahrungen zu verknüpfen und im Wachzustand einen Plan zur Steuerung neuen Verhaltens in einer der Anpassung dienenden Weise zu entwerfen, bei diesem früh auftretenden Säuger einen sehr großen präfrontalen Kortex erforderte. Hätte die Evolution des Gehirns diesen Weg weiterverfolgt, dann ist klar, daß es niemals zur Entwicklung der höheren Säugetiere und des Menschen in der uns bekannten Form gekommen wäre. Denn was geschah, war, daß die neue Entwicklungslinie der Beutel- und Plazentatiere – ebenso wie der Ameisenigel Tiere niedrigerer Ordnung – sehr kleine präfrontale Kortexe hatten (aus nachstehend erörterten Gründen). Als sich höhere Formen von Säugern entwickelten, kam immer mehr kortikales Gewebe hinzu (sowohl der präfrontale als auch andere Areale des Neokortex), was schließlich im Gehirn des Menschen kulminierte, und durch diese zusätzliche neurale Maschinerie wurden viele weitere sensorische, motorische und assoziative Fähigkeiten hinzugewonnen. Trotz dieses entwicklungsgeschichtlichen Wachstums nahm der präfrontale Kortex des Menschen keinen so großen Teil am Gesamtkortex ein wie beim Ameisenigel. Wäre das menschliche Gehirn ähnlich organisiert wie das des Ameisenigels, dann würde er vielleicht eine Schubkarre brauchen, um es mit sich zu führen. Kurz, der Mensch wäre nicht entstanden.

Welches Prinzip hatte die Natur bei den Beutel- und Plazentatieren entdeckt? Ich bin der Auffassung, daß dies in EDV-Begriffen ausgedrückt die Off-line-Verarbeitung war. Off-line-Verarbeitung ist die Aufnahme eingespeister Informationen und ihre vorübergehende Speicherung im Computer-Gedächtnis bis zu dem Zeitpunkt, da Verarbeitungskomponenten zur Verfügung stehen.) Die Aufgabe, rezente Ereignisse mit früheren Erinnerungen zu assoziieren und ein neurales Substrat zur Steuerung künftigen Verhaltens zu entwickeln, wurde bewältigt, wenn das Tier schlief. Ein kleiner präfrontaler

Kortex reichte aus, weil er diese Aufgabe der Integration nicht gleichzeitig mit der Verarbeitung neuer Informationen leisten mußte – er konnte seine integrative Funktion in gemächlicherer Weise während des Schlafs erfüllen. Das neue Stadium des Schlafs, der REM-Schlaf, war das entscheidende Element (wenn auch nicht die ganze Geschichte).

Zur Stützung dieser Hypothese wenden wir uns zunächst dem Hippocampus zu. Wir erinnern uns, daß der Hippocampus die zentrale Struktur im limbischen System ist, welche eng mit dem Gedächtnis verknüpft ist. Seine Funktion läßt sich am besten so verstehen, daß er die Registrierung eines Ereignisses im Gehirn ermöglicht, indem er all die verschiedenen sensorischen Informationen bündelt, aus denen ein Erlebnis besteht. Wir sahen, daß bei Patienten ohne Hippocampus Erinnerungen an rezente Ereignisse für immer verloren sind. Wir stellten fest, daß im Hippocampus bei niedrigeren Säugern während bestimmter Aktivitäten Theta-Rhythmus erzeugt wird. Wir stellten weiter fest, daß der Theta-Rhythmus aller Wahrscheinlichkeit nach die Manifestation einer speziellen Form der neuralen Verarbeitung sensorischer Informationen bei niedrigeren Säugetieren ist, die ursprünglich zur Koordinierung aller sensorischen Informationen mit Schnüffelzyklen bei Tieren wie der Ratte entstand und sich dann auf andere Aktivitäten bei anderen Tierarten ausdehnte. Diese Aktivitäten waren für das Überleben der jeweiligen Tierart wichtig. Wenn man beispielsweise die Ratte, die Katze und das Kaninchen nimmt, so sind die Aktivitäten, bei denen Theta-Rhythmus auftritt, bei allen drei Spezies das Untersuchen der Umgebung und darüber hinaus das Beutemachen bei der Katze und die Flucht vor Feinden bei Kaninchen. Theta-Rhythmus tritt auch bei allen Tierarten in einem weiteren Zustand auf – im REM-Schlaf, der durch viele physiologische Anzeichen gekennzeichnet ist, wie unregelmäßiges kortikales EEG niedriger Amplitude, Augenbewegungen, Nachlassen des Muskeltonus in den Gliedmaßen und so weiter. Ich glaube, daß uns die Erkenntnisse über den Theta-Rhythmus Aufschluß über die Informationsverarbeitung im REM-Schlaf geben. Der Theta-Rhythmus ist bei den niedrigeren Säugern eine Signatur, ein Anzeichen, daß sensorische Informationen verarbeitet werden. Sein Auftreten im REM-Schlaf deutet darauf hin, daß diese sensorischen Informationen erneut bearbeitet werden, aber diesmal im Schlafzustand, in dem keine sensorischen Eingaben von außen erfolgen.

Die Eingabeinformationen, die zuvor im Zustand der Aktivität erworben wurden, werden nunmehr aus inneren Gedächtnisspeichern entnommen. Und die Tatsache, daß der Theta-Rhythmus nur während bestimmter artspezifischer Aktivitäten im Wachzustand auftritt, liefert uns einen weiteren Einblick in die REM-Schlaf-Verarbeitung. Bei diesen niedrigeren Säugern sind nicht alle Erfahrungen der Wiederverarbeitung im REM-Schlaf mit nachfolgender Eingliederung in einen Verhaltensplan unterworfen, sondern nur Erfahrungen, während bestimmter Aktivitäten von besonderer Bedeutung für die Spezies. Wie erwähnt, ist der Theta-Rhythmus im Hippocampus des Ameisenigels während des Wühlverhaltens festzustellen. Dieses Tier hat keinen REM-Schlaf und im Schlaf keinerlei Theta-Rhythmus. Es ist anzunehmen, daß der große präfrontale Kortex des Ameisenigels die im Wachzustand erlangten Informationen verarbeitet, während diese erworben werden (in Computerbegriffen, die Verarbeitung erfolgt on-line bzw. in Echtzeit).

Die Theta-Rhythmusdaten deuten auf REM-Schlaf-Verarbeitung von Informationen hin. Die Forschungsarbeit, die in meinem Labor über den neuronalen Tormechanismus im Hippocampus durchgeführt wird, liefert etwas definitivere Beweise, daß eine solche Verarbeitung in der Tat erfolgt. Ich habe bereits bemerkt, daß man sich noch nicht darüber im klaren ist, auf welche Weise der Hippocampus in Zusammenspiel mit dem Neokortex seine Gedächtnisfunktionen erfüllt. Eine definitive Erkenntnis hat man jedoch gewonnen. In Funktionsbegriffen ausgedrückt: es erfolgt in jedem von mehreren Verhaltenszuständen eine Umleitung des Informationsflusses durch den Hippocampus. Die Informationen gelangen vom entorhinalen Kortex durch den Hippocampus zu Zielstrukturen im limbischen System, die für jeden Verhaltenszustand andere sind. Diese Umleitung der Informationen läßt sich am leichtesten als eine Umschaltung von einem Schema (oder in Computerbegriffen von einem Programm) der Informationsverarbeitung auf ein anderes erklären. Und die Verhaltenszustände (bei der Ratte) sind diejenigen, von denen wir gesprochen haben. Bei der Ratte sind die Informationspfade im Wachzustand während des Erkundungsverhaltens (mit Theta-Rhythmus) anders geschaltet als im noch wachen Zustand (ohne Theta-Rhythmus), und im Schlaf ist die Schaltung im langsamwelligen Schlaf anders als im REM-Schlaf.

Welche Arten von Erfahrungen und Erinnerungen werden also bei diesen niedrigeren Säugern verarbeitet und benutzt, um Richtlinien für künftiges Verhalten aufzubauen? Es wären die Erfahrungen und Erinnerungen der Exploration, für die Leyhausens Beobachtung an Katzen hinsichtlich ihrer erstaunlichen Fähigkeit als Beispiel dienen kann, nach einer einmaligen Erfahrung viele Wochen später einen bestimmten Platz in einem Raum auf einem Grundstück wiederzufinden, um dort "nach mehr zu suchen". Oder Erfahrungen des Beutemachens bei der Katze – oder des Entkommens von Feinden beim Kaninchen.

Und jetzt kommt etwas sehr Wichtiges. Nach einer Weile sind bestimmte dieser Verhaltensstrategien nicht mehr reversibel oder leicht modifizierbar – es ist anzunehmen, daß die kritische Phase für die Vernetzung im präfrontalen Kortex vorüber und die Verhaltensstrategie weitgehend festgelegt ist. Als Beispiel kann Leyhausens Beobachtung dienen, daß Katzenjunge, deren Mütter ihnen zwischen ihrer sechsten und zwölften Lebenswoche keine lebenden Beutetiere bringen, später nicht töten, oder es auf langsame, umständliche Weise tun.

Es gibt noch andere Belege dafür, was sich bei niedrigeren Säugern während des REM- Schlafs abspielt. Da sind die Experimente Morrisons und jene von Jouvet, bei denen Läsionen im Hirnstamm von Katzen bewirkten, daß sich die Tiere während des REM-Schlafs bewegten. Diese Tiere agierten Angriffs- und Furchtverhalten aus – wobei es sich nach einer Ansicht um Aktivitäten handeln könnte, die während des REM-Schlafs im Zuge einer Festlegung, Integration oder Einübung von Erfahrungen des Beutemachens neural verarbeitet werden.[1]

Wenn der REM-Schlaf tatsächlich der von mir vermuteten Funktion dient, dann ist es kein Wunder, daß er in der ganzen Entwicklungsgeschichte von den niedrigeren Säugern bis zum Menschen unverändert beibehalten wurde – denn er ist ein grundlegender Bestandteil der Hirnfunktion von Säugern. Und von daher kann man die Entstehung des Träumens beim Menschen und dessen Bedeutung erfassen. Beim Menschen sind Träume ein Fenster, das uns einen Einblick auf die neuralen Prozesse gewährt, durch die Strategien für das Verhalten von früher Kindheit an festgelegt, modifiziert oder konsultiert werden. (Beim Menschen beschränken sich die Erfahrungen, die ausgewertet und integriert werden, nicht mehr auf Ereignisse bei bestimmten Tätigkeiten, wie das bei niedrigeren Säugern der Fall ist, sondern schließen alle Erlebnisbereiche ein.) Es ist ein purer Zufall und hat nichts mit ihrer Funktion zu tun, daß wir uns der Träume überhaupt bewußt werden – viele Menschen erinnern sich bekanntlich gar nicht an ihre Träume. Aber Träume spiegeln die Prozesse, von denen wir gesprochen haben. Und als Freud Träume zerlegte und analysierte und aus ihnen sein Konzept des Unbewußten ableitete, hatte er diesen Prozeß vor Augen.

Ich glaube, daß die phylogenetisch uralten Mechanismen, die im REM-Schlaf ablaufen und mit deren Hilfe Erinnerungen, Assoziationen und Strategien vom Gehirn als eigene Kategorie von Informationen im präfrontalen Kortex und damit zusammenhängenden Strukturen gebildet und behandelt werden, de facto das Freudsche Unbewußte sind.

[1] Vergl. S. 73: Michel Jouvet: "Was träumt eine Katze?"

Bruce Mazlish

Der Mensch – eine Tiermaschine?

Seit spätestens dem 17. Jahrhundert werden in Europa unter wechselnden Vorzeichen Debatten zur animalischen und mechanischen Natur des Menschen ausgetragen: Können Tiere als "Maschinen" gedeutet werden, wären dann auch wir Menschen eine Art "Menschenmaschine"? Eine Debatte, die angesichts von Frankenstein-Filmen und Visionen von Nervenzellen-Chip-Koppelungen durchaus noch aktuell ist. Bruce Mazlish ist Professor für Geschichte am Massachusetts Institute of Technology (MIT) und Mitglied der Amerikanischen Akademie der Wissenschaften und der Künste.

Seit Jahrtausenden ringt der Mensch mit der Frage nach seinem "menschlichen" Wesen. Auf der einen Seite mußte er sich in Abgrenzung vom Tierreich definieren, wodurch er sich (nach der Abspaltung vom Kosmos) eine zweite Diskontinuität schuf, die er nur manchmal durchbrach. In dem Bedürfnis, sich selbst nur die besseren Eigenschaften anderer Tiere zuzuschreiben oder aber sich über seine eigene animalische Natur zu erheben und engelhaft zu werden, hat sich der Mensch meistens als eine besondere Form der Schöpfung begriffen.

Auf der anderen Seite haben Menschen aber auch Maschinen geschaffen, und diese neuen Geschöpfe haben nun umgekehrt die Frage aufgeworfen, ob Tiere vielleicht nur eine andere Form von Maschinen sind und ob die Maschine, als eine Art Frankenstein-Monster, sich nicht eines Tages gegen ihren Schöpfer wendet, die Vorherrschaft übernimmt und die Menschen nach ihrem Bilde formt.

Derartige Überlegungen zur anmalischen und mechanischen Natur des Menschen verbanden sich im 17. Jahrhundert in der westlichen Welt zu einer heftigen Kontroverse über die sogenannte *Tiermaschine.* Waren Tiere reine Maschinen und waren Menschen dann nicht dasselbe, also Menschenmaschinen?

---

* zu 13. Bruce Mazlish: "Die Tiermaschine"
Zahnräder, (Abb. S. 83)
"Menschen, Tiere und Maschinen, behauptete Leonardo, seien mit den mathematischen Begriffen der mechanistischen Lehre erklärbar. 'Die Mechanik', schrieb er, 'ist das Paradies der mathematischen Wissenschaften, denn über sie gelangt man zu den Früchten der Mathematik. So ist ein Vogel ein Instrument, das nach mathematischen Gesetzen arbeitet und das der Mensch mit seinen Fähigkeiten nachbauen kann.'"

Zunächst möchte ich einen Blick auf die Künstler und Zeichner werfen, die im Vorfeld der Debatte so etwas wie eine Diskussionsgrundlage geschaffen haben. Wenn auch zur modernen Naturwissenschaft viele Wege führen, so neigen wir doch wegen eines Francis Bacon oder René Descartes dazu, nur ein oder zwei Wege zu sehen, oder höchstens eine Kombination von beiden, den induktiven Weg der Erfahrung und den deduktiven der Vernunft. Beide betonen auf ihre Weise das logische Denken. Daß sich aber die Naturwissenschaften zu einem beträchtlichen Teil aus der Magie und aus der Kunst speisen, wird darüber häufig vergessen.

Wir bekommen einen etwas differenzierteren Blick von diesen Zusammenhängen, wenn wir uns das Werk Leonardo da Vincis ansehen, der seine wissenschaftlichen und künstlerischen Interessen zu einer großartigen Symbiose verbunden hat. Leonardo verfügte über einen ungewöhnlich genauen Blick und eine schnelle Auffassungsgabe; seine Augen hatten fast die Fähigkeiten eines Mikroskops oder einer Kamera. Er konnte eine Bewegung buchstäblich anhalten. Das ermöglichte ihm, das Flugverhalten von Vögeln zu untersuchen und Flugmaschinen zu ersinnen, die nach dem Prinzip auf- und abschwingender Flügel funktionierten.

Als Leonardo Tiere und Maschinen unter funktionellen Gesichtspunkten untersuchte, entdeckte er Ähnlichkeiten, die auf den ersten Blick nicht zu sehen waren. Im Zusammenspiel von Knochen und Sehnen, wie er es bei Tieren und Menschen beobachtete, erkannte Leonardo dieselben mechanischen Prinzipien, die auch für Maschinen galten. Menschen, Tiere und Maschinen, behauptete Leonardo, seien mit den mathematischen Begriffen der mechanistischen Lehre erklärbar. "Die Mechanik", schrieb er, "ist das Paradies der mathematischen Wissenschaften, denn über sie gelangt man zu den Früchten der Mathematik [...] So ist ein Vogel ein Instrument, das nach mathematischen Gesetzen arbeitet und das [...] der Mensch mit seinen Fähigkeiten nachbauen kann."

Diese Einsicht inspirierte Leonardo dazu, mit zahlreichen aus der Tierwelt abgeschauten Funktionen und Formen zu experimentieren. Unter anderem erfand er einen Panzerwagen, der im Reich der Mechanik, wie er sagt, "den Platz der Elefanten einnimmt". Die Spiralform einer Muschel nahm er zum Anlaß, einen nach dem Prinzip der Luftschraube funktionierenden Helikopter zu konstruieren. In seinen Notizbüchern entwarf Leonardo weitere Maschinen, er ersann Apparaturen zum Prägen von Münzen, Schleifen von Nadeln, Biegen von Balken, Heben von Gewichten, konstruierte Geräte zum Messen von Feuchtigkeitsgraden, Abständen, Neigungen und Windstärken und dachte über Maschinen nach, mit denen er verschiedene Erfindungen kombinieren konnte. Bei der

Ausarbeitung seiner Entwürfe erwies sich Leonardo als ein begnadeter Zeichner, der die dargestellten Modelle auseinanderzog, sie um ihre eigene Achse rotieren ließ und ihr Innenleben sichtbar machte. Mit dieser dreidimensionalen Illustrationsform war er Teil einer wissenschaftlichen Erneuerungsbewegung seiner Zeit, die nach besseren Darstellungsmethoden suchte. Die dreidimensionale Perspektive eröffnete dem menschlichen Blick eine vollständig neue Welt.

Bereits vor Leonardo hatte der Sienese Mariano di Jacopo, genannt Taccola (1381 – ca. 1453), die geometrischen Regeln beschrieben, die beim perspektivischen Zeichnen von Maschinen zu beachten waren. Taccola, der selbst kein besonders guter Künstler war, wollte "Maschinen konstruieren, ohne teure dreidimensionale Modelle anfertigen zu müssen" und Betrachtern ein ganz neues Verständnis davon geben, wie Dinge funktionierten.

Nach dem Prinzip Taccolas verfuhr auch der unbekannte Illustrator, der in Agricolas klassischer Abhandlung zur Mineralogie "den Erdboden aufschnitt, um das Gedärme der Erde sichtbar zu machten und das Innere eines Bergwerkschachtes zeichnete, das man ansonsten nie zu Gesicht bekommen hätte."

Hans Wechtlin (ca. 1480 – 1530) benutzte diese Technik zur Darstellung der menschlichen Anatomie in einer Serie von Holzschnitten, die er für zwei chirurgische Lehrbücher (1516/17) anfertigte. Sie gehören zu den "ersten gedruckten Darstellungen einer anatomischen Sektion und waren buchstäblich dem 'Leben' abgeschaut." Wechtlin variierte die transparente Darstellung zu einer Art Schnittechnik, die den sezierten Kopf "in den verschiedenen Präparationsstadien nach Entfernung der Nerven und des Gehirns zeigte."

Eine besonders gelungene Verbindung von Wissenschaft und Kunst war die Abhandlung des Vesalius über die Funktionen des menschlichen Körpers. Vesalius und sein Zeichner, ein weniger bekannter flämischer Künstler, stellten die Arbeitsweise des menschlichen Körpers und die Funktionsweise einfacher technischer Geräte unmittelbar nebeneinander. "Die Tischlerarbeiten, mit denen der Zeichner die linke, untere Seite illustrierte, verglich Vesalius mit der Schädelnaht, die auf der rechten Seite dargestellten Scharniere von Eisentüren mit menschlichen Gelenken."

Der große französische Arzt Ambroise Paré (1510 – 1590) ging mit dieser Methode noch einen Schritt weiter. Als ein Vordenker der modernen Prothetik "machte er sich darüber Gedanken, wie man die menschliche Hand durch eine mechanische Vorrichtung ersetzen konnte, die nach denselben Mechanismen und Hebelgesetzen arbeitete", wie sie in verschiedenen Abhandlungen über Maschinen beschrieben wurden. Die aufgeschnittene Hand aus den *Dix livres de Chirurgie* (Paris 1564) zeigt eine den menschlichen Muskeln und Nerven entsprechende mechanische Vorrichtung; die Möglichkeiten, die dieses Modell eröffnet, sind wahrhaft atemberaubend.

Worauf ich hinauswill, dürfte nun deutlich sein. Die wissenschaftlichen Illustrationen der Renaissancezeit geben uns einen "Einblick" davon, daß Menschen und Maschinen in derselben Weise funktionieren und daß es möglicherweise Bereiche gibt, wo sie austauschbar sind. Ein Kontinuum wird erkennbar, noch bevor jemand da ist, der es gedanklich erfassen kann.

Diese Aufgabe blieb René Descartes vorbehalten. Wenn meine These stimmt, daß das wissenschaftliche Zeichnen und das theoretische Denken methodisch zusammengehören, liegt die Vermutung nahe, daß berühmte Illustrationen, wie die von Vesalius und Ramelli (aus seiner Abhandlung über das "Theater der Maschinen"), auch die Aufmerksamkeit von René Descartes erregt haben. Samuel Edgerton zitiert einen 1640 entstandenen Text von Descartes, der ihm wie eine Reflexion über die Bilder der beiden erscheint:

"Wir können beobachten, daß [. . .] künstliche Springbrunnen [. . .] und andere Maschinen dieser Art sich von selbst bewegen, obwohl sie von Menschen erbaut wurden [. . .] Sogar die (menschliche) Maschine, die ich unterstelle, kann mit den Leitungen dieser Springbrunnen verglichen werden; die Muskeln und dazugehörigen Sehnen mit den diversen Vorrichtungen und Federn, die dazu dienen, sie in Bewegung zu setzen; und die Animalgeister mit dem Wasser, das sie bewegt, und [. . .] das Herz mit der Wasserquelle und die Wölbungen des Gehirns mit den Wassertanks. Darüberhinaus kann man die Atmung [. . .] mit der Bewegung [. . .] einer Mühle vergleichen, die einen unaufhörlichen Wasserfluß ermöglicht."

So werden Illustrationen philosophisch – und die Philosophie wird illustriert.

Nach Ansicht von George Boas ist die wesentlich von Descartes geprägte Debatte über die Tiermaschine eine Reaktion auf die Tierliebe Montaignes. Dessen "Theriophilie" steht in einer langen, von Plutarch ausgehenden Tradition, die dem Tier einen Vorrang gegenüber dem Menschen einräumt.

Montaigne entfaltet diesen Gedanken in einer Reihe provokanter Widersprüche. Tiere, behauptet er, seien "natürlicher" als der Mensch und ihm schon deshalb überlegen. Auch die vielgerühmte Vernunft des Menschen sei nur eine unter vielen Facetten seiner grundsätzlichen Unterlegenheit, denn diese Vernunft habe ihn, wie das Beispiel des Sündenfalls zeige, schon oft in die Irre geführt. Besonders in der *Apologie für Raimond Sebonde*, aber auch in seiner *Autobiographie* appelliert Montaigne an uns, die Tiere als unsere Mitgeschöpfe zu behandeln und ihnen Respekt zu zollen: "Den Menschen schulden wir

Gerechtigkeit, den anderen Tieren Freundlichkeit; zwischen ihnen und uns besteht ein Verkehrsverhältnis und eine gegenseitige Verpflichtung."

In seinem Bemühen, den menschlichen Hochmut etwas zu dämpfen, bringt Montaigne auf vielen Seiten zahlreiche (manchmal durchaus fragwürdige) Beispiele für die Intelligenz und das Gefühlsleben der Tiere und erklärt schließlich, als wolle er Darwin und Huxley vorwegnehmen, "daß es zwischen Mensch und Mensch größere Unterschiede gibt als zwischen Mensch und Tier." Für George Boas sind derartige Passagen Ausdruck einer "primitivistischen" Überschätzung vorzivilisatorischer Menschheitsepochen. Der Primitivist verlangt von seinen Mitmenschen, sich wieder mehr wie Tiere zu verhalten.

Montaignes Appell löste höchst gegensätzliche Reaktionen aus. Die*beaux-esprits* griffen seine Ideen auf und erklärten, es sei richtig, seiner Natur zu folgen, den tierischen Anteilen im Menschen mehr Platz zu geben. Diese libertinistische Denkweise, die den Menschen auf das Niveau von Tieren "herunterstufte", gipfelte in den Auffassungen des Marquis de Sade. Auf der anderen Seite gab es eine Reihe prominenter Denker, die Montaigne attackierten und die Behauptung aufstellten, Tiere seien einfach Maschinen ohne Gefühle; und deshalb seien sie dem Menschen vollkommen untergeordnet.

Der revolutionärste Geist unter diesen Kritikern Montaignes war Descartes. Auch er hatte selbstverständlich seine Vorläufer; neben den schon erwähnten Künstlern und Illustratoren waren das vor allem die Scholastiker, die er in frühen Jahren studierte. Thomas von Aquin etwa hatte auf die Frage, warum Hunde lieber Rehen nachjagten als zu Hause zu sitzen, die Antwort gefunden, "daß Tiere wie Maschinen handeln, die auf eine bestimmte Weise durch den Scharfsinn ihres Erschaffers, d. h. Gott, zum Laufen gebracht werden." An anderer Stelle spricht er den Tieren den freien Willen ausdrücklich ab und vergleicht ihre natürlichen Funktionen mit denen einer Uhr. Kannte Descartes diese Passagen? War er von ihnen beeinflußt? Es wäre gut möglich.

Sicher wissen wir nur, daß er an der Jesuitenschule von La Fleche die *Summa Theologica* gelesen hat. Sicher wissen wir aber auch, daß Descartes ein großer Kenner der aristotelischen Philosophie war, aus der vor allem Thomas von Aquin schöpfte. Aristoteles hatte die Vorstellung von drei verschiedenen Seelen: einer vegetativen, der Pflanzenseele, einer sensitiven, der Tierseele, und einer rationalen Seele, die allein dem Menschen zukommt.

Bevor Descartes das Problem der Tiermaschine aufbrachte, gab es bereits eine lange Diskussion um den Begriff der "Tier-Seele". Solange man im Sinne Aristoteles' den Tieren nur eine "sensitive Seele" zugestand, deren Erkenntniskraft auf Sinneswahrnehmungen und Gedächtnisleistungen beschränkt war, gab es keine wirklichen Probleme. Besaßen Tiere jedoch eine rationale Seele, d. h. die Fähigkeit zu vernünftigem Denken, und unterschieden sich also von den Menschen nicht prinzipiell, sondern nur graduell, dann ergaben sich daraus eine Reihe von Schwierigkeiten: hatten Tiere dann nicht auch wie der Mensch einen Anspruch auf Unsterblichkeit? Andererseits waren sie offenbar nicht an der Erbsünde beteiligt. Wie konnten sie dann an dem großen christlichen Erlösungswerk teilhaben, das allein zur Unsterblichkeit führte? Wie konnten sie an dem Leidensweg teilhaben, wenn sie keinerlei Schuld auf sich genommen hatten?

Descartes machte sich sofort an die Lösung dieser Probleme, indem er sie in ein ganz neues Licht stellte. “Zunächst einmal”, schreibt Leonora Cohen Rosenfield, “formulierte er die alte Frage nach der Tierseele um und machte aus ihr die Frage nach der tierischen Intelligenz; denn “Seele” hieß für den Verfasser des *cogito ergo sum* nichts anderes als Vernunft. Und zweitens gab er der Kontroverse einen vollkommen neuen wissenschaftlichen Kontext.” Das rasante Wachstum der modernen Naturwissenschaft, zu dem nicht zuletzt Descartes selbst beitrug, eröffnete bislang unbekannte Möglichkeiten, das uralte Rätsel, ob Tiere eine Seele haben, zu lösen.

Descartes revolutionärer Ansatz bestand darin, das Problem der Tierseele erst einmal zurückzustellen und die Diskussion statt dessen auf die Frage nach den rationalen Fähigkeiten der Tiere zu lenken. Für Descartes war die von den Anhängern Montaignes ins Feld geführte Vollkommenheit der Tiere – ihre Überlegenheil an Ausdauer, Geschicklichkeit und Schnelligkeit – gerade ein Hinweis auf ihre mechanische Natur und auf ihre fehlende Vernunft. Mit dieser Argumentation nimmt er nicht nur eine Grundthese Pawlows vorweg, er gebraucht sogar den Begiff “Reflex” und beschreibt den tierischen Organismus als ein rein mechanisches, auf Reflexhandlungen aufgebautes System.

So rettet Descartes die menschliche Überlegenheit auf höchst paradoxe Weise. Auf der einen Seite ist der Mensch für ihn eine Maschine, die sich von den anderen Tieren nur dadurch unterscheidet, daß sie über Vernunft verfügt und sich deshalb irren kann; auf der anderen Seite verbringt Descartes sein ganzes Leben damit, Regeln für die Vernunft auszuarbeiten, die dem rationalen Menschen Gewißheit geben sollen. Nachdem er dem Menschen also zunächst die Perfektion (von Tieren und Maschinen) abspricht, scheint er ihm diese “conditio inhumana” auf höherer Ebene dann doch wieder zurückgeben zu wollen.

Die Sicherheit und Perfektion der Tiermaschine, die Descartes uns in Aussicht stellt, ist freilich nicht mit den Mitteln des reinen Reflexes zu erreichen, sondern nur auf dem Weg eines vernunftgeleiteten freien Willens. In seinem privaten Notizbuch *(cogitiones privatae)* macht Descartes irgendwann zwischen 1619 und 1621 eine Eintragung, die man als ersten Hinweis auf diese Fragestellung lesen kann. Dort heißt es: "Gerade wegen der Vollkommenheit der tierischen Handlungen vermuten wir, daß sie keinen freien Willen haben." Daraus folgt für den Menschen: weil er nicht von Natur aus vollkommen ist (bzw. durch den Sündenfall aus dem ursprünglichen Zustand der Vollkommenheit herausgefallen ist), kann er nur über seinen freien Willen und mittels seiner Vernunft zur Vollkommenheit gelangen.

Zu Descartes' Grundannahmen gehört, daß der Wille vollkommen unter der Kontrolle der Vernunft steht – für den großen Mathematiker gibt es keine Seelenkämpfe im Sinne Freuds. "Denn unser Wille entschließt sich nur in dem Maße, etwas zu verfolgen oder zu meiden, wie unser Verstand es ihm als gut oder schlecht darstellt, und deshalb genügt es, recht zu urteilen, um recht zu tun." Auf der Grundlage dieser Prämisse kommt es dann zu einer ersten Formulierung der berühmten kartesianischen Reduktion, "nämlich daß ich eine Substanz bin, deren ganzes Wesen oder deren Natur nur darin besteht, zu denken".

Die "Methode", die Descartes vorschlägt, um das menschliche Denken zu sicheren Erkenntnissen zu bringen, ist das Zweifeln. Descartes' *Cogito ergo sum* ist genaugenommen ein *Dubito ergo sum.*

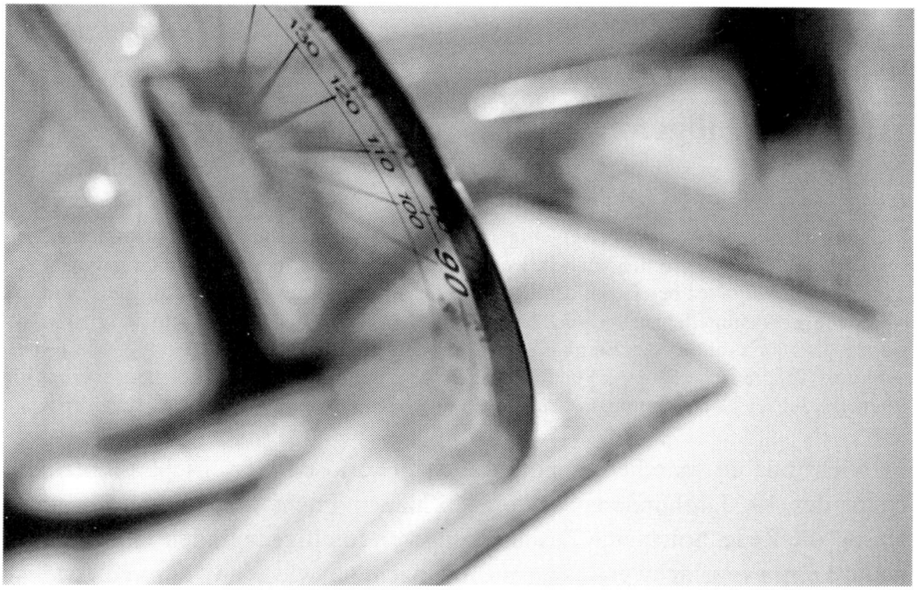
120
110
100
90

Holk Cruse, Jeffrey Dean und Helge Ritter

Was ist Intelligenz?

Die Entwicklung der Künstlichen Intelligenz hat in den vergangenen Jahren auch deshalb erstaunliche Fortschritte machen können, weil die Erforschung der biologischen Grundlagen von intelligentem Verhalten bei Tieren den Gang der technischen Entwicklung beflügelte. Dennoch ist die Frage, was Intelligenz sei, auch heute noch ebenso naheliegend wie schwierig zu beantworten. Die drei Autoren des Beitrags sind Hochschullehrer: Holk Cruse (Biologische Kybernetik und Theoretische Biologie) und Helge Ritter (Computersehen und Robotersteuerung) in Bielefeld, Jeffrey Dean (neuronale Grundlagen intelligenten Verhaltens) in Cleveland/USA.

Nicht nur im Märchen, sondern auch in seriösen wissenschaftlichen Büchern des 19. Jahrhunderts ist vom "schlauen Fuchs" oder vom "dummen Huhn" die Rede. Solch eine Zuschreibung von Intelligenzgraden fällt uns auch heute keineswegs schwer, wenn wir beobachten, wie eine "dumme" Mücke vergeblich versucht, durch das geschlossene Fenster ins Freie zu entkommen, oder wie eine "intelligente" Katze ganz gezielt das Futter aus dem Vorratstopf stibitzt, nachdem sie ein paar Mal beobachtet hat, daß Herrchen oder Frauchen es dort herausgenommen haben. Doch was bedeutet es eigentlich, wenn man in diesem Zusammenhang von Intelligenz spricht? Wie dumm ist eine Mücke tatsächlich? Während Bienen, die ja an sich erstaunliche Leistungen zustande bringen, bis zur Erschöpfung gegen die Scheiben fliegen, passiert das einer einfachen Stubenfliege nie. Ist sie deshalb "intelligenter"?

Ist es überhaupt erlaubt, bei Tieren von Intelligenz zu sprechen? Es wird ja häufig als geradezu typisch menschlich, als der eigentliche Unterschied zwischen Tier und Mensch angesehen, Intelligenz zu besitzen und intelligent zu handeln. Dies um so mehr, als man, entsprechend der wörtlichen Bedeutung von *intelligentia,* das mit *Einsicht, Verstand, Vorstellung* übersetzt wird, unter Intelligenz die Fähigkeit zu problemlösendem, einsichtigem Verhalten verstehen kann. Diese "Einsicht" setzt für viele die Fähigkeit voraus, wie das Wort ja auch nahelegt, einen "Blick nach innen" tun zu können, d. h., das jeweili-

---

* zu 14. Cruse / Dean / Ritter: "Was ist Intelligenz?"
geometrische Instrumente, (Abb. S. 91)
"Weniger bekannt, aber vielleicht überzeugender sind die Programme, die selbständig mathematische Beweise finden, selbst solche Beweise, die bis dahin noch nicht bekannt waren. Wenn nun tatsächlich ein Computerprogramm einen derartigen neuen Beweis findet, so läßt einen das also zumindest zögern, hier nicht von Kreativität und wahrer intelligenter Leistung zu reden."

ge Problem vor einem inneren Auge sehen zu können, und bedingt damit so etwas wie den Besitz einer Seele. Viele Menschen sind der Ansicht, daß eine Seele aber nur dem Menschen zukäme. Nun ist das natürlich Glaubenssache. Will man sich als Wissenschaftler mit Fragen zur Intelligenz befassen, so wird man sich damit nicht begnügen können. Ein wissenschaftlicher Zugang sollte sich vielmehr auf überprüfbare Tatsachen konzentrieren, und es gibt in der Tat eine große Zahl von Versuchen einer "wissenschaftlichen" Definition von Intelligenz.

Die meisten Definitionen setzen entweder ausdrücklich oder in versteckter Form voraus, daß intelligentes Verhalten an den kontrollierten Einsatz von Verstand im Sinne des lateinischen "ratio" geknüpft ist. Unter Ratio versteht man hierbei das Vermögen, in Begriffen zu denken und logische Schlüsse zu ziehen. Eng damit verknüpft ist die Fähigkeit zur Symbolverarbeitung und zum Einsatz logischer Operationen, wie man sie bei der Lösung einer Dreisatzaufgabe oder beim Vorführen mathematischer Beweise verwendet. So sollte zum Beispiel ein intelligentes System, dem die Information "die Stadt A hat weniger Einwohner als die Stadt B" und "die Stadt B hat weniger Einwohner als die Stadt C" gegeben wurde, von selbst darauf kommen, daß dann auch gelten muß, daß die Stadt A weniger Einwohner hat als die Stadt C. Interpretieren wir die Buchstaben A, B und C als Symbole für die Einwohnerzahlen, so können wir unter Benutzung des Zeichens "<" für "kleiner als" die Schlußfolgerung "A < C" auch als Ergebnis einer Verknüpfung der beiden Symbolketten "A < B" und "B < C" auffassen. Aus dieser Sicht erscheint Ratio als die Fähigkeit, nach bestimmten Regeln mit Symbolen festgesetzter Bedeutung zu operieren. Da die Ratio in diesem Fall das bestimmende Element ist, wollen wir die Fähigkeiten, die diese Leistungen ermöglichen, auf der funktionellen Ebene mit *rationaler Intelligenz* bezeichnen. Welche Mechanismen diesen Fähigkeiten zugrunde liegen, soll dabei zunächst noch offenbleiben.

Auch im Gebiet der künstlichen Intelligenz ist der Intelligenzbegriff durch diese Vorstellungen von rationaler Intelligenz bestimmt. Da die üblichen Computer symbolverarbeitende Systeme sind und die von Menschen entwickelten Programmiersprachen den Gesetzen der Logik folgen, ist das natürlich keine große Überraschung. Mit dem Versuch der klassischen künstlichen Intelligenz (KI), rationale Intelligenz in künstlichen Systemen zu implementieren, konnten erstaunliche Fortschritte erreicht werden, jeder weiß von den raffinierten, um nicht zu sagen intelligenten Programmen, die selbst Schachgroßmeister schlagen können. Weniger bekannt, aber vielleicht überzeugender sind die Programme, die selbständig mathematische Beweise finden, selbst solche Beweise, die bis dahin noch nicht bekannt waren, wie etwa der "Logic Theorist" von Newell und Simon. Wenn nun tatsächlich ein Computerprogramm einen derartigen neuen Beweis findet, so läßt einen das also zumindest zögern, hier nicht von Kreativität und wahrer intelligenter Leistung zu reden.

Andere interessante Ergebnisse sind auf dem Gebiet der sogenannten *Expertensysteme* zu finden. Diese sind so angelegt, daß ihnen ein wichtiger Teil des Wissens menschlicher Experten zur Verfügung steht und sie dieses sinnvoll miteinander verknüpfen können. Solche Expertensysteme können zum Beispiel einen Arzt dabei unterstützen, schneller und sicherer eine Diagnose zu stellen. Auch das ist eine Eigenschaft, von der man noch vor wenigen Jahrzehnten ganz selbstverständlich angenommen hätte, daß sie Intelligenz voraussetzt.

Trotz unbestreitbarer Erfolge hat sich aber eine Vermutung bisher nicht bestätigt. Die Protagonisten der KI gingen nämlich ausgesprochen oder unausgesprochen von folgender Annahme aus: Sobald die künstliche Erzeugung dieser Höchstleistungen intelligenter Systeme wie das Auffinden mathematischer Beweise oder das Schlagen eines Großmeisters im Schachspiel gelungen sein wird, würden alle anderen sowohl komplexen als auch die scheinbar einfacheren Probleme des alltäglichen menschlichen Lebens ebenfalls weitgehend gelöst sein. Tatsächlich beschränken sich die Erfolge der künstlichen Intelligenz aber bisher auf gewissermaßen künstliche Problemstellungen. Es hat sich inzwischen nämlich gezeigt, daß ganze Klassen selbst außerordentlich einfach erscheinender Probleme, wie z. B. die Steuerung einfacher Bewegungen, einer Lösung unerwartete Schwierigkeiten entgegensetzen. Selbst mit Hochleistungsrechnern ist es bisher keinem Roboter möglich, etwa Schuhbänder zu einer Schleife zu knüpfen, was ein Kind lernt, lange bevor es in der Lage ist, über mathematische Beweise nachzudenken. Es erwies sich sogar als unvorhergesehen schwierig, mit einem Roboter die Ausführung selbst einfacher koordinierter Bewegungen, wie sie in alltäglichen Situationen vorkommen, z. B. beim Bewegen eines Tellers mit zwei Händen, nachzubilden. Dies sind nun keineswegs Einzelfälle. Solche Probleme treten vielmehr überall in dem Bereich der Steuerung von Bewegungen auf.

Eine andere Aufgabe, die für uns so selbstverständlich ist, daß man zunächst gar nicht auf den Gedanken kommt, dies hätte etwas mit Intelligenz zu tun, ist das Problem der Bilderkennung. Läßt man ein optisches System, sei dies das Auge eines Tieres, eines Menschen oder auch nur eine Videokamera, in eine natürliche Umgebung blicken, zum Beispiel auf einen Hund in einem Garten, so muß ein nachgeschalteter Bilderkennungsapparat für die Erkennung eines Hundes entscheiden, ob ein einzelner Bildpunkt zu dem Hund oder zum Hintergrund gehört. Um dies zu können, muß er natürlich erst mal wissen, daß es überhaupt einen Hund zu sehen gibt. Das gewünschte Ergebnis scheint also bereits vorausgesetzt zu werden. Eine scheinbar unlösbare Aufgabe. [...] Diese Einschränkung auf den rationalen Aspekt von Intelligenz, von dem wir zunächst ausgegangen waren, scheint demnach ein fundamentales Problem zu erzeugen, das vermutlich auch die Schwierigkeiten bei der Lösung anderer Probleme bewirkt. So bestand ein Ziel der künstlichen Intelligenz darin, Automaten zu bauen, die die Übersetzung von Fremdsprachen erledigen. Obwohl das zunächst – vor dreißig Jahren – für ein relativ einfaches Problem gehalten wurde – für jede wichtige Sprache liegen die grammatischen Regeln explizit vor, und es gibt Wörterbücher, die für jedes Wort ein oder mehrere Übersetzungen in die andere Sprache vorgeben –, ist man selbst heute noch recht weit vom Bau einer vernünftigen Übersetzungsmaschine entfernt. Selbst das Erzeugen oder Verstehen gesprochenen Textes ist noch weitestgehend ungelöst. Es wurde deshalb immer wieder vermutet, daß vielleicht schon im Ansatz ein Fehler darin liegt, daß die Definition von Intelligenz über das Rationale nur die höchste Ebene erfaßt und andere, möglicherweise wichtige Bereiche wie zum Beispiel das Denken in Bildern oder die Beteiligung von Emotionen ausschließt, daß hier also fundamentale Aspekte fehlen. Ist demnach die Seele vielleicht doch irgendwie wichtig?

Schon ganz am Anfang der Entwicklung der künstlichen Intelligenz schlug der britische Mathematiker Alan M. Turing einen an sich einfachen Weg vor, um entscheiden zu können, ob ein System intelligent sei oder nicht. Er verwendet gewissermaßen den Menschen selbst als Vergleichsmaßstab. Der Gedanke besteht darin, einen Menschen vor ein einfaches Computerterminal zu setzen, so daß er mit Hilfe von Tastatur und Bildschirm Fragen an die Maschine stellen und Antworten von ihr erhalten kann. Der Versuchsperson wird dabei mitgeteilt, daß ihr Terminal in verschiedenen Sitzungen entweder mit einem Computer oder mit einem anderen Terminal verbunden ist, das gleichfalls von einem Menschen bedient wird. Die Aufgabe des Beobachters besteht darin, im Laufe dieser Unterhaltungen herauszufinden, ob sein jeweiliges Gegenüber nun ein Mensch oder eine Maschine ist. Turing fordert, daß ein künstliches System dann als wirklich intelligent bezeichnet werden muß, wenn der menschliche Beobachter diese Unterscheidung nicht mehr eindeutig zu treffen vermag. Diese zunächst elegante Lösung, menschliche Versuchspersonen sozusagen als Meßgeräte zu verwenden, hat aber ihre Tücken. So haben in entsprechenden Tests Versuchspersonen dann mit größerer Wahrscheinlichkeit einen Menschen am anderen Ende vermutet, wenn das künstliche System – mit Hilfe eines geeigneten, absichtlich eingebauten Zufallsgenerators – gewisse Fehler und Ungenauigkeiten produziert hatte. Es wird also ein, in gewissen

Grenzen, fehlerhaftes Verhalten offenbar eher als typisch menschlich eingeschätzt als eine streng rationale Reaktion.

Geradezu als Verkörperung von Intelligenz gilt der Großmeister im Schachspiel, aber selbst hier haben Untersuchungen gezeigt, daß der Einsatz logischen Denkens nur einen Teil, möglicherweise einen sehr kleinen Teil der Fähigkeiten eines guten Schachspielers ausmacht. Man hat solchen Schachspielern bildliche Darstellungen von Spielsituationen vorgeführt, die Darbietungszeit aber auf nur wenige 100 Millisekunden begrenzt. Das ist so kurz, daß ihnen keine Aussagen über die Stellung einzelner Figuren möglich waren. Es stand ihnen also offenbar kein symbolisches Wissen zur Verfügung, und sie konnten deshalb keine logischen Operationen vollziehen. Dennoch konnten die Schachspieler relativ genaue Einschätzungen über die Gewinnchancen von Weiß beziehungsweise Schwarz machen. Man kann deshalb vermuten, daß auch beim Schachspiel "intuitives" Wissen wichtig ist. In vielen Fällen braucht der Könner nicht mehr nachzudenken, sondern erfaßt die Situation "mit einem Blick". Im Unterschied dazu muß interessanterweise gerade der Anfänger viel intensiver überlegen, also seine "rationale Intelligenz" bemühen. Man könnte also geradezu behaupten, daß sich der gute Schachspieler dadurch auszeichnet, daß er in den meisten Fällen – im Sinne des logischen Denkens – eben gerade nicht nachdenkt. Ein Phänomen, das gelegentlich als *Expertenparadoxon* bezeichnet wird. Man hat den Eindruck, daß ein Experte die Lösung eines Problems um so schneller findet, je mehr Wissen er zuvor angesammelt hat. Im Gegensatz dazu braucht ein Computer zum Auffinden einer gespeicherten Information im allgemeinen um so mehr Zeit, je mehr Information er gespeichert hat.

Möglicherweise gilt das Prinzip auch für motorische Aufgaben. Jeder, der versucht hat, eine neue Sportart zu lernen, kennt das Phänomen. Zu Beginn muß man jede Bewegung ganz bewußt kontrollieren. Je besser man die Bewegungsabläufe beherrscht, desto weniger braucht man darüber nachzudenken. Man macht im Gegenteil die Erfahrung, daß bewußtes Nachdenken den flüssigen Bewegungsablauf dann sogar eher stört.

Im letzten Beispiel wurden Intelligenz und Lernfähigkeit in eine enge Verbindung gebracht. Nun treten Intelligenz und Lernfähigkeit zwar normalerweise gemeinsam auf. Versteht man unter Intelligenz lediglich die Fähigkeit, eine Lösung für ein neues Problem zu finden, haben aber, genaugenommen, beide Eigenschaften nichts miteinander zu tun. Zum einen gibt es Systeme, wie etwa den Schachcomputer, die schon von vornherein "intelligent" gebaut sind. Zum andern kann man sich sehr wohl einfache Systeme denken, die lernen können, ohne über rationale Intelligenz zu verfügen. Ein Beispiel ist das Pawlowsche Lernen. Bei dem berühmten Hund Pawlows entspricht dies dem reflexhaften

Auslösen von Speichelfluß, nachdem man ihm ein Stück Wurst gezeigt hat. Gibt man kurz vor diesem Signal (Zeigen der Wurst) einen anderen Reiz, der zunächst nicht mit der Reaktion (Speichelfluß) verknüpft ist, so kann auch für diesen eine reflexhafte Verknüpfung mit der Reaktion "Speichelfluß" hergestellt werden, wenn die Situation genügend oft wiederholt wird. Diese Fähigkeit, einen bedingten Reflex zu erlernen, kann auch in einen Automaten recht einfach eingebaut werden. Man würde dies aber nicht als intelligent im Sinne von "einsichtig" bezeichnen. Ebensowenig braucht umgekehrt ein System, um eine komplexe Aufgabe zu lösen, also um auf eine neue Idee zu kommen, die Fähigkeit zu besitzen, lernen zu können. Es ist allerdings natürlich durchaus sinnvoll, beide Fähigkeiten zu verbinden, da, falls eine neu entwickelte Idee nicht im Gedächtnis gespeichert würde, in der entsprechenden Situation jedesmal von neuem nachgedacht werden müßte. Zwar könnte man sagen, daß ein Schachspieler, der lange und intensiv geübt hat, dadurch in bezug auf die Fähigkeit, Schachspielen zu können, intelligenter geworden ist. Das Lernen hat also seine Leistungsfähigkeit verbessert. Dennoch ist Lernen hierbei kein Bestandteil des Lösens des gerade vorliegenden Problems, obwohl es die Lösung späterer Probleme verbessern kann.

Die intensivsten wissenschaftlichen Auseinandersetzungen über den Begriff der Intelligenz fanden natürlich im Gebiet der Psychologie statt. Auch hier ist man sich relativ einig darüber, daß man unter Intelligenz die Fähigkeit zu problemlösendem, einsichtigem Verhalten verstehen sollte. Auch ist man sich einig darüber, daß man, ähnlich wie beim Turingtest, Intelligenz nur über das Verhalten messen kann.

Doch die Frage, wie dies genau zu tun ist, wirft schnell erhebliche Probleme auf. Jeder kennt die standardisierten Testaufgaben, mit deren Hilfe man den Intelligenzquotienten messen kann, aber auch die Diskussionen darüber. So hängt dieses Meßergebnis natürlich auch davon ab, wie gut der Proband die Sprache und die jeweiligen Begriffe beherrscht, mit deren Hilfe die Aufgaben formuliert sind. Diese Probleme haben dazu geführt, daß manche Autoren verschiedenen menschlichen Rassen gewisse, wenn auch geringe Unterschiede in ihrer durchschnittlichen Intelligenz zugeordnet haben. Man hat daraufhin versucht, sogenannte *kulturunabhängige Tests* zu entwickeln. Damit kann man die Situation zwar verbessern, aber die prinzipiellen Probleme bleiben bestehen. Stets geht auch zum Beispiel die Konzentrationsfähigkeit und die Motivation des Probanden in das Meßergebnis ein. Um diese Probleme besser in den Griff zu bekommen, hat man versucht, einzelne Aspekte von Intelligenz voneinander zu trennen. So schlug etwa D. O. Hebb eine Unterscheidung zwischen zwei Komponenten von Intelligenz vor; eine angeborene, durch die Struktur des Nervensystems gegebene, und eine im Laufe des Lebens durch Lernen und Erfahrung erworbene. Auch heute noch steht die Meinung, daß es einen Faktor (g-Faktor genannt) gäbe, der die generelle Intelligenz einer Person beschreibe, der Ansicht gegenüber, daß Intelligenz ein multifaktorielles Phänomen sei. Howard Gardner sieht sieben verschiedene Faktoren, die er mit logisch-mathematischer Fähigkeit, sprachlich-räumlichem Denken, körperlich-kinästhetischen Fähigkeiten, musikalischen Fähigkeiten, sprachlichen Fähigkeiten, Verständnis für zwischenmenschliche Probleme sowie Fähigkeiten, sich ein Bild von der eigenen Person machen zu können, bezeichnet. Eine andere, von funktionalen Prinzipien geleitete Zerlegung in spezifischere Einzelkomponenten fand einen vorläufigen Höhepunkt in den Arbeiten von J. P. Guilford, der aufgrund theoretischer Überlegungen zu einer Einteilung in 120 Einzelkomponenten gelangte. Dies führte dazu, daß sich schließlich die Verzweiflung eines Psychologen in dem ironisch gemeinten Ruf Luft verschaffte: Intelligenz ist einfach das, was man mit dem IQ-Test mißt. Das Problem der Zerlegung der Intelligenz in einzelne Komponenten erschien unlösbar und wurde deshalb, da wissenschaftlich unergiebig, für lange Zeit verlassen.

Ist also Intelligenz eine einheitliche, unteilbare Fähigkeit, oder stellt sie die Summe vieler Einzelfähigkeiten dar? Zwar legt uns die beim gesunden Menschen erlebte Einheit des Bewußtseins die ganzheitliche Betrachtungsweise nahe. Aber schon die erwähnten Versuche, das Phänomen in einzelne Komponenten aufzulösen, deuten in die andere Richtung. Viele Beobachtungen beispielsweise an Patienten mit Hirnschädigungen unterstützen dies. So ist schon lange bekannt, daß zumindest bestimmte Gedächtnisinhalte, auf denen intelligente Leistungen aufbauen, räumlich getrennt abgespeichert sind. Dies weiß man von Patienten, bei denen durch Unfälle oder Krankheiten einzelne Abschnitte des Gehirns funktionsunfähig wurden. So kann z. B. selektiv die Fähigkeit zum Farbenerkennen ausfallen, obwohl das übrige visuelle System noch intakt ist. Interessanterweise wird damit auch die Fähigkeit, sich Farben vorstellen zu können, ausgelöscht. Entsprechend kann die Fähigkeit, sich mit Hilfe einer einfachen Karte zu orientieren, also ein visuell gegebenes Muster in ein motorisches Muster übersetzen zu können, verlorengehen.[...]

Ein weiteres scheinbares Paradoxon ist das folgende. Betrachten wir zwei Systeme, die ein Problem gleich gut lösen, wobei aber ein System sehr viel komplizierter aufgebaut ist als das andere. Welches System würde man als das intelligentere von beiden bezeichnen? Doch wohl das einfacher gebaute, da es dieselbe Leistung mit geringerem Aufwand erreicht. Daß die einfachere Lösung als die intelligentere Lösung bezeichnet wird, mag einem zunächst als Widerspruch erscheinen, da man intuitiv etwas Einfaches, Simples geradezu als Gegensatz zu etwas Intelligentem ansieht. Dieser Vergleich weist auf eine wichtige Unterscheidung hin: "intelligent" als Eigenschaft und "Intelligenz" als Fähigkeit. [...]

Man kann von einer intelligenten Lösung sprechen, ohne damit zu meinen, daß das System, welches diese Lösung darstellt, als solches die Fähigkeit der Intelligenz besitzt. Letztere würde man eher dem Erfinder zusprechen, da dieser für ein gegebenes Problem eine neue Lösung gefunden hat. Im ersten Fall spricht man vom *adverbialen* Gebrauch, im zweiten Fall vom *nominalen* Gebrauch des Begriffes Intelligenz. Aus dem Englischen übernommen, verwendet man entsprechend auch die Begriffe der "prozessualen" beziehungsweise der "inhaltlichen Intelligenz" (intelligence of process or by design versus intelligence of content). Einfache Schachspielprogramme können zwar bis zu einem gewissen Grad erfolgreich sein, indem sie lediglich alle möglichen Spielzüge systematisch durchprobieren. Das ist aber aus Zeit- und Speicherplatzgründen natürlich nur in begrenztem Umfang möglich. Dennoch vermag ein solches System durchaus einen nicht sehr erfahrenen Schachspieler zu schlagen, und man würde dem System deshalb eine gewisse prozessuale oder adverbiale Intelligenz vielleicht nicht absprechen wollen. Dies zumal dann, wenn man die relativ simple Struktur des Programms nicht kennt. Aber selbst wenn man dieses System technisch verbessert, indem man ihm durch Erhöhung der Rechengeschwindigkeit immer mehr Spielzüge zu berechnen erlaubt, und es damit natürlich auch qualitativ besser wird, würde man diesem zahlenknackenden Kraftprotz keine nominale Intelligenz zuordnen. Beide Beispiele zeigen also, daß nicht jedes intelligente System auch (nominale) Intelligenz besitzen muß. Ob man umgekehrt jedes System, das nominale Intelligenz besitzt, auch adverbial intelligent nennen kann, hängt daher sehr von der genauen Definition des Begriffes der nominalen Intelligenz ab. So wird gelegentlich die Meinung vertreten, daß wir von nominaler Intelligenz nur so lange reden, wie wir die zugrundeliegenden Mechanismen noch nicht verstanden haben. Sobald uns der Mechanismus bekannt ist, bezeichnen wir dasselbe Phänomen als adverbiale Intelligenz.

Nun haben wir schon mehrfach den Begriff "System" verwendet, ohne näher zu erläutern, was wir darunter verstehen wollen. Ein System ist hier, ganz abstrakt, durch zwei Eigenschaften definiert. Es muß zum einen die Möglichkeit besitzen, Signale von außen aufzunehmen, z. B. durch Sensoren, und es muß zum zweiten Signale nach außen abgeben können. Dies könnten bei einem elektrischen System zum Beispiel Spannungswerte, bei einem volkswirtschaftlichen System Aktienkurse oder bei einem biologischen System Muskelbewegungen sein. Entscheidend ist, daß sowohl die Eingangsgrößen als auch die Ausgabegrößen in irgendeiner Form quantitativ gemessen werden können.

Wie können wir diesen zahlreichen Schwierigkeiten der Annäherung an den Begriff “Intelligenz” begegnen? Einen möglicherweise aussichtsreichen Weg bietet ein Zugang von der Seite der Biologie. Der Mensch hat sich, wie alle Tiere, im Laufe der Evolution in einem allmählichen Übergang aus Vorstufen entwickelt. Das läßt vermuten, daß man einem Verständnis des Phänomens der Intelligenz dann näherkommen könnte, wenn man zunächst die auch einfacher zu verstehenden Vorstufen untersucht, um so von einfacheren zu komplexeren Systemen fortzuschreiten. Nun kann bei biologischer Betrachtungsweise die Intelligenz auf zwei ganz unterschiedlichen Zeitskalen zunehmen. Zum einen können Systeme im Laufe der Evolution immer mehr Fähigkeiten entwickeln, die ihnen ermöglichen, Probleme zu lösen. Eine Zunahme dieser Fähigkeit kann aber auch im Laufe der Entwicklung des Individuums beobachtet werden. Ein Beispiel, das des Schachspielers, haben wir schon erwähnt. Die Zunahme der Intelligenz kann zum einen genetisch bedingt sein, im Sinne einer Reifung, und wäre dann ein Ausdruck der phylogenetisch erworbenen Eigenschaften. Die Zunahme kann aber auch durch Lernen erfolgen. Man spricht im ersten Fall von der *Intelligenz der Art* (species intelligence), im zweiten Fall von der *Intelligenz des Individuums.* Natürlich sind die zugrundeliegenden Mechanismen ganz verschieden. Parallel zur Untersuchung der Entstehung von Intelligenz im Laufe der Evolution kann und sollte man deshalb auch versuchen, sich der Klärung dieser Fragen dadurch zu nähern, indem man die Zunahme an Intelligenz im Laufe der Entwicklung des Individuums betrachtet.

Stimmt man der Definition zu, daß ein intelligentes System in der Lage sein soll, neue Lösungen in entweder schon bekannten Situationen oder auch in neuen Situationen zu finden, so stellt sich die Frage, auf welcher Zeitskala diese Lösung “neu” sein muß. Betrachtet man die Zeitskala der Evolution, so gilt diese Definition auch für adverbiale Formen der Intelligenz. Die oben getroffene Unterscheidung zwischen adverbialer und nominaler Intelligenz ist also auf dieser großen Zeitskala nicht mehr haltbar. Man könnte also die Frage nach der Entstehung von Intelligenz unter Berücksichtigung beider Zeitskalen so formulieren: Wann und wie hat sich die Zunahme an adverbialer Intelligenz im Laufe der Evolution so ausgewirkt, daß sich auf der Ebene des Individuums nominale Intelligenz entwickeln konnte? Oder: Wann und auf welche Weise wurden neue Prinzipien eingeführt, die dann aus einem adverbial intelligenten ein nominal intelligentes System gemacht haben?

Aus der Sicht der Biologie ergibt sich auch die folgende Betrachtungsweise: Die Evolution belohnt nicht die Entwicklung allgemeiner oder theoretischer Fähigkeiten, sondern sie belohnt die Entwicklung der Fähigkeit, in einer konkreten Umwelt zurechtzukommen. Deshalb wird Intelligenz oft mit "adaptivem Verhalten" gleichgesetzt. Nicht das Verhalten an sich, sondern Verhalten im Kontext einer gegebenen Umwelt bestimmt die Bewertung der Intelligenz.

Was also ist Intelligenz wirklich? In Abwandlung eines Zitates von Augustinus könnte man sagen: Ich weiß gut, was Intelligenz ist; aber sobald ich es beschreiben soll, weiß ich es nicht mehr. Der Versuch, Intelligenz zu definieren, wird um so schwieriger, je genauer man versucht, den Begriff einzukreisen. In der Psychologie wird fast zwangsläufig eine anthropozentrische Sichtweise verfolgt, weshalb die aus der Psychologie stammenden Definitionen meist an die Fähigkeit gebunden sind, Sprache zu besitzen. Damit sind Tiere von vornherein fast völlig ausgeschlossen. Nun zeigen allerdings schon die klassischen Untersuchungen von Wolfgang Köhler an Schimpansen, daß auch Tiere durchaus neue Lösungen für ein gegebenes Problem finden können. Den Schimpansen wurden zum Beispiel mehrere Kisten in den Käfig gestellt und Bananen so hoch aufgehängt, daß sie nur erreicht werden konnten, wenn zwei dieser Kisten an der richtigen Stelle aufeinandergestellt wurden. Nach einigem Hin- und Herblicken zwischen den Kisten und der Banane stellte der Schimpanse tatsächlich zwei Kisten aufeinander und holte die Banane herunter. Um von einer möglicherweise zu einseitig auf den Menschen bezogenen Sichtweise wegzukommen, scheint es deshalb sinnvoll zu sein, einen Zugang zu wählen, der nicht von vornherein auf das Sprachverständnis gegründet ist.

[...] Besonders einfach ist es, sich über Lösungsstrategien zu einigen, die man als *nicht* intelligent bezeichnen sollte. Einen besonders einfachen Fall stellt ein System dar, das immer nur ein und dasselbe Verhalten ausführen kann. Dies gilt aber auch für Systeme, die eine Lösung dadurch finden, daß sie in Form einer vollständigen Suche systematisch alle möglichen zur Verfügung stehenden Kombinationen ausprobieren, entweder nach der Methode: Versuch und Irrtum, oder indem sie alle Lösungswege sozusagen in Gedanken durchprobieren, wie es bei den meisten Schachcomputern durchgeführt wird. Schwieriger ist es, wie wir gesehen haben, eine positive Definition zu finden. Wir wollen hierbei jedoch bewußt darauf achten, daß Fähigkeiten der rationalen Intelligenz, also begriffliches und logisches Denken, hier nicht als Grundvoraussetzung genannt werden.

Wir haben schon erwähnt, daß der Kontext, in dem ein System agiert, wichtig ist für die Bewertung seiner Intelligenz.

[...]

Das klingt selbstverständlich, wird aber wieder problematisch, wenn man dies auch auf das Individuum bezieht. Natürlich kann ich nicht sagen, daß ein Mensch, der aufgrund eines angeborenen kurzen Beines weniger geschickt laufen kann als andere, deshalb motorisch weniger intelligent sei. Wenn aber das sensorische und das motorische System normal ausgebildet sind und lediglich eine mentale Schwäche vorliegt, würde man das jedoch so bezeichnen. Man verwendet im Unterschied zum ersten Beispiel als Norm dann nicht den diesem Individuum, sondern den für die Art gegebenen Rahmen. Ob dies moralisch gerechtfertigt ist, bleibt hierbei offen.

Als zweites muß die zu lösende Aufgabe, das zu erreichende Ziel definiert werden. Ist es zum Beispiel wichtig, das Problem in möglichst kurzer Zeit, mit möglichst geringem Energieaufwand oder mit möglichst geringem Materialaufwand zu lösen, wobei letzteres natürlich in gewisser Weise mit dem Energieaufwand gekoppelt ist? Diese Sichtweise führt zu einer recht allgemeinen Beschreibung von Zielen durch sogenannte "Kostenfunktionen". Diese sind so konstruiert, daß ihre Minimierung gleichbedeutend mit der Lösung der vorgegebenen Aufgabe ist. Ein Beispiel hierfür ist die Suche nach der kürzesten Reiseroute, die eine Anzahl gegebener Städte verbindet. Eine geeignete Kostenfunktion hierfür ist die Summe der Weglängen aller Teilstücke der Reise. Die Frage nach der Route, die diese Funktion minimiert, ist offenbar gleichbedeutend mit der gestellten Aufgabe. Erst wenn also der Rahmen dieser subjektiven Umwelt und diese Kostenfunktion festliegen, kann man daran denken, den Intelligenzgrad verschiedener Lösungen für ein gegebenes Problem zu vergleichen.

Im folgenden soll nun eine vorläufige Liste von sich nicht ausschließenden Eigenschaften genannt werden, die vielleicht nicht in jedem Falle direkt mit dem Begriff Intelligenz in Verbindung gebracht werden, von denen aber doch vermutet werden kann, daß intelligente Systeme, das können Lebewesen oder Maschinen, aber auch Organe oder Organgruppen sein, sie besitzen sollten.

Ganz allgemein gesagt, sollten intelligente Systeme zu nützlichen, effizienten und robusten Verhaltensweisen führen.

Ein intelligentes System sollte *autonom* (wörtlich: sich selbst das Gesetz, die Regel gebend) sein, das heißt, es sollte nicht zu stark von von außen gegebenen Vorschriften abhängen, sondern vielmehr sein Verhalten weitgehend selbst bestimmen. Wobei es bei genauerer Betrachtung recht unklar ist, wer oder was dieses "selbst" eigentlich ist.

Weiterhin sollte ein intelligentes System *Intentionen* besitzen. Das heißt, es sollte sich selbst die Ziele seines Verhaltens auswählen und seine *Aufmerksamkeit* auf bestimmte Bereiche der Umwelt richten können, um dann entsprechend die auszuführenden Verhaltensweisen auszuwählen.

Ein intelligentes System sollte sich anpassen und aus Erfahrung lernen können. Ein Beispiel für eine einfache Form der *Anpassung* ist die Adaptation an variable Helligkeiten. Hierzu braucht das System nicht seine Struktur zu ändern; d. h., das Verhalten ändert sich, weil sich die Umwelt ändert. Beim Lernen neuer Verhaltensweisen, etwa dem bedingten Reflex, sind strukturelle Änderungen notwendig. Dies wird als Lernen im eigentlichen Sinne (assoziatives und nichtassoziatives Lernen) bezeichnet. Diese Fähigkeit zum Lernen und damit zu strukturellen Änderungen bedeutet, daß das System ein individuelles Gedächtnis besitzt.

Eine wichtige Eigenschaft von Intelligenz besteht auch darin, den Erfolg eines Verhaltens beurteilen zu können. Dies ist nützlich für das Lernen. Es kann, auf einer einfacheren Ebene, auch schon hilfreich sein, um Sackgassen im Verhalten zu vermeiden. Die Biene, die gegen eine Fensterscheibe fliegt, bis sie verhungert oder verdurstet ist, ist ein Beispiel dafür, daß solche Sackgassen nicht nur vorkommen, sondern sogar lebensgefährlich sein können.

Eine weitere wichtige Eigenschaft ist die Fähigkeit zur *Generalisierung.* Im einfachsten Fall bedeutet dies *Fehlertoleranz,* d. h., daß ein Signal, z. B. ein Buchstabe, auch dann als solcher erkannt wird, wenn kleinere Störungen vorliegen. Obwohl man bei dem Begriff der Generalisierung eher an die sensorische Seite, also die Aufnahme und Verarbeitung von Signalen denkt, kann ihr Vorliegen, wenn man einmal von Selbstbeobachtung absieht, nur über die Untersuchung des Verhaltens gemessen werden. Das Problem der Generalisierung könnte deshalb auch ein Problem des motorischen Systems sein. Man spricht, wenn man diese Seite betonen will, von Flexibilität des Verhaltens. "Motorische Generalisierung" liegt zum Beispiel vor, wenn Sie eine Türklinke entweder mit der Hand oder mit dem Ellbogen oder in besonders schwierigen Situationen gar mit dem Knie öffnen.

Eine Aufgabe der *Kategorienbildung* liegt vor, wenn aus einem Kontinuum von Signalen einzelne Bereiche als in sich zusammenhängend und getrennt von anderen Bereichen wahrgenommen werden sollen, wenn also auf einem Kontinuum Diskontinuitäten erzeugt werden müssen. Ein einfaches, weil eindimensional darstellbares Beispiel ist das Farbenerkennen. Die reinen Regenbogenfarben können auf einer kontinuierlichen Skala nach ihrer jeweiligen Wellenlänge angeordnet werden. Es ist für uns trotz dieses kontinuierlichen Zusammenhangs aber kein Problem, gewisse Bereiche als Rot und andere als Gelb zu bezeichnen, obwohl eine objektive Grenze nur willkürlich festzulegen ist.

Eine höhere Form der Kategorienbildung liegt vor, wenn neue, übergeordnete Einheiten gebildet werden, die nicht durch einen naheliegenden (direkten) physikalischen Zusammenhang definiert sind. So faßt z. B. der Begriff Möbel so unterschiedliche Objekte wie Tisch, Stuhl, Schrank oder Sofa zusammen. Diese Abstraktionsfähigkeit hat möglicherweise schon sehr viel mit Einsicht zu tun. Dabei ist diese Abstraktion nur dann ein Zeichen von Intelligenz, wenn das System die einzelnen Elemente wie Stuhl oder Tisch als solche erkennen und unterscheiden kann. Bei einem Kleinkind, das alle Tiere als "Wauwau" bezeichnet, liegt diese Unterscheidungsfähigkeit zwischen den Kategorien "Hunde" und "Katzen" möglicherweise noch nicht vor, obwohl das Kind vermutlich einen Hund und eine Katze oder auch zwei verschiedene Hunde durchaus voneinander unterscheiden kann. [...]

Ein anderes Problem, das ein intelligentes System lösen muß und das für fast alle Verhaltensweisen in der einen oder anderen Weise zutrifft, ist die Fähigkeit, zwischen Alternativen *entscheiden* zu können. Im allgemeinen gibt es eine Vielzahl von Möglichkeiten, eine bestimmte Verhaltensweise, z. B. Flucht, auszuführen.Redundante Situationen treten allerdings nicht nur im motorischen, sondern auch im sensorischen Bereich auf. Besonders deutlich ist dies im Fall mehrdeutiger Bilder, wie etwa beim Neckerwürfel oder bei den Bildern des Malers Escher.

Das System sollte "offen" sein insofern, als es nicht nur in eng definierten Umwelten, z. B. der eines Labors, überlebensfähig ist, sondern sich, im Rahmen der physikalischen Möglichkeiten, an unbekannte Situationen anpassen kann. Man wird im allgemeinen einem System um so mehr Intelligenz zubilligen, je größer die Zahl der Situationen ist, mit denen es umgehen kann.

Die vielleicht wichtigste Bedingung für das Auftreten von wahrer Intelligenz besteht in der Fähigkeit, Änderungen der Umwelt, z. B. als Folge eigener Aktivitäten, *vorhersagen* zu können. Diese Fähigkeit könnte schließlich zu einem System führen, das sich auf sich selbst beziehen und Bewußtsein haben kann.

Doch bleibt festzuhalten: Keine der oben genannten Definitionen, noch diese Sammlung von Eigenschaften befriedigen so richtig, was aufgrund unseres mangelnden Wissens auch kein Wunder ist. Als eine vernünftige Arbeitsgrundlage erscheint uns daher die folgende Alternative, der eine weitgehende Gleichsetzung von "autonom" und "intelligent" zugrunde liegt. Es handelt sich dabei um einen sehr vorsichtigen und allgemeinen Vorschlag, wie er etwa von L. Steels vorgebracht wurde und der verschiedene Vorzüge vereint. Er lautet:

Ein System ist intelligent, wenn es in einer gegebenen und einer sich ändernden Umwelt die Chancen seiner Selbsterhaltung im Vergleich zu seinem aktuellen Zustand verbessern kann.

Damit ist die Kostenfunktion als Wahrscheinlichkeit der Selbsterhaltung definiert, was der biologischen Sichtweise sehr nahe kommt. Diese Formulierung hat auch den Vorteil, daß man die oben beschriebene, etwas lästige Unterscheidung zwischen adverbialer und nominaler Intelligenz, zumindest zunächst, beiseite lassen kann.

Nun reizt ja aber gerade dieser Unterschied die Gemüter. Man kann sich sicher ohne Schwierigkeit vorstellen, daß ein System, sei es ein Tier im Laufe der Evolution oder eine künstliche Maschine durch technische Fortentwicklung, immer mehr Eigenschaften erhält, die ihm ein immer besseres Verhalten ermöglichen in dem Sinne, daß seine adverbiale Intelligenz stetig zunimmt. Die große Frage bleibt jedoch, wie es, was zumindest beim Menschen der Fall ist, dann dazu kommen kann, daß dieses System Intelligenz im nominalen Sinn erhält, daß es also nicht nur intelligent konstruiert ist, sondern daß es selbst Intelligenz besitzt. Ist dieser Übergang nur möglich, indem dem System durch das Wirken eines "göttlichen Atems" eine Seele eingehaucht wird, oder könnte es auch Erklärungen geben, die den Boden der naturwissenschaftlichen Gesetze nicht zu verlassen brauchen? Es gibt viele Beispiele dafür, die zeigen, daß ein Gesamtsystem Eigenschaften besitzen kann, die den einzelnen Komponenten des Systems nicht zukommen. Man spricht dann von *Systemeigenschaften* oder *emergenten Eigenschaften,*

Es ist deshalb nicht auszuschließen, daß ein System im Sinne einer Systemeigenschaft nominale Intelligenz besitzt, obwohl die Teilsysteme "nur" adverbiale Intelligenz vorweisen können.

Es könnte sein, daß über das Verständnis der Einzelphänomene sich das Problem der Definition von Intelligenz an sich weitgehend erübrigt, wie das auch mit dem Begriff "Leben" in den letzten Jahrzehnten geschehen ist. Anfang des Jahrhunderts befehdeten sich die Wissenschaftler noch im sogenannten "Mechanismus-Vitalismus"-Streit. Während die Mechanisten davon ausgingen, daß das Leben auf mechanische Ursachen zurückgeführt werden kann, waren die Vitalisten der Auffassung, daß, um ein Stück Materie zu einem lebenden Stück Materie zu machen, eine zusätzliche Kraft, die z. B. Entelechie genannt wurde, hinzukommen müsse, da Materie an sich tot sei. Inzwischen hat sich das Problem sozusagen von selbst erledigt. Wir haben eine relativ genaue Vorstellung von den Mechanismen, nach denen lebende Systeme funktionieren. Es bedarf hierzu keiner zusätzlichen Kraft. Das heißt aber nicht, daß die Definition des Begriffes Leben einfach oder eindeutig geworden ist, schon gar nicht angesichts von Übergangsformen wie Viren oder Prionen. Aber diese Unklarheit hinterläßt bei uns kein Gefühl des Unbefriedigtseins, keine gedankliche Lücke. Wir haben vielmehr das Gefühl, mental damit umgehen zu können, und damit zumindest im Prinzip verstanden zu haben, was Leben ist.

In diesen angenehmen Zustand könnten wir auch beim Studium des Problems Intelligenz gelangen.

Robert J. Sternberg

Wie intelligent sind Intelligenztests?

Intelligenztests haben sich sonderbarerweise seit ihrer Erfindung kaum verändert – wo bleibt da der Fortschritt? Robert J. Sternberg, IBM Professor für Psychologie und Erziehung an der Yale University in New Haven, USA, sieht die Ursachen in einem sich selbst bestätigenden Zirkelschluss des (US-amerikanischen) Erziehungssystems, in dem Elitepositionen nur nach Bestehen eines Intelligenztests zugänglich werden, ohne dass alternative Auswahlverfahren überhaupt noch auf ihren Wert geprüft werden. Der Autor will das Testen nicht abschaffen, sondern stellt alternative Intelligenztests vor, die erheblich mehr Fähigkeiten und Begabungen erfassen.

Typische Jugendliche in den USA verbringen mehr als fünftausend Stunden auf der Highschool und einige weitere tausend Stunden beim Lernen zu Hause oder in der Bibliothek. Über den Zugang zum College entscheiden dann jedoch weitgehend die ungefähr drei Stunden, die einer der üblichen Eignungstests dauert – meist der Scholastic Assessment Test (SAT) oder der American College Test (ACT). Nach vier Jahren kommen die Jugendlichen dann unter Umständen erneut in eine ähnliche Lage, sofern sie an eine Universität oder an eine medizinische, juristische oder Wirtschaftshochschule wechseln wollen.

Dabei steht viel auf dem Spiel. Richard J. Herrnstein und Charles Murray verweisen in ihrem Buch The Bell Curve – gemeint ist die Glockenkurve einer Gaußschen Verteilung – aus dem Jahre 1994 auf einen statistischen Zusammenhang zwischen den erzielten Punktwerten in solchen Tests und einer Vielzahl von Erfolgsmaßen, beispielsweise im Beruf.

Diesen Autoren zufolge bilden sich in den USA zwei Gruppen heraus: eine "kognitive Elite", die aus fähigen Personen auf angesehenen und lukrativen Arbeitsplätzen besteht, und ihr gegenüber eine größere Bevölkerungsgruppe mit geringeren Fähigkeiten und chancenlosen, schlecht bezahlten Jobs. Bei dieser Zweiteilung sei die unsichtbare Hand der Natur am Werke.

Größtenteils ist diese Hand jedoch weder unsichtbar noch naturgegeben. Die US-amerikanische Gesellschaft hat entschieden: Wer bei diesen weichenstellenden Tests gut abschneidet, dem wird der Zugang zu den besten Ausbildungsstätten und damit schließlich zu den besten Karrieremöglichkeiten gewährt. Andere Kulturen haben natürlich auch andere Kriterien herangezogen: die Kaste, der man von Geburt angehört, die Mitgliedschaft in der regierenden Partei oder die Religionszugehörigkeit. Eine Gesellschaft kann als Sesamöffne-dich nehmen, was ihr beliebt – sogar die Körpergröße, worauf in angesehenen Berufen dann sehr bald vergleichsweise große Menschen zu finden wären. (Seltsamerweise verwenden Amerikaner und viele Menschen anderer Gesellschaften dieses Kriterium bereits in gewissem Ausmaß.)

Warum nun haben sich die USA und andere Staaten für Fähigkeitstests als eine Weiche zum Erfolg entschieden? Sind das tatsächlich die Meßlatten, die man anlegen sollte? Die Antworten liegen in den Anfängen der Intelligenzmessung.

Die ersten wissenschaftlichen Ansätze zur Messung der Intelligenz stammen von Sir Francis Galton, einem Vetter von Charles Darwin. Der Arzt und Naturforscher betrieb zwischen 1884 und 1890 eine Einrichtung am South-Kensington-Museum in London, wo jedermann für wenig Geld seine Intelligenz prüfen lassen konnte. Leider waren Galtons Einzeltests schlecht gewählt. Beispielsweise bestimmte er mit einer eigens entwickelten Pfeife die höchste Tonhöhe, die jemand noch wahrnehmen konnte. Oder er legte mehrere Schachteln mit Gewehrpatronen vor, die lagenweise entweder mit Kugeln, Wolle oder Watte gestopft waren. Sie sahen alle gleich aus und unterschieden sich lediglich in ihrem Gewicht. Der Test bestand darin, sie in die Hand zu nehmen und dann die leichteren von den schwereren zu unterscheiden. Ein weiterer Einzeltest maß die Empfindsamkeit für den Duft von Rosenblüten.

James McKeen Cattell, Psychologe an der Columbia-Universität in New York, war von Galtons Arbeiten so beeindruckt, daß er sich 1890 ähnliche Tests ausdachte. Zu seinem Pech entschloß sich sein Student Clark Wissler zu prüfen, ob die dabei erzielten Leistungen tatsächlich irgendeine Bedeutung haben – insbesondere, ob sie untereinander oder mit den Schulnoten zusammenhängen. Nichts davon war der Fall. Wenn die Testergebnisse also weder die Schulleistung noch zumindest sich wechselseitig vorhersagen können, wozu sollten sie dann gut sein? Verständlicherweise schwand das Interesse an Galtons und Cattells Tests.

Der Franzose Alfred Binet hatte einen besseren Start. Er war beauftragt, eine Möglichkeit zur Vorhersage von Schulleistungen zu finden. Zusammen mit seinem Kollegen Theodore Simon entwickelte er einen 1905 veröffentlichten Intelligenztest: Gemessen wurden so Fähigkeiten wie Wortschatz ("Was bedeutet Misanthrop?"), Sprachverständnis ("Warum leihen sich Menschen manchmal Geld?") und das Finden von Beziehungen ("Was haben eine Orange, ein Apfel und eine Birne gemeinsam?"). Die Tests konnten die Schulleistung so erfolgreich vorhersagen, daß eine ihrer Varianten in den USA noch heute in Gebrauch ist: die vierte Auflage der Stanford-Binet-Intelliganzskala. (Der ergänzende Name bezieht sich auf die Universität Stanford, die Wirkstätte von Louis Terman, der eine berühmte Langzeitstudie an hochintelligenten Probanden initiierte.) Eine konkurrierende Testreihe, die Intelligenzskalen von Wechsler, mißt ähnliche Fähigkeiten. (Ihre deutschen Versionen sind der Hamburg-Wechsler-Intelligenztest für Erwachsene, HAWIE, beziehungsweise für Kinder, HAWIK).

Man darf dabei jedoch nie vergessen, daß Binets Auftrag sich auf Schulleistungen bezog – und insbesondere darauf abzielte, Kinder, die wirklich geistig zurückgeblieben sind, von solchen mit Verhaltensproblemen zu unterscheiden, deren Denkvermögen jedoch in Ordnung ist. Deshalb wurden und werden die Tests auch weiterhin so konstruiert, daß sie die Schulleistungen auf bestmögliche Weise vorhersagen.

Im Ersten Weltkrieg kam die Intelligenzmessung in den USA dann richtig in Schwung: Psychologen sollten ein für die Prüfung von Soldaten geeignetes Verfahren entwickeln. So entstand der verbale Test Army Alpha und der ergänzende Army Beta, bei dem die Teilnehmer statt sprachlicher pantomimische Anweisungen erhalten; beide wurden gruppenweise durchgeführt. (Inzwischen stehen Einzel- und Gruppentests zur Wahl, wobei erstere im allgemeinen die zuverlässigeren Meßwerte liefern.) Im Jahre 1926 hat Carl C. Brigham von der Universität Princeton (New Jersey) einen neuen Test konzipiert und eingeführt: den Vorgänger des heutigen US-amerikanischen Scholastic Assessment Tests. Er lieferte verbale und mathematische Kennwerte.

Kurz danach kam eine Reihe von Tests heraus, mit denen heute verschiedene Arten von Leistungen und Fähigkeiten gemessen werden, darunter der Intelligenzquotient (IQ), schulische oder akademische Begabung und ähnliche Konstrukte. Das Konzept des Intelligenz“quotienten” geht dabei bereits auf den deutschen Psychologen William Stern zurück, der 1911 das schon bei Binet bestimmte Intelligenzalter durch das jeweilige Lebensalter dividierte und mit 100 multiplizierte. Im Jahre 1939 definierte dann der in den USA tätige Psychologe David Wechsler den IQ anhand einer Standardisierungsstichprobe mit Normalverteilung; dabei setzte er den Mittelwert des IQ auf der Basis einer statistischen Normierung bei 100 an, mit einer Standardabweichung von 15. All diese Verfahren tragen zwar unterschiedliche Bezeichnungen, ihre Meßergebnisse korrelieren für gewöhnlich jedoch hoch, weshalb ich sie für die vorliegenden Zwecke etwas salopp als traditionelle Intelligenztests bezeichne.

Üblicherweise beträgt die Korrelation zwischen den Ergebnissen solcher Tests und den Schulnoten 0,4 bis 0,6 (wobei 0 einen minimalen, 1 einen maximalen positiven Zusammenhang ausdrückt). Statistisch gesehen ist das ganz respektabel, doch eine Korrelation von 0,5 bedeutet, daß ein Test lediglich etwa 25 Prozent der Variation in den Leistungen zwischen Personen zu erklären vermag (ermittelt wird dieser Anteil als Quadrat der Korrelation, hier also

0,52 = 0,25). Die restlichen 75 Prozent bleiben offen. Zur Schulleistung trägt somit weitaus mehr bei als nur der IQ.

Der Vorhersagewert der Tests verringert sich sogar noch, sobald es um Leistungen in späteren Lebensabschnitten geht, beispielsweise das Abschneiden im Beruf, das Gehalt oder, an erster Stelle, ob man überhaupt eine Arbeitsstelle findet. Allgemein liegen die Korrelationen dann nur knapp über 0,3, was bedeutet, daß die Tests ungefähr 10 Prozent der Leistungsvariation erklären, die bei den geprüften Personen zu beobachten sind. Somit bleiben die restlichen 90 Prozent unaufgeklärt. Hinzu kommt, daß der IQ nochmals an Vorhersagekraft verliert, wenn sich die untersuchten Bevölkerungsgruppen, die Situationen oder die Aufgaben ändern. Beispielsweise fand Fred Fiedler von der Universität von Washington in Seattle, daß unter stress-armen Bedingungen der IQ den Führungserfolg erwartungsgemäß vorhersagt. In stress-reichen Situationen dagegen zeigt sich eine negative Korrelation; ein hoher IQ ginge dann beispielsweise eher mit geringem Führungserfolg einher. Intelligenztests, darunter der “Stanford-Binet” und der “Wechsler”, können mehrere Punktwerte ausgeben. Aber läßt sich die Vorhersagekraft verbessern?

Es muß schon verwundern, daß angesichts der sprunghaften Fortentwicklung vieler Technologien, man denke nur an Computer und Kommunikationsmittel, die Intelligenzmessung fast so etwas wie eine einsame Ausnahme geblieben ist. Im Inhalt unterscheiden sich die Tests kaum von denen, die um die Jahrhundertwende eingesetzt wurden. Und schon 1966 beklagte der amerikanische Arbeitspsychologe Edwin E. Ghiselli, wie wenig sich die Vorhersagekraft von Intelligenztests in vier Jahrzehnten verbessert hätte. Mehr als 30 Jahre danach hat sich daran immer noch nichts geändert.

Dabei geht es durchaus besser. Zusammen mit Michael Ferrari von der Universität Pittsburgh (Kansas), Pamela R. Clinkenbeard von der Universität von Wisconsin in Whitewater und Elena L. Grigorenko von der Yale-Universität in New Haven (Connecticut) konnte ich zeigen, daß ein Test, der außer den konventionellen gedächtnisbezogenen und analytischen Fähigkeiten auch kreatives und praktisches Denken mißt, bei Highschool-Schülern die späteren Noten in einem psychologischen Einführungskurs besser vorhersagt. (Ein direkter Vergleich der Korrelationen zwischen diesem Test und traditionellen Formen ist nicht möglich, weil wir nur eine eingeschränkte Stichprobe sehr guter, von ihrer Lehranstalt ausgewählter Schüler untersucht haben.)

In dem breiter gefaßten Test mußten die Teilnehmer mathematische Aufgaben mit neu definierten Operatoren lösen, die eine flexiblere Art des Denkens erfordern. Weiterhin sollten sie auf Landkarten Routen planen und Aufgaben lösen, die sich auf persönliche Konfliktsituationen beziehen, die eine mehr an den Alltag gebundene, praktische Art des Denkens verlangen. Hier ein Beispiel:

In der folgenden Frage erhalten Sie Informationen über die Situation eines Studenten an der Highschool. Lesen Sie die Frage sorgfältig. Wählen Sie diejenige Antwort, die unter Berücksichtigung der speziellen Situation und der gewünschten Resultate die beste Lösung bietet.

Johns Familie war während seines vorletzten Studienjahres an der Highschool von Arizona nach Iowa umgezogen. Seit zwei Monaten besucht er nun die örtliche Highschool, hat aber noch immer keine neuen Freunde gefunden. Deshalb langweilt er sich und fühlt sich einsam. Eine seiner Lieblingsbeschäftigungen besteht darin, Geschichten zu schreiben. Was dürfte die beste Lösung für sein Problem sein?

A In der Redaktion der Schulzeitung mitarbeiten.

B Zu Hause mehr Zeit dafür aufwenden, Kolumnen für das Mitteilungsblatt der Schule zu schreiben.

C Seine Eltern davon zu überzeugen versuchen, wieder zurück nach Arizona zu ziehen.

D Einen Freund aus Arizona für einen Besuch während der Weihnachtsferien einladen.

(Die beste Antwort ist Alternative A.)

In ähnlicher Weise läßt sich die Kreativität messen. Beispielsweise habe ich zusammen mit Todd Lubart, der jetzt an der Universität Paris V "René Descartes" tätig ist, in einer anderen Untersuchung den Probanden mehrere Kreativitätsaufgaben gestellt. Sie sollten Kurzgeschichten zu bizarren Titeln wie "Die Turnschuhe der Tintenfische" oder "3853" schreiben, Bilder zu Themen wie "Die Erde aus der Perspektive eines Insekts" oder "Das Ende der Zeit" malen oder sich fesselnde Werbespots für Hemdfliegen, Türgriffe und andere profane Produkte ausdenken. Auch galt es, quasiwissenschaftliche Probleme zu lösen, etwa wie man getarnte Außerirdische unter uns ausfindig machen könnte.

Das Ergebnis dieser Forschungen:

Kreative Intelligenz ist relativ bereichsspezifisch – was bedeutet, daß in einem Bereich kreative Menschen nicht notwendigerweise auch auf anderen Gebieten kreativ sind.

Kreative Leistungen korrelieren nur schwach bis mäßig mit den Punktwerten traditioneller IQ-Messungen.

Die Bedeutung dieser breiteren Erfassung erstreckt sich auch auf das Lehren. Wurden Schüler so unterrichtet, daß sie ihr persönliches Fähigkeitsmuster optimal einbringen konnten, erreichten sie signifikant höhere Leistungen als Schüler, die traditionell, also unter Betonung der Gedächtniskomponente, unterrichtet wurden. Wie meine weiteren Forschungen zusammen mit Bruce Torff von der Hofstra-Universität in Hemstead (Bundesstaat New York) und mit Grigorenko ergaben, verbessern sich alle Schüler im Schnitt, wenn man sie lehrt, analytisch, kreativ und praktisch über den Lernstoff nachzudenken – selbst wenn danach nur das Behaltene abgefragt wird.

Interessanterweise waren die Jugendlichen mit höheren traditionellen, also gedächtnisbezogenen und analytischen, Fähigkeiten gewöhnlich Weiße, stammten eher aus der Mittel- und oberen Mittelschicht und besuchten häufiger "bessere" Schulen. Weniger einheitlich, was Hautfarbe, sozioökonomischen Status und Ausbildungsstätte anbelangt, waren hingegen Schüler mit höheren kreativen und praktischen Fähigkeiten. Es ergaben sich keine signifikanten Gruppenunterschiede. Wenn herkömmliche Tests oft solche Unterschiede finden und gewöhnlich zugunsten der weißen Schüler ausfallen, dann mag das zum Teil daran liegen, daß sie eben nur einem engen Bereich von Fähigkeiten gerecht werden.

Auch die Vorhersage der beruflichen Leistungen läßt sich verbessern. Wie ich zusammen mit Richard K. Wagner von der Universität von Florida in Tallahassee nachwies, können spezielle Tests für die praktische Intelligenz am Arbeitsplatz die Qualität der Berufsausübung mindestens ebensogut vorhersagen wie IQ-Tests – obwohl sie selbst nicht mit dem IQ korrelieren. In einem solchen Test wird etwa Managern gesagt, sie müßten binnen der nächsten drei Wochen eine Reihe von Aufgaben erledigen, hätten aber nicht die Zeit für alle und müßten deshalb Prioritäten setzen. Wofür entscheiden Sie sich? Ähnliche Fragenkataloge haben wir für Verkäufer und Studenten entwickelt, zuletzt auch – gemeinsam mit Psychologen der US-Militärakademie in West Point – für militärische Führungskräfte. Sie ersetzen zwar keine traditionellen Intelligenztests, welche die Berufsleistung ebenfalls vorhersagen, ergänzen sie aber.

Auch kulturell bedingte Präferenzen beeinflussen die Ergebnisse traditioneller Tests. Zusammen mit Kate Nokes und Ruth Prince von der Universität Oxford, Wenzel Geissler vom dänischen Bilharziose-Labor in Kopenhagen, Frederick Okatcha von der Kenyatta-Universität in Nairobi (Kenia) und Don Bundy von der Universität Cambridge haben Grigorenko und ich wiederum einen Test entwickelt: Diesmal ging es darum, die "landestypische" Intelligenz kenianischer Kinder in einem Bauerndorf mit einer ihnen angepaßten Aufgabe zu ermitteln: Sie sollten erkennen, wie man heimische Heilkräuter bei der Bekämpfung von Krankheiten anwendet. Außerdem absolvierten sie traditionelle IQ-Tests. Die Dorfkinder kannten viele der Pflanzen mit Namen und behandelten sich sogar durchschnittlich einmal pro Woche selbst. (Westliche Kinder wären hier natürlich überfragt.)

Ihre Punktwerte aus dem landestypischen Test korrelierten signifikant, aber negativ mit ihren Wortschatz-Resultaten aus den westlichen Tests. Mit anderen Worten: Kinder mit besseren Leistungen im ersten Fall schnitten schlechter im zweiten ab und umgekehrt. Das mag an der Neigung der Eltern liegen, entweder auf eine einheimische oder auf eine westliche Erziehung zu setzen, nicht aber auf beides, wobei sie ihren Kindern eben die jeweiligen kulturellen Werte vermitteln. [...]

Derzeit werden traditionelle westliche Tests in übersetzter Form überall in der Welt publiziert. Doch werfen die vorliegenden Forschungsergebnisse die Frage auf, ob es besonders sinnvoll ist, Tests einfach nur für andere Kulturen zu übersetzen. [...]

Angesichts der Unzulänglichkeiten traditioneller Tests würde manch einer gerne das standardisierte Testen völlig abschaffen. Meines Erachtens wäre dies aber falsch. Ohne objektive Testwerte liefen wir wahrscheinlich Gefahr, Faktoren überzubewerten, die keine oder nur eine geringe Rolle spielen sollten, sei es politische Nähe, sozioökonomischer Status oder einfach nur gutes Aussehen. Schließlich hat die Gesellschaft solche Tests ursprünglich eingeführt, um die Chancen für alle zu erhöhen – nicht um sie zu verringern.

Andere Fachleute wiederum würden gerne einzig und allein handlungs- und ausführungsbasierte Maße verwenden, zum Beispiel Kinder konkrete, wissenschaftliche Experimente durchführen lassen. Trotz ihres intuitiven Reizes unterliegen solche Meßgrößen kulturellen Verzerrungen nicht weniger als traditionelle Tests, und auch ihre statistische Zuverlässigkeit (Reliabilität) und Gültigkeit (Validität) stellen ein noch ungelöstes Problem dar.

Ein vernünftiges Vorgehen bestünde darin, traditionelle Tests weiterhin zu verwenden, sie aber um innovativere zu ergänzen, die teils bereits vorhanden sind und teils noch ausgearbeitet werden müssen. Im Gegensatz zu den meisten Branchen im technologischen Bereich investieren die – in den USA oft privatwirtschaftlich betriebenen – Testgesellschaften wenig oder gar nichts in die Grundlagenforschung, und ihre angewandten Untersuchungen dienen oft nur ihnen selbst. Angesichts des Monopols einiger weniger Firmen in der US-Testbranche und der Bedeutung von Tests sollte die Öffentlichkeit daran denken, diesen Firmen energisch nahezulegen oder sie sogar zu verpflichten, ihren Ansatz zu ändern. Alternativ könnte die Öffentlichkeit (wie es in Deutschland überwiegend der Fall ist) entsprechende Forschungen selbst finanzieren. Dabei sollten die Innovationen nicht bloß die Verfahren und Mittel der Testdurchführung betreffen (etwa die Computerisierung), sondern gerade die Inhalte der Tests. Es ist an der Zeit, die vorsintflutliche Phase des Testens zu überwinden. Über die Mittel verfügen wir; es bedarf allein des Wollens.

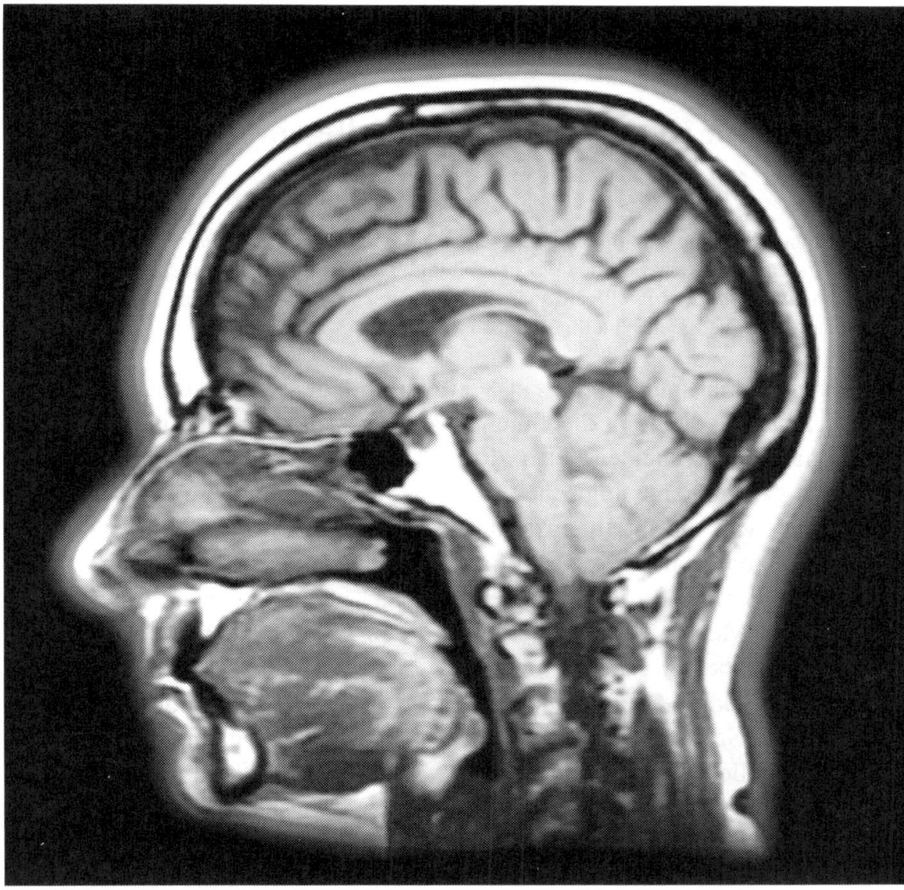

Dieter E. Zimmer

Das Erbe im Kopf: Gene und Intelligenz

Der Streit um Gene und Intelligenz ist entschieden, meint Dieter E. Zimmer, der als Reporter für die Wissenschaftsredaktion der Wochenzeitung "Die Zeit" schreibt. Intelligenz – genauer gesagt: das, was mit dem Intelligenzquotienten gemessen wird – ist erblich. Doch noch steht eine einheitliche Theorie der Intelligenz aus.

Es war einmal und ist erst ein Vierteljahrhundert her, daß sich die Menschen leichter als heute in die Guten, die Fortschrittlichen und die Bösen, die Reaktionäre, unterscheiden ließen. Ein Lackmustest dafür war eine Frage, die eigentlich gar keine ideologische sein sollte, sondern eine empirische: Meinst du, daß das, was die Intelligenztests messen, der IQ also, erblich ist? Wer ja antwortete, konnte nur ein Reaktionär sein, ein übler Biologist, gar ein Faschist. Die wenigen Professoren, die damals laut ja sagten und dies Ja mit empirischem Material untermauerten, wurden geschmäht, bedroht, geächtet. Wenn es ein Tabu gab: Dies war eins.

Der Pulverdampf von damals hat sich verzogen. Nur noch manchmal kommt es zu Scharmützeln alten Stils, nämlich immer dann, wenn es nicht um individuelle IQ-Unterschiede geht, sondern um die unterschiedlichen Durchschnitts-IQs einzelner Menschengruppen. Sonst herrscht Ruhe an dieser Front. Ist die Sache also entschieden?

Ja, im wesentlichen ist sie es – aber anders, als weite Teile der Öffentlichkeit bis heute meinen, in denen weiterhin der quasi offizielle Egalitätsglauben herrscht, welcher will, daß alle Unterschiede soziale Ursachen haben und durch soziale Veränderungen zu beheben sind.

Unter den zuständigen Wissenschaftlern nimmt sich die Frage viel weniger ungeklärt aus. Schon vor zehn Jahren machten ein Psychologe und ein Politologe, Mark Snyderman und Stanley Rothman, eine aufschlußreiche Doppelaufnahme. Bei 661 amerikanischen Psychologen und Pädagogen erfragten sie die Expertenmeinung zum IQ und seiner Erblichkeit; gleichzeitig eruierten

---

* zu 16. Dieter E. Zimmer: "Das Erbe im Kopf"
Gehirnschnitt im Computertomogramm, (Abb. S. 115)
"Wie auch immer man nennen will, was die IQ- Tests messen – sie messen etwas, das steht fest, denn die Meßwerte sind von einer in der Psychometrik wundersam raren Stabilität, und zudem besitzen sie heute wie damals genau das, weswegen die IQ-Tests Anfang des Jahrhunderts ersonnen wurden – Vorhersagekraft."

sie die öffentliche Meinung zum gleichen Thema. Während in den Medien alle Erblichkeitsberechnungen überwiegend als zweifelhaft bis unsinnig hingestellt wurden, waren 94 % der Experten überzeugt, daß es massive Beweise für eine beträchtliche Erblichkeit gibt. Was in den Medien immer noch als verdächtige Phantasterei galt – die Experten betrachteten es nahezu unisono als Faktum.

Als dann 1994 die Medien und auch viele Experten über die dubiosen politischen Folgerungen in Herrnstein/Murrays Buch "The Bell Curve" herfielen, setzte der amerikanische Psychologenverband APA einen elfköpfigen Ausschuß unter der Leitung des hochangesehenen Ulric Neisser ein, um zu rekapitulieren, was wissenschaftlich in der IQ-Frage nun eigentlich Sache sei. 1996 lag sein Bericht vor. Der lakonische Schluß stand nicht im Konjunktiv, und er wurde in keinem der 1997 publizierten Kollegenkommentare bestritten: *"Über alle normalen Umwelten in den modernen westlichen Gesellschaften hinweg hängt die Variation der Intelligenztestergebnisse zu einem beträchtlichen Teil mit individuellen genetischen Unterschieden zusammen."* Der Bericht nennt auch eine Zahl für diesen genetischen Beitrag, jene, auf die seit Anfang der achtziger Jahre alle Kalkulationen hinausgelaufen waren: 0,5.

Was bedeutet sie? Die "Erblichkeit" der quantitativen Genetik ist nicht, was sich die meisten darunter vorstellen. Eine Erblichkeit von 0,5 heißt keineswegs, daß der Mensch die Hälfte seines IQ dem Schicksal der Gene verdankt und die andere Hälfte der Gnade der Umwelt. "Erblichkeit" ist ein statistischer Wert, der sich überhaupt nicht auf das Individuum bezieht, sondern auf die in einer Population gemessenen Unterschiede. Individuell ist beides sozusagen zu hundert Prozent vonnöten, eine genetische Anlage und eine Umwelt, in der sie sich entfalten kann. Eine Erblichkeit von 0,5 besagt vielmehr: Die in der Population X gemessenen Unterschiede beim Merkmal Y (sei es die Körpergröße, die Haarfarbe oder der IQ) gehen zu fünfzig Prozent auf unterschiedliche Gene zurück; die andere Hälfte beruht auf nichtgenetischen Faktoren, vom Milieu im Mutterleib bis zum Lebensstandard, die unter dem Allerweltswort Umwelt zusammengefaßt werden.

Die Erblichkeit ist also keine Naturkonstante, der man durch genauere Messungen immer näher käme. Sie ist ein empirischer Wert, der für jede untersuchte Gruppe anders ausfallen könnte, tatsächlich aber in einem recht engen Bereich zu liegen scheint. Eine hohe Erblichkeit bedeutet auch nicht, daß das betreffende Merkmal prinzipiell unabänderlich ist, sondern nur, daß sich für einen Großteil der Unterschiede nicht die Unterschiedlichkeit der Lebensbedingungen verantwortlich machen läßt. Erblich im engen Sinne heißt noch nicht einmal: jedem Lernen entzogen. Die Größe des Wortschatzes, den einer hat, ist weitgehend erblich; trotzdem muß natürlich jedes Wort gelernt werden. Jede Anlage braucht eine Umwelt.

Einige Studien ergaben irritierenderweise eine wesentlich höhere Erblichkeit. Warum, wurde erst in den vergangenen Jahren klar. Die allermeisten IQ-Tests, auf denen die Erblichkeitsberechnungen beruhen, wurden jungen Leuten vorgelegt, Schülern, Studenten, Rekruten. Die höhere Erblichkeit (0,6 bis 0,8) fand sich bei älteren Testgruppen. Entgegen allem, was man erwarten würde, scheint nämlich beim IQ die Erblichkeit mit steigendem Alter nicht etwa ab-, sondern zuzunehmen. Offenbar führen die "Pfeil' und Schleudern des wütenden Geschicks", die einem jeden im Laufe seines Lebens zusetzen, gerade *nicht* zu einer Erhöhung der umweltbedingten Varianz. Im Gegenteil, jeder sucht sich offenbar spätestens mit dem Erwachsenwerden nach Möglichkeit genau jene Umweltbedingungen, die seiner genetischen Anlage die freieste Entfaltung lassen. "Die Erblichkeit steigt in Umwelten, die den vollen Ausdruck des Genotyps erlauben und nimmt in restriktiven Umwelten ab" (H. H. Goldsmith).

In der Jugend 0,5 und später mehr – ist das viel oder wenig? Klar ist, daß bei den IQ-Unterschieden die Erbanlage nicht alles ist, irgend etwas in den üblichen Umwelten der modernen Welt hat ein gewichtiges Wort mitzureden. Insofern hätten beide recht bekommen, die "Biologisten" wie die "Soziologisten", und das Entweder-Oder war ein Holzweg. Aber während die nichtgenetische Varianz (so nennt die Fachsprache das Ausmaß der Streuung um einen Mittelwert) beim IQ auf eine Vielzahl unterschiedlicher Umweltfaktoren zurückgeht, von denen viele bisher nicht erkannt oder auch nur erahnt wurden, sind die fünfzig genetisch zu erklärenden Varianzprozente ein ziemlich dicker Brocken – mit Abstand der größte einzelne Faktor, der die IQ-Unterschiede mitbestimmt. Und während jede Erblichkeitsberechnung ihrem Wesen nach immer auch eine Berechnung der Umweltlichkeit ist, die Verhaltensgenetiker also nie Probleme hatten, den signifikanten Beitrag der Umweltbedingungen anzuerkennen, schauderte das rabiate Umweltlager stets bei dem Gedanken, daß die Biologie bei Dingen wie der Intelligenz und anderen mentalen Eigenschaften irgendein Wort mitzureden haben sollten. Dieser Schauder: Er ist obsolet.

Die Zeit sei reif für eine "moderne Synthese", schrieb der angesehene Entwicklungspsychologe Jerome Kagan. "Die unterschiedlichen Kognitions-, Verhaltens- und Gefühlsprofile des Menschen sind das Resultat einer Verbindung biologischer Variation mit Sequenzen von Umwelterfahrungen." In den Zeiten der IQ-Kriege brachte die Zumutung seiner Erblichkeit den IQ in Verruf. Die Folge war, daß der praktische Einsatz von IQ-Tests – wohl zu Recht –

stark zurückging. Sie mögen ja etwas messen, hieß es damals, aber es ist nichts von Belang. Wenn der IQ aber nichts von Bedeutung maß oder gar ein "Fehlmaß" war (Stephen Jay Gould), braucht einen auch seine Erblichkeit nicht zu beunruhigen. Ob es Intelligenz ist, was er in einer Zahl ausdrückt, ist heute so unklar wie damals – schon darum, weil jeder frei ist, sich unter Intelligenz vorzustellen, was er will. Und deren neurophysiologisches Substrat kennt man auch heute noch nicht viel genauer. Fakt ist jedoch heute wie damals: Sofern sie irgendeine Art von komplexer denkerischer Tätigkeit verlangen, korrelieren alle Testaufgaben, die sich die Psychologen auszudenken imstande waren – wer bei der einen Art gut abschneidet, wird wahrscheinlich bei der anderen nicht versagen. Es ist, als läge allem Denken ein gemeinsamer Faktor zugrunde (auch g genannt, für *general intelligence)*, auf dem die speziellen Intelligenzen aufbauen. Vielleicht ist dieser g-Faktor nur ein Kunstprodukt der Tests, vielleicht aber gibt es wirklich eine einheitliche denkerische Basisfähigkeit des Gehirns, und vielleicht hängt sie mit dessen Verarbeitungsgeschwindigkeit zusammen – bis dato offene Fragen.

Es ist jedoch ein Mißverständnis, daß die Naturwissenschaft nur Phänomene untersuchen könnten, die klar definiert sind. Die Definition mag sich erst ganz am Ende finden. Noch steht die große einheitliche Intelligenztheorie aus. Wie auch immer man nennen will, was die IQ-Tests messen – sie messen etwas, das steht fest, denn die Meßwerte sind von einer in der Psychometrik wundersam raren Stabilität, und zudem besitzen sie heute wie damals genau das, weswegen die IQ-Tests Anfang des Jahrhunderts ersonnen wurden – Vorhersagekraft. Die Korrelation zwischen IQ und Schulerfolg beträgt 0,55. Leistungsunterschiede und die Länge der Schullaufbahn gehen zu je 30 Prozent auf IQ-Unterschiede zurück. Auch noch etwa 25 Prozent der Varianz beim Berufserfolg erklären sie. Das heißt einerseits, daß zum Erfolg in Schule und Beruf sehr viel mehr gehört als ein hoher IQ, andererseits aber auch, daß der IQ der stärkste einzelne Prädiktor für ihn ist, und daß man in viele Berufe eben nicht ohne einen gewissen IQ hineinkommt.

Schließlich die Frage, ob IQ-Tests die Intelligenz messen und was diese eigentlich sei. Wie Snyderman/Rothman in ihrem Buch zeigten, verunsichert sie die Experten viel weniger als die Öffentlichkeit. Diese haben keinesfalls völlig verschiedene Vorstellungen von der psychometrischen Intelligenz. Fast einhellig waren sie der Ansicht, daß die Tests recht gute Meßinstrumente für abstraktes Denken, Problemlösungs- und Lernfähigkeit sind, aber nicht für Dinge wie Kreativität, Leistungsmotivation oder Wahrnehmungsschärfe. Wie weit eine Definition der Intelligenz greifen sollte, darüber gehen die Meinungen auseinander. Was ihren Kern ausmacht, darüber herrscht nahezu Konsens.

Die "biologistischen" Grundannahmen aus der Zeit der IQ-Kriege sind der "soziologistischen" Kritik nicht erlegen; sie stehen heute fester da als damals. Ein ideales Maß ist der IQ gewiß nicht, es gibt bisher nur kein besseres. Und da die Gene sich einen gewissen Respekt verschafft haben, erscheint es der Öffentlichkeit heute nicht mehr so abenteuerlich wie damals, ihnen einen Einfluß sogar auf unsere Denkfähigkeit zuzutrauen. In manchen intellektuellen Kreisen ist die Verdammung des IQ noch heute so gang und gäbe wie damals. Aber sie war so voreilig wie vordem seine Vergötzung.

Kenneth M. Ford und Patrick J. Hayes

Künstliche Flügel für denkende Maschinen?

Kenneth M. Ford (Direktor des NASA Center of Excellence for Information Technology) und Patrick K. Hayes, (Institute for Human and Machine Cognition an der Universität von West Florida und ehemaliger Präsident der US- amerikanischen Vereinigung für Künstliche Intelligenz) vergleichen das Projekt der Künstlichen Intelligenz mit dem maschinengestützten Fliegen. Erst als der Mensch sich von der Vorstellung gelöst hatte, er müsse den Flug von Vögeln imitieren, gelang es ihm zu fliegen. Das Projekt der Künstlichen Intelligenz sei zu lange mit der Simulation menschlicher Intelligenz identifiziert worden. Sie sollte eher als Mittel betrachtet werden, die Möglichkeiten menschlicher Intelligenz auszudehnen.

Nach Auffassung vieler Philosophen und humanistisch geprägter Denker ist das ehrgeizige Streben nach der künstlichen Intelligenz (KI) gescheitert. Bedeutende Kritiker argumentieren, es sei unmöglich, eine wirklich intelligente Maschine zu konstruieren, und liefern sogar mathematische Beweise dafür. Gleichwohl blüht und gedeiht das Forschungsfeld. "Intelligente Geräte" (*smart machinery*) gehören zur Infrastruktur unserer Informationsgesellschaft, und in wesentlichen Bereichen der Psychologie und der Neurowissenschaften ist es inzwischen üblich, unser eigenes Gehirn als eine Art biologischen Computer aufzufassen.

Dieser Widerspruch zwischen Anfechtung in der Theorie und Erfolg in der Praxis hat eine historische und sehr erhellende Parallele: das Fliegen. Jahrhundertelang galt das Unterfangen, eine flugfähige Maschine zu bauen, als größenwahnsinnig oder gar gotteslästerlich, jedenfalls hoffnungslos. Offensichtlich ist das Problem aber gelöst worden – nur anders, als sich Befürworter und Kritiker das vorgestellt hatten. Analog wäre zu vermuten, daß das Ziel der KI nicht im Prinzip unerreichbar ist, sondern nur in der Form, in der man es sich gegenwärtig vorzustellen pflegt: eine Maschine zu bauen, die den menschlichen Geist imitieren kann. Allgemein ist die Analogie zwischen dem Flugvermögen und dem Denkvermögen außerordentlich fruchtbar und unerwartet weitreichend, wie wir im folgenden demonstrieren wollen.

Fliegen war ein jahrtausendealter Menschheitstraum. Und jahrhundertelang galt unter Laien wie Gelehrten für selbstverständlich, daß die Menschen, wenn überhaupt, so fliegen müßten wie die Vögel. Folglich gedachte man, bewegliche Flügel über ein Gestell oder unmittelbar am menschlichen Körper anzubringen. Da das Fliegen den Vögeln beneidenswert leicht fällt, lag es nahe, nach einem Geheimnis ihrer Kunst zu suchen. Manche behaupteten, in der

Vogelfeder stecke so etwas wie eine wesenseigene "Leichtigkeit". Die Optimisten verwiesen auf grundsätzliche Ähnlichkeiten im Körperbau von Vögeln und Menschen, während ihre Gegner solche Vergleiche für herabsetzend, unmoralisch oder verfehlt erklärten. Dennoch gingen beide Seiten davon aus, daß Fliegen eine Nachahmung des Vogelflugs zu sein hätte.

Noch 1900 bestand der Autor eines Artikels in der Zeitschrift "English Mechanic" darauf, daß die "echte Flugmaschine in jeder Hinsicht ein künstlicher Vogel sein wird". Ende des 19. Jahrhunderts wurde ein Patent auf einen mit Federn besetzten "Fluganzug" eingereicht, und flugmechanische Abhandlungen diskutierten bis ins frühe 20. Jahrhundert hinein ernsthaft die Flügelschlagtechnik.

Nun ist Intelligenz etwas Abstrakteres als Flugvermögen, doch die – nach herkömmlicher Auffassung – langfristigen Ziele der KI folgen demselben Schema, nämlich Imitation des biologischen Vorbildes. Als der britische Mathematiker Alan M. Turing (1912–1954) in einem Artikel 1950 erstmals die Möglichkeit einer künstlichen Intelligenz diskutierte, steckte er der Forschung als Fernziel die zu jener Zeit plausibelste Nagelprobe menschlicher Intelligenz: das Bestehen in einem Zwiegespräch. Was später unter dem Namen Turing-Test bekannt wurde, ist folgende Situation: Ein menschlicher Gutachter führt – über Fernschreibleitungen, damit die körperlichen Eigenschaften keine Rolle spielen – eine Konversation mit einem menschlichen und einem Computerpartner, mit dem Ziel, herauszufinden, wer der Mensch und wer die Maschine ist. Zu diesem Zweck darf er das Thema nach Belieben wählen und wechseln. Eine erfolgreiche Maschine müßte alle Wendungen so nachvollziehen, daß sie derart überzeugend plaudern könnte wie ihr menschlicher Gegenpart. Dazu müßte sie Sprache und gewisse Konventionen der Kommunikation verstehen und allgemeine logische Schlüsse aus Gesagtem ziehen können. Wenn nach einer angemessenen Zeit der Gutachter die Maschine nicht als solche erkennt, hat sie den Test bestanden. Sie ist einem Menschen menschlich vorgekommen.

Ob Turing seinen Test so ernst genommen hat wie seine Epigonen, ist nicht ganz klar. Aber abgesehen von einigen Differenzen über die genauen Spielregeln steht sowohl in Fachkreisen als auch unter Laien außer Frage, daß irgendeine Form des Turing-Tests das Endziel der KI-Forschung sei. So oder so ähnlich steht es auch in den meisten Lehrbüchern. Erfolg wird gleichgesetzt mit der getreuen Imitation des natürlichen Vorbilds: beim Fliegen der Vogel, bei der Intelligenz der Mensch.

Wir sind der Überzeugung, daß der Turing-Test allerdings größeren Schaden verursacht hat, als selbst seine Kritiker glauben. Er hat zu einem weitverbreiteten Irrglauben über die eigentlichen Ziele unseres Forschungsgebietes geführt. Er ist schlecht geplant, denn die subjektive Entscheidung des Gutachters hat ein zu großes Gewicht. Das dahinter stehende Ziel ist fragwürdig: Wozu müssen wir menschliche Intelligenz imitieren? (Sie wächst auf natürlichem Wege in ausreichender Menge nach.) Das Versuchsergebnis ist hoffnungslos kulturabhängig. Ein Gesprächsverlauf, den ein – sagen wir – deutscher Gutachter noch einem vielleicht etwas ungelenken menschlichen Partner zuschreiben würde, wäre für einen Japaner oder Mexikaner eindeutig maschinenmäßig. Turing selber merkte an, auch ein Mensch könne beim Test durchfallen – allein durch zu hohe Intelligenz. Wer extrem schnell Kopfrechenaufgaben löst, kann leicht mit einer Maschine verwechselt werden.

In dem erstmals 1991 im Computermuseum in Boston ausgerichteten Loebner-Wettbewerb, einer Art Turing-Test, stuften laut Zeitungsmeldungen einige Mitglieder der Jury eine anonyme Versuchsteilnehmerin als Maschine ein – weil sie lange, informationsreiche und wohlformulierte Texte lieferte. Offensichtlich gilt diese Fähigkeit in Teilen unserer Kultur als eher nichtmenschlich.

Im Rückblick wird klar, daß die größte Schwäche des Tests in seiner willkürlichen Beschränkung auf eine biologische Art liegt. Er legt vorab fest, daß die höchste Form der Intelligenz die menschliche sei und diese als Vergleichsmaßstab für alle anderen Formen zu gelten habe. Niedrigere, andersartige oder gar stärkere Formen werden nicht gewertet.

Aus diesem Grunde verwerfen mittlerweile die meisten KI-Forscher die Zielvorgabe des Turingtests. Sie suchen vielmehr nach den informatischen Grundlagen der Intelligenz (*the computational machinery of intelligence*) an sich. Deren Erscheinungsform – Hund, Mensch oder Außerirdischer – ist dabei unmaßgeblich. Forschungsziel der KI ist nunmehr, einerseits theoretisch Intelligenzleistungen als eine Art Rechenleistung (*computation*) zu begreifen, andererseits Maschinen zu bauen ("angewandte KI"), die in ausgewählten Bereichen und mit praktischem Nutzeffekt menschliche geistige Fähigkeiten erweitern und übertreffen. Der Versuch, einen menschlichen Dialog zu imitieren, trägt weder zum einen noch zum anderen Ziel Wesentliches bei.

Ohnehin ist kaum ein Forschungsvorhaben direkt auf das Bestehen des Turing-Tests ausgerichtet. Vielmehr konstruiert man Maschinen, die lernen, sehen oder im Weltraum autonom navigieren können. Maßstab für Fortschritte in der KI ist nicht mehr die Menschenähnlichkeit ihrer Produkte. Die Kritiker, die beklagen, daß die Forschung Turings Vorstellungen nicht wesentlich nähergekommen sei, haben ja recht – aber das ist belanglos.

Nach unserer Meinung sollte der Turing-Test in die Geschichtsbücher verbannt werden. Mit ihm ein Lehrbuch über KI zu eröffnen ist so, als würde man eine Einführung in die Aerodynamik mit der Erklärung beginnen, es gehe darum, eine so taubenähnliche Maschine zu bauen, daß selbst eine Taube darauf hereinfallen würde.

Die Geschichte des menschlichen Fliegens kann den KI-Forschern eine Lehre sein. Erst als man von dem Leitbild des Vogelkörpers abließ und statt dessen über Dinge wie Luftdruck und Strömungsgeschwindigkeit nachdachte, kam man einem flugfähigen Apparat näher. Die Brüder Orville (1871 – 1948) und Wilbur (1867 – 1912) Wright, die 1903 am Strand von Kitty Hawk (North Carolina) das erste Motorflugzeug überhaupt in die Luft brachten, hatten Möwen im Gleitflug beobachtet und kamen dadurch auf die Idee, ihr Flugzeug durch Anstellen der Tragflächen zu steuern. Aber sie versuchten eben nicht, den Möwenflügel nachzubauen! Ausgehend von ersten Versuchen mit einem Kastendrachen kümmerten sie sich um ausreichenden Auftrieb, Längs- und Querstabilität, Steuerung und schließlich den Vortrieb samt Motorkonstruktion – ein Problem nach dem anderen. Am Ende konnte man ihr Werk in keiner Hinsicht mit einem Vogel verwechseln, weder in der Form noch in der Funktion. Ein Flugzeug kann nicht auf einem Baum landen, im Flug einen Fisch aus dem Meer fangen oder fast regungslos im anströmenden Wind verharren wie eine Möwe. Aber dafür kann es 13000 Meter hoch steigen oder schneller als der Schall fliegen.

Für die KI bedeutet das: Man soll nicht versuchen, menschliches Verhalten zu imitieren, sondern intelligentes Verhalten in einem allgemeineren Sinne hervorzubringen. KI-Programme sind oft Bestandteile größerer Systeme, die selbst nicht als intelligent bezeichnet werden. Hunderte solcher Anwendungen sind bereits in Gebrauch. Sie liefern Empfehlungen zur Geldanlage oder medizinische Diagnosen, planen Truppenbewegungen und Nachschub im Krieg, stellen den Zeitplan zur Außenhautreinigung des Space Shuttle auf oder helfen, den Mißbrauch von Kreditkarten aufdecken. Sie treffen Expertenentscheidungen, extrahieren sinnvolle Muster aus komplexen Datensätzen und verbessern ihre Leistungen durch eigenständiges Lernen.

Einem Menschen, der Vergleichbares leistet, würden wir Verantwortungsbewußtsein, Erfahrung und Urteilsvermögen bescheinigen. Dabei wäre für viele der genannten Aufgaben ein Mensch sogar ungeeignet: zu langsam, zu unzuverlässig, zu leicht ablenkbar. Unsere intelligenten Maschinen übertreffen uns schon jetzt in vielerlei Hinsicht. Die besten Computeranwendungen – darunter insbesondere KI-Programme – sind so nützlich, weil sie so un-menschlich sind. Wären sie Menschen wirklich ähnlich, wären sie ungefähr so unbrauchbar wie ein taubengleiches Flugzeug.

Eine weitere Erkenntnis ist unserer Analogie zu entnehmen: Häufig eilt die

Technik der Theorie voraus. Die Konstrukteure der ersten Flugmaschinen hätten die Prinzipien der Aerodynamik nicht durch anatomische Untersuchungen des Vogelkörpers erlernen können. Die Evolution ist ein schlampiger Ingenieur. Lebewesen gleichen eher provisorischen Konstruktionen, zusammengesetzt aus umfunktionierten oder zu mehrfacher Funktion verwendeten Einzelteilen. Daraus grundlegende Prinzipien herzuleiten und diese in eine maschinelle Nachbildung umzusetzen ist schwer.

Die Aerodynamik als experimentelle Wissenschaft begann nicht mit dem Studium natürlicher Beispiele, sondern erst mit den ersten Windkanälen, in denen man künstliche Flügel systematisch untersuchen konnte. Heute ist uns selbstverständlich, daß ein Möwenflügel eine Art Tragfläche ist; aber Tragflächen wurden nicht nach dem Vorbild der Vogelschwinge konstruiert. Die Gebrüder Wright selbst haben nie richtig verstanden, warum ihr "Flyer" flog. Die aerodynamischen Eigenschaften der Tragfläche kamen erst ab 1909 ans Licht, als der französische Ingenieur Alexandre Gustave Eiffel (1832 – 1923) dicht mit Meßgeräten besetzte künstliche Flügel in einem Windkanal untersuchte. Gegen Ende des Ersten Weltkriegs kamen dann Flugzeuge mit modernen, dickeren Tragflächen auf – nachdem Experimente gezeigt hatten, daß der größere Querschnitt den Auftrieb stärker erhöhte als den Luftwiderstand. Wie andere Wissenschaftszweige bekam auch die Aerodynamik einen festen theoretischen Unterbau erst, als man kontrollierte Experimente an Teilen des Gesamtsystems durchführte. Sie wurde nicht am natürlichen, sondern am künstlichen System entdeckt.

Dieselben Argumente gelten für das Studium der menschlichen Intelligenz. Es ist wahrscheinlich aussichtslos, die dem Denken zugrundeliegenden informatischen Prinzipien zu ergründen, indem man die komplexen Denkabläufe eines Menschen verfolgt – so aussichtslos wie Aerodynamik am Vogelflug zu lernen. Der Erfolg der Gebrüder Wright ist nachträglich vor allem dem Umstand zugeschrieben worden, daß sie die komplexe Fähigkeit "Flugvermögen" gedanklich in die einfacheren Komponenten "Auftrieb", "Vortrieb" und "Stabilität" aufgliederten. Ganz entsprechend muß die Wissenschaft von intelligenten Systemen versuchen, bestimmte Teilaspekte des Denkens wie Gedächtnis, Such- und Assoziationsstrategien oder elementare Lernvorgänge zu isolieren und dann mit diesen, mit einem nach dem anderen, in künstlichen Systemen zu experimentieren. Indem wir an einzelnen Knöpfen dieser Teilsysteme drehen, versuchen wir zu ermitteln, welche geistigen Prozesse wie zu intelligentem Verhalten zusammenwirken.

Im Laufe des letzten Jahrzehnts hat sich in großen Teilen der KI-Forschung die Erkenntnis durchgesetzt, daß Fortschritt quantitativ meßbar sein muß, damit verschiedene Techniken vergleichbar werden. So ist die Effizienz unterschiedlicher Suchtechniken oder Schlußfolgerungsstrategien in großangelegten empirischen Studien zu untersuchen. In diesen Bereichen der KI sind die Computer unsere ersten Windkanäle zur Erforschung des Denkens.

Den Turing-Test als Meßlatte zu verwerfen mag wirken wie ein kleinlautes Aufgeben eines großen Ziels: eine "menschenähnliche" mechanische Intelligenz zu erschaffen. Wir sind überzeugt, daß ganz im Gegenteil die eigentlichen Ziele von KI weit höher gesteckt sind als die Imitation menschlichen Verhaltens. Es geht um eine informatische Wissenschaft von Intelligenz an sich, einerlei ob menschlich, tierisch oder maschinell. Dieser Anspruch ist nicht neu; schon die KI-Pioniere Allen Newell und Herbert A. Simon, der Kognitionsforscher Zenon Pylyshyn, der Philosoph Daniel C. Dennett und andere haben ihn in dieser Form vertreten. Aber der krasse Widerspruch zwischen ihm und dem Ziel, den Turing-Test zu bestehen, ist uns erst durch die Analogie mit der Geschichte des Fliegens aufgefallen. Wir gehen so weit zu sagen, daß selbst diejenigen unserer Kollegen, die immer noch das menschliche Denken imitieren wollen, dieses beschränkte Ziel mit unserer hier vertretenen Sichtweise eher erreichen werden als mit Turings Ansatz.

Die Prinzipien der Aerodynamik gelten für Flügel aller Art, natürliche wie künstliche. Entsprechend ist die informatische Sichtweise von Intelligenz – oder allgemeiner ausgedrückt geistiger Tätigkeit – auf künstliche wie natürliche denkende Systeme anzuwenden. Kognitive Psychologie und Psycholinguistik sind gleichsam die Erforschung des Vogelfluges in all seiner Komplexität, und KI-Forschung entspricht der Tätigkeit des Flugzeugingenieurs. Die Informatik liefert ihm die theoretischen Grundlagen und die moderne Rechnertechnik den Wind in seinem Meßkanal.

KI-Forschung ist – wie der größere Teil der gesamten Informatik – im wesentlichen eine empirische Disziplin. Ein Computerprogramm laufen zu lassen ist ein Experiment mit einem großen, komplexen Apparat, der teils aus Metall und Silizium, teils aus abstrakten Symbolen besteht, mit dem Ziel, die Gesetze zu ergründen, die das Verhalten dieses Kunstorganismus mit seiner inneren Struktur verknüpfen. Wie künstliche Flügel können solche KI-Systeme eigens für die Erforschung isolierter Aspekte konstruiert und hergerichtet werden. Während die Psychologie große Mengen an Versuchsobjekten und statistische Analysen heranziehen muß, um Teilaspekte eines eng verflochtenen Systems herauszuarbeiten, erreicht die KI-Forschung dasselbe durch schlichtes Hinschauen. Mit Hilfe von Computern können wir unmittelbar das entdecken und untersuchen, was Newell und Simon die "Gesetze qualitativer Strukturen" nennen.

Das hier skizzierte Bild von der künstlichen Intelligenz ist ausgereifter und der praktischen Nutzanwendung näher als die Vorstellungen, die Turing zu Gebote standen. Es handelt sich um eine Ingenieurswissenschaft; sie befaßt sich mit der Konstruktion kognitionsfähiger Maschinen auf der Grundlage der informatischen Sichtweise, die sich wie ein roter Faden durch die aktuelle Kognitionsforschung zieht. Turing hatte völlig zu Recht darauf bestanden, daß sein Test keinesfalls zur Definition von Intelligenz gedacht war. Gleichwohl hat er uns mit seinem Prüfstein speziell die menschliche Intelligenz als Ziel untergeschoben – und von ihr nur eine sehr spezielle Ausprägung: innerhalb eines gebildeten englischen Mittelstandsmilieus in einer Art Partyspiel eine gute Figur zu machen. Und doch wies er so den Weg zu einer Wissenschaft, die uns eine erweiterte und befriedigendere Gesamtschau der Intelligenz ermöglicht. [...]

Wenn wir unsere Analogie zwischen künstlichem Fliegen und künstlicher Intelligenz vorbringen, kommt häufig die Gegenfrage, was denn der Durchbruch, vergleichbar dem Flug der Gebrüder Wright von Kitty Hawk, sein solle und wann er stattfinden werde. Wir antworten mit Herbert Simon: Er hat längst stattgefunden. Computer erbringen tagtäglich Intelligenzleistungen, und das schon seit etlichen Jahren. Künstliche Intelligenz umgibt uns überall, nur weigern sich viele einfach, sie zur Kenntnis zu nehmen. Einige Beispiele unter Tausenden: KI-Systeme spielen Schach, Dame, Bridge und Backgammon auf Weltklasseniveau; sie komponieren, beweisen mathematische Sätze, erkunden die Aktivität von Vulkanen, berechnen die Preise von Optionsscheinen und Derivaten, fällen Entscheidungen über Kreditvergaben, steuern Einspritzpumpen in Automotoren und Prozesse in Stahlwalzwerken, übersetzen technische Handbücher und helfen Grundschulkindern beim Lesenlernen. In naher Zukunft werden sie Raumsonden in die Tiefen des Alls steuern, andere Planeten erkunden helfen und Lkws auf Autobahnen selbsttätig lenken.

Ist all dies denn wirklich "intelligent"? Die Leistung der KI-Systeme selbst ist so unstrittig wie die maximale Flughöhe oder -geschwindigkeit eines Düsenflugzeugs. Ob man sie allerdings "intelligent" nennt, ist wohl eher durch die Sozialisation als durch objektive Gründe bestimmt. Sowie eine Leistung automatisiert wird, verliert sie oft bereits dadurch ihren bisherigen Status als besondere geistige Leistung. Wir vergessen heute leicht, daß zu Turings Zeiten ein *computer*, ein *Rechner*, noch ein menschliches Wesen war, das sich mit Rechenarbeiten seinen Lebensunterhalt verdiente. Damals war unbestritten, daß Rechnen Intelligenz erfordert. Inzwischen ist ein Computer eine Maschine, und schnelles, korrektes Rechnen gilt nicht mehr als wesentliches Kennzeichen von Intelligenz. Was wir mit dem Wort "fliegen" verbinden – in einem bequemen Sitzplatz dösend mit mehreren hundert Stundenkilometern über den Wolken in einem Düsenflugzeug dahinzurasen –, wäre für unsere Vorfahren absolut unvorstellbar gewesen. Newcomb, übrigens einer der besten *Rechner* seiner Zeit, weigerte sich bis zu seinem Tode, das, was die frühen Flugzeuge taten, Fliegen zu nennen.

Turing hat seinen Test im wesentlichen mit dem Ziel ersonnen, fruchtlose Dispute über das wahre Wesen der Intelligenz zu vermeiden. Bemerkenswert hellsichtig rechnete er damals schon damit, daß viele Menschen niemals bereit sein würden, die Handlungen einer Maschine als "intelligent" zu bezeichnen, weil sie das als eine Eigenschaft ansehen, die dem Menschen vorbehalten sei. Aber das ist ein Streit um Worte. Es besteht kein Zweifel, daß die ersten Flugzeuge sich in einer gewissen Höhe und mit einer gewissen Geschwindigkeit über dem Boden bewegten. Ebenso wenig ist anzuzweifeln, daß Computer rechnen, Handlungspläne konstruieren, Erklärungen logisch kombinieren und Schach spielen können. Es kommt auf die Wirklichkeit an und nicht auf die Etiketten, die wir ihr ankleben. [...]

Gegenwärtig kann die Überzeugung, daß natürliche Intelligenzleistungen eine sehr komplexe Art von Rechnen sind, nur als Hypothese gelten. Wir sehen allerdings keinen guten Grund, warum ein geistiger Vorgang nicht auf diese Weise beschreibbar sein sollte. Es wird behauptet, die informatische Sichtweise könne niemals das Phänomen des Bewußtseins erklären. Wir glauben dagegen, daß sie unter allen gegenwärtig diskutierten Theorien über die Natur des Bewußtseins noch die größten Chancen hat. Andere Erklärungen führen das Bewußtsein auf mysteriöse physikalische Prozesse zurück, die möglicherweise auf Effekten der Quantenmechanik beruhen. Diese würden vielleicht von der Gravitationskraft des Gehirns beeinflußt oder gar von einer Kraft, die aus prinzipiellen Gründen der Wissenschaft nicht zugänglich ist. Es sieht nicht so aus, als könnten derartige Theorien erklären, wie ein physikalisches Gebilde, das Gehirn in unserem Kopf, sich der Welt und seiner selbst bewußt werden kann. Dagegen kann die KI-Theorie, welche die Geistestätigkeit als Berechnung auffaßt, im Detail beschreiben, wie Symbole eine Bedeutung für die Maschine erlangen können, die diese Symbole manipuliert, und so die Wirkungen der Maschine auf die Umwelt kausal beeinflussen können, ebenso wie sie selbst von der Umwelt beinflußt werden.

Das wissenschaftliche Ziel der KI ist, eine informatische Gesamtsicht der Intelligenz oder – allgemeiner – aller geistigen Fähigkeiten zu liefern, nicht nur der menschlichen. Wenn das gelingt, werden wir zwangsläufig der Einzigartigkeit menschlichen Denkens abschwören müssen – und dadurch imstande sein, es zu erweitern und zu verbessern. Turings Endziel – dem wir freudig zustimmen – war nicht die Beschreibung der Unterschiede zwischen denkenden Menschen und nichtdenkenden Maschinen, sondern ihre Beseitigung. Das bedeutet keine Herabwürdigung des Menschseins und schon gar nicht seine Bedrohung. Das Verständnis der komplexen Feinheiten der Luftströmung hat unseren Respekt vor den Vögeln und ihrem außerordentlichen Flugvermögen nicht gemindert, allenfalls erhöht.

Vielleicht hat das Fliegen etwas von seinem Zauber verloren, aber die ihm innewohnenden Schwierigkeiten und Subtilitäten sind ehrfurchtgebietend. Wir vermuten, daß auch die menschliche Intelligenz dereinst genauso betrachtet werden wird. Sollte sich unser Gehirn tatsächlich als eine Art biologischer Computer entpuppen, dann haben wir es wahrlich mit einem bemerkenswerten Computer zu tun.

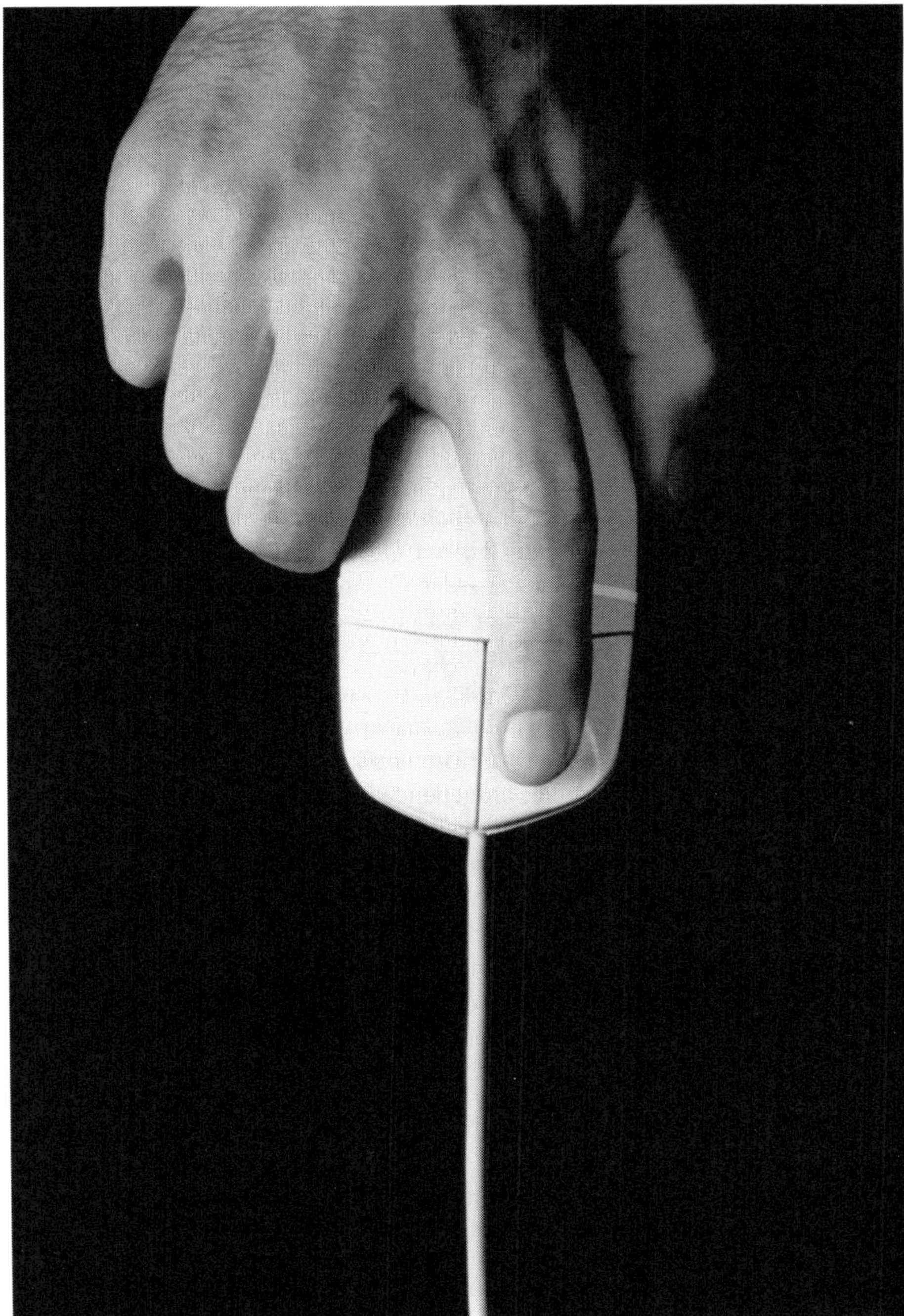

David Concar

Sie irren, Mister Spock

In der Kultserie "Raumschiff Enterprise" steht der Vulkanier Spock für die reine Vernunft. Gefühlsregungen sind ihm fremd. Menschliche Vernunft funktioniert jedoch nur, wenn Gefühle beteiligt sind. Was können die Entwickler kluger Maschinen mit dieser Erkenntnis anfangen, fragt David Concar in einem Bericht für die weltweit führende, im besten Sinne populärwissenschaftlich ausgerichtete Zeitschrift "New Scientist". David Concar ist stellvertretender Chefredakteur dieser britischen Wissenschafts-Zeitschrift.

Der 12. Januar 1997 markiert das 25. Jubiläum des literarischen Debüts von HAL, dem Computer-Star und rätselhaften Serienmörder von "2001: Odyssee im Weltraum". HAL ist eine empfindliche Seele mit einer Abneigung gegen Lügen, und im Finale tötet er alle bis auf einen der Besatzungskollegen aus Angst, dass ihm jemand den Stecker ziehen könnte.

Eine lebhaftere Warnung vor den Gefahren, Computer mit Gefühlen auszustatten, ist kaum vorstellbar. Und trotzdem: Wenn Rosalind Picard HALs Geburtstag in einem Erinnerungsbuch feiert, dann nicht, um bei der dunklen Seite von Arthur C. Clarkes Erzählung zu verweilen. Stattdessen propagiert diese Professorin für Informatik und Kommunikation am Massachusetts Institute of Technology eine rosigere, erdgebundene Vision von einer Welt, in der Computer wahre Gefühle zeigen würden.

Und was für eine Welt sie sich ausmalt! Tastaturen, Mausunterlagen, Drehstühle, was immer man sich vorstelle, sagt Picard, sie könnten alle eines Tages umgestaltet werden, um diese verräterischen kleinen Zeichen unseres Gefühlslebens aufzunehmen – vom Tipprhythmus und dem Tastendruck bis hin zu Hauttemperatur, Puls, Haltung und Gesichtsausdruck. Warum nicht – gerüstet mit all diesen Informationen – eine neue Generation "affektiver Computer" entwickeln?

---

* zu 18. David Concar: "Sie irren, Mister Spock"
Hand auf Maus, (Abb. S. 131)
"Tastaturen, Mausunterlagen, Drehstühle, sie könnten alle eines Tages umgestaltet werden, um diese verräterischen kleinen Zeichen unseres Gefühlslebens aufzunehmen – vom Tipprhythmus und dem Tastendruck bis hin zu Hauttemperatur, Puls, Haltung und Gesichtsausdruck. Warum nicht – gerüstet mit all diesen Informationen – eine neue Generation 'affektiver Computer' entwickeln?"

Man bedenke die Vorteile. Tragbare Geräte könnten rechtzeitig Hinweise über ihren Gefühlszustand an den Partner oder Ehegatten weitergeben. Sensibel auf Gefühle reagierende Ohren "wüssten", wann man bis zum Anschlag gestresst wäre und würden automatisch entspannende Musik einschalten. Computerisierte Lehrer würden einfühlsam auf die Bedürfnisse ihrer Schüler eingehen. Und die Simulation von Gefühlszuständen in Computer-Modellen könnte zukünftigen Therapeuten helfen, mehr über die möglichen Methoden zu lernen, mit gestörten Klienten umzugehen – so wie Flugsimulatoren beim Training von Piloten helfen.

Das mögen heute noch Höhenflüge der Fantasie sein, aber hinter der atemberaubenden Vision steckt ein ernsthafter Perspektivenwechsel im wissenschaftlichen Denken über Gefühle und die Rolle, die sie in den Maschinen der Zukunft spielen könnten. Viel von dem Impetus kommt von der zunehmenden Erkenntnis, dass Mister Spock etwas falsch verstanden hat: Weit davon entfernt, im Gegensatz zur Vernunft zu stehen, sind menschliche Gefühle wesentlich beim Fällen von Entscheidungen, beim Planen und Beurteilen. Wer sich trotzdem noch der Spockschen Sicht der Dinge verpflichtet fühlt, wird vielleicht von eindrucksvollen Verhaltensstudien an Menschen überzeugt, denen die Fähigkeit fehlt, das volle Spektrum der menschlichen Gefühle wahrzunehmen. Die Frage für Informatiker scheint offensichtlich zu sein: Werden Maschinen ohne Gefühle und Leidenschaften jemals in der Lage sein, effektiv zu denken und zu planen?

Antonio Damasio, ein Neurowissenschaftler an der Universität von Iowa, glaubt das nicht und beruft sich dabei auf Ergebnisse aus der Verhaltensforschung. In seinem Buch "Descartes' Fehler" erzählt Damasio die Geschichte von "Elliott", einem absolut normalen Mann, der sich in seinen Dreißigern einer Operation an einem Gehirntumor unterziehen muss. Die Operation ist erfolgreich, aber danach löst sich Elliotts Leben in einer Reihe von persönlichen und finanziellen Katastrophen auf. Ehen, Jobs, Beziehungen, geschäftliche Pläne – alles geht schief.

Intellektuell ist Elliott nicht behindert. Intelligenz- und Gedächtnistests enthüllen nichts Abnormales. Nur nach vielen Untersuchungen mit ausgefeilten psychologischen und physiologischen Tests entdecken Damasio und seine Kollegen die Wurzel von Elliotts Problem – eine Unfähigkeit sich effizient zu entscheiden oder vorauszuplanen, und sei es nur für einige Stunden.

Schließlich führen die Forscher diese kurzsichtige Unentschlossenheit auf eine seltsame Abwesenheit von Gefühl zurück, die wiederum aus einer Beschädigung des vorderen Teils der Hirnrinde resultiert. Elliott "weiß", aber er kann nicht "fühlen". Wenn er mit Bildern mit Blut besudelter Unfallopfer konfrontiert wird, weiß er verstandesmäßig, dass er bedrückt sein sollte – aber in Wirklichkeit fühlt er sich nicht bedrückt; sein Körper und sein Gehirn werden nicht von den üblichen neuronalen und chemischen Veränderungen ergriffen, die solche Gefühle begleiten. Ohne diese Veränderungen im Gefühl, um seine Gedanken zu leiten, so schließt Damasio, ist das Leben für Elliott eine Hölle der Unentschlossenheit. Ja, er kann endlos über jede Option grübeln; aber wenn es darum geht, die subtilen, inneren Werte und Neigungen des Gefühls wahrzunehmen, die notwendig sind, um tatsächlich zwischen verschiedenen Möglichkeiten zu entscheiden, fehlt ihm schlicht das "richtige Gefühl im Magen" oder der "Instinkt". Elliott, um Damasio zu zitieren, verhält sich "unvernünftig, wenn man sein Verhalten als Ganzes betrachtet."

Andere, noch subtilere neurologische Probleme sind kürzlich ans Licht gekommen, die einen Hinweis auf die lebenswichtige Rolle unserer Gefühle für unser Erkenntnisleben geben. Da ist zum Beispiel der sonderbare Einfluss der Gefühle auf das Gedächtnis oder das Lernen. Die meisten von uns können sich besser Geschichten oder Ereignisse ins Gedächtnis zurückrufen, die mit seelischen Erschütterungen oder verstörenden Details beladen sind. Vergangenes Jahr studierten Larry Cahill, ein Neurowissenschaftler an der Universität von Kalifornien in Irvine, und seine Kollegen jedoch einen Patienten, dessen Erinnerungsfähigkeit sich als völlig unbeeinflusst vom Gefühlsgehalt einer Geschichte herausstellte. Der Patient litt unter einer seltenen Erbkrankheit, die die Nervenverbindungen beschädigt hatte, die entscheidend für die Bewertung der gefühlsmäßigen Bedeutung unserer Erlebnisse sind. Damit beraubte die Krankheit die Gedächtnissysteme des Patienten jeder Fähigkeit zwischen Schmerzendem und Wohltuendem zu unterscheiden.

Die Einsicht aus solchen Fällen lautet, dass, wenn ein Zuviel an Gefühl Menschen unvernünftig und wahllos macht, ein Zuwenig ebenfalls denselben Effekt hat. Und es ist diese Einsicht, die sich Informatiker jetzt zu Herzen nehmen. Picard jedenfalls ist überzeugt, dass, sollten Computer wirklich effektiv im Fällen von Entscheidungen werden, "sie mit gefühlsartigen Mechanismen ausgestattet werden müssen, die mit ihren regel-basierten Systemen zusammenarbeiten." Reine Vernunft, glaubt sie, sei als platonisches Ideal ganz schön, "aber in erfolgreichen kognitiven Systemen, ist sie ein grober, logischer Schnitzer."

Die große Frage ist natürlich, wie man solche Überlegungen in die Praxis umsetzt. Wie stattet man Computer mit der Art von "Gefühlen" aus, die sie weniger wie Elliott und mehr wie normale Menschen erscheinen lassen?

Picard glaubt, dass Computer erst einmal darin unterrichtet werden müssen, Gefühlsäußerungen zu erkennen. "Menschen reagieren fast immer auf hoch gefühlsgeladene Ereignisse mit Gefühlen, entweder um sich in andere hinein zu versetzen oder um einen Ausgleich zu schaffen," sagt sie, also wird der intelligente Computer dasselbe machen müssen. Vor kurzem haben Picard und ihre Kollegen am MIT "Sichtwerkzeuge" für den Computer entwickelt, um Video- und Filmcuttern zu helfen, nach bestimmten Arten von Bildern in ihrem Material zu suchen. Wenn ihre Algorithmen zum Beispiel gelernt haben, wie Häuser und Bäume typischerweise aussehen, können sie lernen, ähnliche visuelle Formen in anderen Bildern zu identifizieren. Vor allem aber lernen sie nicht nur die grundsätzliche visuelle Form kennen, sondern auch wie diese Formen wechseln und sich von Bild zu Bild verändern.

Aber warum hier anhalten, fragt Picard. Warum nicht auch Suchwerkzeuge entwickeln, die von Menschen trainiert werden können, um nach der spannendsten, bewegendsten oder lustigsten Sequenz eines Videos zu suchen? "Wenn ich vor ein paar Jahren jemanden all das hätte vorschlagen hören, hätte ich ihn wahrscheinlich abgeschrieben," sagt sie. Schließlich "hören sich Gefühle nach Heulsusen-Wissenschaft an."

Natürlich ist die Entwicklung von Maschinen, die die äußeren physischen Anzeichen von Gefühlszuständen wahrnehmen, nicht dasselbe, wie der Bau von Maschinen, die irgendetwas über Gefühlszustände "wissen", geschweige denn welche, von denen man sagen könnte, dass sie "fühlten". "Ein Computer kann Ihren Fingerabdruck identifizieren, ohne dass er irgendetwas über Finger und wie sie Abdrücke hinterlassen, weiß," betont Aaron Sloman, Professor für Künstliche Intelligenz und Kognitionswissenschaft an der Universität von Birmingham. Über die Jahre hat Sloman eine Serie von wissenschaftlichen Artikeln verfasst, die das Problem behandeln, wie man Gefühlszustände simuliert – nicht, wie man sie wahrnimmt. Und seine Schlussfolgerung ist provozierend: Eines Tages könnte man sogar etwas so Komplexes wie den inneren Aufruhr bei Kummer auf Computern modellieren.

Die meisten Computerfreaks und Software-Gurus haben sich bis jetzt mit einem Blick vom Rand des Spielfelds zufrieden gegeben. Das ändert sich nun. "Vor zwanzig Jahren war es nicht ungewöhnlich, Leute von einer neuen Ära denkender Computern reden zu hören," sagt Michael Casey, ein MIT-Forscher, der Systeme entwickelt, die auf Töne reagieren. "Vielleicht eröffnen wir heute eine neue Ära von Computern, die fühlen können."

Für Casey bedeutet das vor allem musikalisch gebildete Computer mit einem Ohr für die Subtilitäten einer Brahms-Vorführung. Am MIT hat er etwas entwickelt, was er als einen "virtuellen Begleiter" beschreibt. Dieses musikproduzierende Computersystem begleitet einen zur Violine am Klavier – aber nicht nur einfach, indem es eine Partitur aus dem Speicher holt und sie gefühllos abspielt. Der Computer hört dem menschlichen Spieler zu und lernt, dessen Stil zu übernehmen. Wenn also die menschliche Vorführung flott und leicht ist, lernt der virtuelle Begleiter, dem zu folgen. Die Maschine entnimmt die Gefühlsvorgabe dem Timing des menschlichen Spielers. Das System ist darauf programmiert, erklärt er, seine Partitur auf der Grundlage der Nuancen, die sich im Timing der menschlichen Vorführung ausdrücken, anzupassen.

Ein Nachteil ist, dass Caseys virtueller Begleiter nur für ausgebildete Musiker gedacht ist. Aber wie jeder pickelige Pubertierende weiß, der jemals auf einer eingebildeten Gitarre in der Abgeschiedenheit des Schlafzimmers geklimpert hat, gibt es auf der Welt viel mehr Möchtegerne als Maestros. Auch für sie ist gesorgt. In der kalifornischen Stadt Snoma arbeitet Manfred Clynes, ein Neurowissenschaftler und hervorragender Pianist, an der Antwort auf Ihre Träume.

Das musikproduzierende Computersystem, das auf den schönen Namen Universelles Musikinstrument hört, nimmt die Anstrengung – aber nicht die gefühlsmäßige Befriedigung – zum Beispiel aus dem Klavierspiel auf Konzertniveau. Der Computer produziert pflichtgetreu alle richtigen Noten. Sie müssen nur noch die musikalische Leidenschaft beitragen – das heißt, dem Computer sagen, wie er die gefühlsmäßige Qualität der Noten mit der Art von subtilen Verschiebungen in Timing und Lautstärke verändern soll, die Musiker verwenden, um gedruckte Partituren zum Leben zu erwecken. Es wäre mühsam und schwierig, das Note für Note zu machen. Aber in Clynes' System ist das nicht notwendig. Stattdessen wählen Sie ein einziges Rezept für das Timing und die Lautstärke der Noten in einem bestimmten Zeitintervall und wenden dieses Rezept wiederholt an, bis die gesamte Partitur, wie es Clynes ausdrückt, von "einem irritierenden Rasseln und Klirren in eine bedeutungsvolle, lebendige Inszenierung" verwandelt ist.

In der Vergangenheit war das Spielen von Beethoven oder Bach das Vorrecht von wenigen Glücklichen. "Jetzt," sagt Clynes, "ist es nicht mehr elitär, Musik zu interpretieren. Jeder kann sich mit Beethoven auseinandersetzen – ohne eine einzige Note spielen zu müssen." Skeptiker sollten beachten: Clynes' System basiert auf jahrelanger Forschung, die gezeigt hat, wie Verschiebungen im Timing oder der Lautstärke, denen Musik ihren gefühlsmäßigen Eindruck verdankt, dazu tendieren, einem zyklischen Muster oder "Puls" zu folgen, der gemessen und für einzelne Komponisten reproduziert werden kann.

Das Programmieren von Gefühlen könnte auch die Spiele-Szene verwandeln, die heutzutage von Figuren dominiert wird, die nichts als kriegerische Psychopathen sind. An der Carnegie Mellon Universität in Pittsburgh, Pennsylvania, versuchen Scott Reilly und seine Kollegen das in Ordnung zu bringen. Sie entwickeln Software-Werkzeuge, um “Figuren mit Gefühlen und der Fähigkeit zu sozialer Interaktion” zu erschaffen; Figuren, sagt Reilly, mit denen wirkliche Menschen in simulierten Dramen spielen möchten. Reilly hat schon knapp ein Dutzend rudimentärer “Gefühlsagenten” zur Verfügung, von der munteren Hauskatze, die wütend wird, wenn man sie bedroht, bis zu dem gestressten Räuber, der einen Kaufladen überfällt.

“Sie spielen den Polizeimeister, der versuchen soll, ihn zu stoppen,” erklärt Reilly. Und wie der Räuber reagiert, hängt von Ihrer Taktik ab. Wenn Sie das Geschäft betreten, indem sie ihm ständig versichern, er werde nicht verletzt, dann könnten Sie Erfolg haben, sagt Reilly. “Aber fangen Sie an, auf ihn zu schießen, dann kriegt er Angst, schießt zurück und versucht, die Kassiererin als Geisel zu nehmen.” In einem anderen von Reillys Programmen bekommt man die Rolle eines Kindes auf einem Spielplatz zugewiesen, das Sammelbilder von Baseballspielern mit anderen Kindern austauscht. “Ich wollte zeigen, dass ich glaubhafte Figuren entwickeln konnte, die Gefühle ausdrücken,” sagt Reilly.

Der verbindende Gedanke ist hier, dass nichts Unsagbares ist an den Dingen, die unsere Leidenschaften aufrühren. Dieser Ansicht stimmt Sloman aus vollem Herzen zu. Freude, Leid, Verlegenheit, Scham – schließlich seien das alles Facetten der Fähigkeit unseres Verstands, Informationen zu verarbeiten.

So wie Sloman es sieht, dringen ständig Informationen über die Welt in das Nervensystem ein und ziehen uns hier- und dahin. Das Problem ist, dass dem Verstand und dem Gehirn nur begrenzte Ressourcen zur Verfügung stehen, besonders wenn es darum geht, komplexe Abläufe zu planen und auszuführen. Folglich kann jemand, der stolpert, während er etwa ein Tablett mit Teetassen trägt, wahrscheinlich nicht gleichzeitig mit der Unterhaltung fortfahren. Die geistigen Ressourcen müssen stattdessen der dringenderen Aufgabe zugewendet werden, die Balance wiederzugewinnen. Und das ist ziemlich genau die Stelle, wo Gefühle ins Spiel kommen.

“Wir sprechen von den Mechanismen, die solche Umschwünge bewirken, indem wir sagen, dass wir in einen Gefühlszustand geraten,” sagt Sloman. Er glaubt, dass es keinen konzeptuellen oder philosophischen Grund gebe, warum Gefühlsfähigkeiten nicht auseinander genommen und in Computern simuliert werden sollten. Trotzdem – gemessen an dem langsamen Fortschritt früherer Forschung am künstlichen Sehen und Sprechen – könnte es Jahre dauern, bis jemand weiß, wie man realistische Gefühle in einem Computergehirn simuliert.

Einige Anwendungen benötigen allerdings keinen Realismus. Reillys Ziel zum Beispiel ist, ein packendes Schauspiel zu produzieren, seine Computer-

Figuren müssen also nur einen Eindruck von Leidenschaft vermitteln. Und das kann er mit einem System von Verhaltenszielen und – regeln erreichen. Den Figuren werden Ziele vorgegeben – wie “Finde das Katzenfutter!” oder “Entkomme dem Laden mit Geld in der Tasche!” – und Regeln, um zu berechnen, ob und mit welcher Wahrscheinlichkeit bestimmte Ereignisse oder Handlungen diese Ziele behindern oder unterstützen werden. Die Figuren reagieren negativ oder ablehnend auf Handlungen, die mit ihren Zielen in Konflikt stehen und positiv, wenn sie zu diesen Zielen passen. Und diese “Gefühle” beeinflussen das Ergebnis der Berechnungen, die entscheiden, wie die Figur sich verhalten wird.

Aber auch so ist der Gefühlszustand typischerweise nur der Wert einer einzigen Variablen. Ist das der Weg, um realistische Aufwallungen von Leidenschaft, Freude, Furcht oder Wut zu simulieren? Ist das die richtige Art von Rezept für die sachteren Gefühle und Neigungen, die Elliott so sehr fehlten? Um neue Formen der Schauspielkunst zu erschaffen, mag die Antwort nicht wichtig sein. Aber Sloman sieht die Suche nach fühlenden Computern als ein Mittel, um solche überragenden Fragen zu beantworten, wie “Wer bin ich?” und “Wie funktioniert der menschliche Geist?” Für ihn ist also Gefühlsrealismus wesentlich.

Die Gefühle, die Sloman am liebsten in einem Computergehirn simulieren würde, sind die komplexen – Gram, Erniedrigung, Schuldgefühl, Scham. Hier sind ganz klar Wissen und Bewusstsein wichtige Zutaten. Um sich erniedrigt zu fühlen, betont Sloman, muss man wissen “wer beteiligt war, was passiert ist, was sie von Ihnen gedacht haben, warum sie es gedacht haben, warum Sie wünschten, dass sie es nicht gedacht hätten und so weiter.” (Sloman vermutet, dass “es einer Ratte unmöglich ist, sich erniedrigt zu fühlen.”)

Aber solche Gefühle erwachsen nicht nur aus Wissen und Wahrnehmung. Es gibt eine weitere essentielle Zutat, sagt Sloman – ein teilweiser Kontrollverlust über die Gedanken, die das Gefühl anheizen. Niemand entscheidet sich bewusst dazu, sich erniedrigt zu fühlen oder von Gram gebeugt zu sein – diese Zustände “passieren” einem. Dazu gehören zudringliche Gedanken, die die Leute nicht leicht aus ihrem Kopf vertreiben können. Das Gehirn eines Gefühlscomputers müsste auch solche Zudringlichkeiten erleiden können, schließt Sloman daraus.

Moment mal: Sollten Computer nicht der Inbegriff von Kontrolle sein? Wenn sie die Verantwortung für das Steuern eines Flugzeugs tragen, vielleicht, aber nicht – sofern man Sloman folgen mag – wenn ihre Aufgabe in der Simulation von Gefühlsverhalten besteht. Hier könnte die Fähigkeit “sich gehen zu lassen” wesentlich sein.

Wie man ein Computersystem anfällig für Gefühlsunterbrechungen macht, ist noch nicht klar. Aber Sloman schlägt vor, dass der Kontrollverlust als ein Nebenprodukt von anderen Eigenschaften der Maschine entstehen könnte. Schließlich produzieren die Computernetzwerke von heute mit ihren wünschenswerten Mechanismen der Speicherverwaltung und Aufteilung von Rechenzeit manchmal weniger wünschenswerte Zustände wie "Absturz" – ein Kontrollverlust, den Sloman mit menschlichen Panikattacken vergleicht.

Damasio blickt, wie man es von einem Neurologen erwarten würde, auf die Biologie auf der Suche nach Hinweisen, wie man Gefühlsverhalten simulieren könnte. So wie er es sieht, entsteht die unwillkürliche oder "nicht-bewusste" Seite des menschlichen Gefühlsverhalten aus chemischen und neuronalen Veränderungen im Körper: Der Körper zieht die Fäden, nicht das bewusste Gehirn oder der Geist. Und was das bedeutet, sagt Damasio, ist, "dass, wenn wir eine Simulation von Gefühlsverhalten machen wollten und Behauptungen über eine Maschine aufstellen, die Gefühle ähnlich denen eines Menschen hätte, dann müsste man zunächst den Körper simulieren."

Aber ob nun die Gefühlscomputer der Zukunft auf theoretischen Modellen des Körpers, des Gehirns oder des Geistes basieren (oder einer Kombination von allen dreien), so bleibt doch eine Frage: Sind wir bereit, eine Maschine zu bauen und dann die Kontrolle über sie aufzugeben? Sind wir bereit, Maschinen die Freiheit zu geben, auf der Grundlage von Werten Gefühlsentscheidungen zu fällen? Für Picard ist der Weg zu einer Antwort übersät mit anderen Fragen, genauso herausfordernd, aber spezifischer. Zum Beispiel: Sollten Maschinen ein gefühlsmäßiges Bewusstsein ihrer selbst erhalten? Sollten Ihnen Gefühlsfähigkeiten jenseits der menschlichen Grenzen verliehen werden? Sollte ihnen erlaubt werden, sich zu verstellen und Gefühle zu verbergen, so wie Menschen es machen? Die Antworten sind keineswegs offensichtlich: Eine Maschine, die ein Kind mit einem Hirnschaden unterrichtet, mag sich aufgebracht fühlen, aber das Zeigen dieser Wut könnte den Lernprozess stören, weil sie das Kind aufregt.

Picard zögert, dogmatisch zu sein, aber wenn ihre Vision von "Gefühlsrechnern" Wirklichkeit werden sollte, dann glaubt sie, wird schließlich eine Regel notwendig werden: Keine Gefühle ohne Ethik. Wenn HAL nicht den Erfolg seiner Mission über das Leben seiner Besatzungskameraden gestellt hätte, wäre die Tragödie schließlich nie passiert. Der Horror von 2001 ist nicht, dass HAL Gefühle hatte, sagt Picard. "Es ist, dass er nicht die Intelligenz und die Ethik hatte, um mit ihnen zurecht zu kommen."

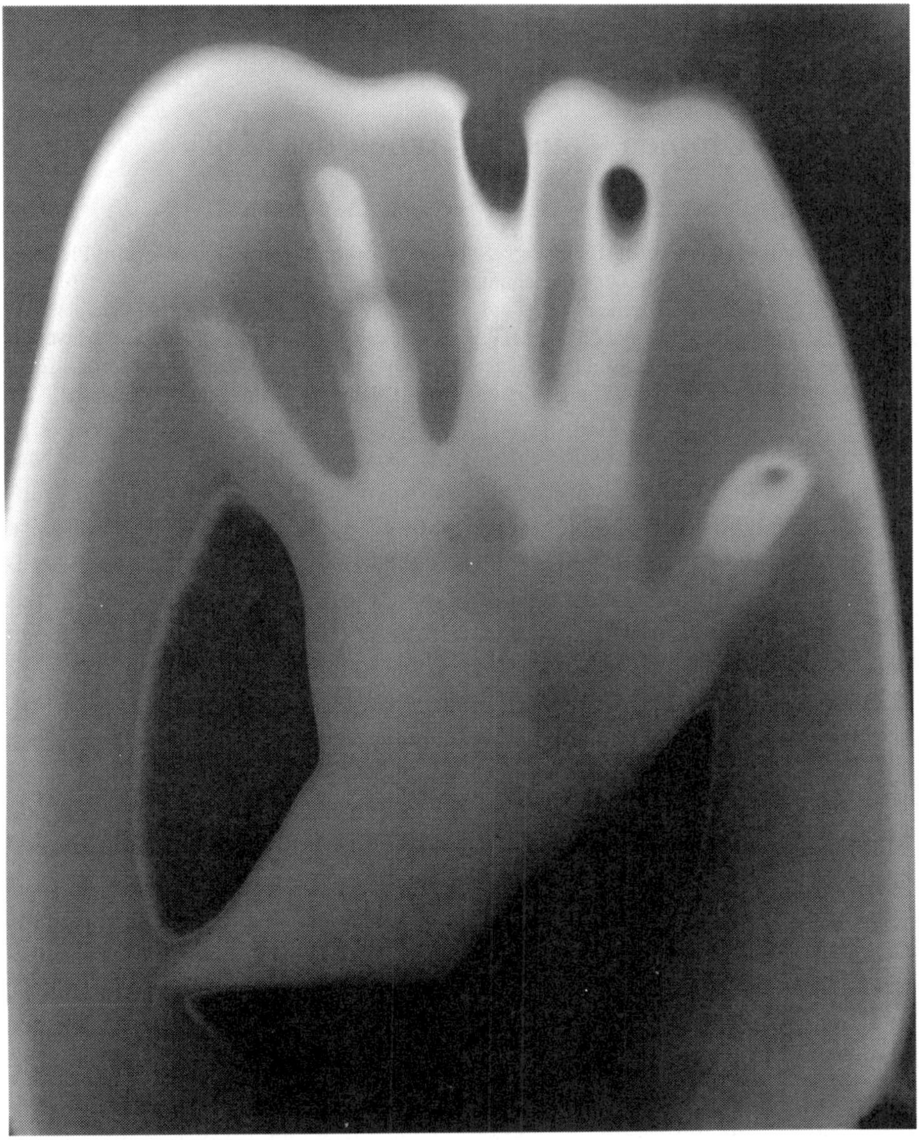

Michio Kaku

Konkrete Utopien – aus der Arbeit des MIT

In den folgenden Texten geben führende Computerentwickler einen Einblick in ihre Projekte. Eine konzentrierte Übersicht über Forschungsprojekte am Massachusetts Institute of Technology (MIT) gibt der US-amerikanische Physiker Michio Kaku, der an der City University in New York lehrt. Am Medienlabor des MIT wird u.a. erforscht, wie Computer die Anwesenheit, Wünsche und Stimmungen ihrer Nutzer erkennen können. Die Zimmerwände und sogar Schuhe, Brillen und andere Kleidung werden mit "intelligenten" Fähigkeiten ausgestattet.

Das Institut, das sich vielleicht am intensivsten der Vereinigung von Medien, Kunst und Technik widmet, ist das von Nicholas Negroponte gegründete Medienlabor des Massachusetts Institute of Technology (MIT). Es ist, versteckt hinter den altehrwürdigen, gesichtslosen Gebäuden auf dem MIT-Gelände, in einem ultramodernen, weiß geklinkerten Haus untergebracht, das von dem Architekten I.M. Pei entworfen wurde. (Im Volksmund heißt das Gebäude wegen seines charakteristischen Äußeren auch "Peis Toilette".) Mit einem Jahresetat von 25 Millionen Dollar ist das Labor eine der wenigen Forschungsinstitutionen, die auch in einer Zeit allgemeiner Mittelkürzungen noch wachsen. Seit seiner Gründung 1985 sieht es seine Aufgabe darin, neue Wege zur Verbesserung und Bereicherung der "Schnittstelle zwischen Mensch und Maschine" zu finden. Firmen geben bereitwillig Millionen Dollar aus, um zu erfahren, wie die Zukunft der Computer aussehen wird.

Das vermutlich ehrgeizigste und provozierendste Projekt, das dort durch die Idee vom allgegenwärtigen Rechnen angeregt wurde, trägt den Namen "Things That Think" ("Dinge, die denken"). Sein Leiter, der Physiker Neil Gershenfeld, malt sich den Tag aus, an dem die meisten unbelebten Gegenstände um uns herum denken können.

Gershenfeld, ein junger, dynamischer, lebhafter Mann, ist groß und schlank, mit lichtem Bart und braunen Locken; er hat immer mehrere Eisen im Feuer

---

* zu 19. Michio Kaku: "Das Medienlabor des MIT"
Aura einer Hand, (Abb. S. 141)
"Ein bedeutender Fortschritt gelang Gershenfeld, als er eine ganz neue Möglichkeit fand, wie Computer unsere Gegenwart wahrnehmen können. Er ging davon aus, daß unser Körper von einem unsichtbaren elektrischen Feld umgeben ist wie von einem Spinnennetz. Erzeugt wird es von Elektronen, die sich nach Art der statischen Elektrizität in unserer Haut ansammeln und wie eine unsichtbare 'Aura' alle unsere Bewegungen mitmacht."

und kann schneller über drei Themen gleichzeitig sprechen als die meisten von uns über eines.

Ein bedeutender Fortschritt gelang Gershenfeld, als er eine ganz neue Möglichkeit fand, wie Computer unsere Gegenwart wahrnehmen können. Er ging davon aus, daß unser Körper von einem unsichtbaren elektrischen Feld umgeben ist wie von einem Spinnennetz. Erzeugt wird es von Elektronen, die sich nach Art der statischen Elektrizität in unserer Haut ansammeln und wie eine unsichtbare "Aura" alle unsere Bewegungen mitmachen. Gershenfeld kam nun auf die Idee, einen Sensor zum Nachweis elektrischer Felder im Raum zu entwickeln, der die Position unserer Arme und Finger wahrnehmen kann. Das Ergebnis war der "intelligente Tisch". Dieses neueste Wunder der Technik führt Gershenfeld besonders gern vor. Wie ein Dirigent bewegt er die Hände über dem Computertisch, und ein daneben stehender Bildschirm zeigt eine Hand, die sich geisterhaft in einem Würfel bewegt, wobei ihre dreidimensionalen Koordinaten genau angegeben sind. Dieses Phänomen bezeichnet Gershenfeld als "Wahrnehmung elektrischer Felder".

Dafür gibt es unmittelbare Anwendungsmöglichkeiten, denn es bietet vielseitigere Möglichkeiten, mit einem Rechner zu kommunizieren, als die übliche, auf zwei Dimensionen beschränkte Computermaus. Man kann damit auch "Ausflüge" in die virtuelle Realität verbessern, denn nun braucht man keine unförmigen Handschuhe mehr zu tragen, um dem Computer die Stellung der Hände zu übermitteln. (Tatsächlich kann man die Illusionen der virtuellen Realität verbessern, ohne daß man wie ein Christbaum verkabelt sein muß. Beim Einkauf im Cyberspace der Zukunft wird man mit einfachen Fingerbewegungen durch die Ladenpassagen auf dem Computerbildschirm steuern.)

Mit der Wahrnehmung elektrischer Felder lassen sich auch neue Formen der Freizeitgestaltung und Kunst entwickeln. Indem man die Hände an bestimmten Stellen im Raum bewegt, kann man einen Computer veranlassen, Musik hervorzubringen. Dann sind die Trompeten im virtuellen Orchester vielleicht oben rechts angesiedelt und die Violinen unten links. Wenn man heftig mit den Händen über diesen gedachten Punkten im Raum hin- und herwedelt, kann man eine Symphonie aus beliebig erzeugbaren Klängen kreieren. Vielleicht wird man in Zukunft elektronische Konzerte geben, in denen ein einsamer Dirigent die Hände auf eine bestimmte Art durch die Luft bewegt.

Im Zusammenhang mit den Computern des nächsten Jahrhunderts stellt Gershenfeld die Frage: "Wo finde ich ungenutzten Raum, und wie kann ich ihn füllen?" Eine Stelle, die viele Jahre lang übersehen wurde, sind unsere Schuhe; sie enthalten wertvollen, ungenutzten Raum, der nur darauf wartet, mit Intelligenz ausgestattet zu werden.

In Zukunft könnten unsere Schuhe an die Stelle der Computerbatterien treten, die wir wahrscheinlich brauchen werden. Klobige Batterien herumzuschleppen, nur um den Computer in unserer Krawattennadel mit Energie zu versorgen, wäre lästig. Aber der menschliche Körper, so Gershenfeld, produziert mit seinen Bewegungen eine nutzbare Energie von etwa 80 Watt; und etwa ein Watt davon läßt sich allein aus den Schuhen gewinnen. (Ein Schuh kann diese durchaus nennenswerte Energiemenge nach dem gleichen Prinzip produzieren wie ein Fahrraddynamo – jedesmal wenn der Fuß sich bewegt, setzt er mit einem Magneten eine Ladung in Bewegung. Das Magnetfeld drückt die Elektronen in eine bestimmte Richtung, so daß elektrischer Strom entsteht.)

Gershenfeld hat für unsere Schuhe noch andere Anwendungsmöglichkeiten gefunden. So könnte man dort in Zukunft vielleicht Elektroden unterbringen, mit denen sich persönliche Informationen an andere übertragen lassen. Statt Visitenkarten auszutauschen, wird man seinem Gegenüber nur noch die Hand schütteln. Da die Haut salzig ist und Elektrizität leitet, kann dabei der Lebenslauf aus dem Schuh in die Hand und von der Hand des anderen in dessen Schuh wandern. Dies könnte sich irgendwann als bequemer Weg erweisen, um bei einer Begegnung auf der Straße große Computerdateien auszutauschen.

Deshalb ist es auch nicht verwunderlich, daß ein Motto des "Things That Think"-Labors lautet:

Früher konnten Schuhe stinken,
Heute können Schuhe blinken,
Morgen können Schuhe denken.

Ein anderer wichtiger Ansatzpunkt in dem Projekt "Things That Think" sind die Brillen, die viele Menschen tragen. Das Medienlabor des MIT hat bereits eine perfekte Möglichkeit entwickelt, um einen winzigen Computerbildschirm in die Brille einzubauen. Dazu wird auf die Brille ein Okular gesetzt, das dem Vergrößerungsglas eines Uhrmachers ähnelt; es enthält einen vollständigen Bildschirm, der von winzigen LEDs (Leuchtdioden) erleuchtet wird. Blickt man auf diesen winzigen, nur etwa einen Zentimeter großen Bildschirm, erkennt man deutlich helle Symbole, wie sie auch auf einem normalen PC-Monitor stehen.

An sonnigen Tagen sieht man in Cambridge manchmal Studenten aus dem Medienlabor des MIT, die wie Cyborgs gekleidet sind – komplett mit Helm, Brille, Spezialokularen und einem Gewirr von Elektroden an der Kleidung. Sie tragen eine einfache Tastatur mit sich herum, über die sie den in den Brillen eingebauten Computerbildschirmen Daten eingeben können. Diese unbeholfenen Anfänge gehören zum Projekt "Computer zum Anziehen" des Medienlabors. Letztlich wird auf diese Weise jeder Mensch zu einem wandelnden

Knoten im World Wide Web werden. Steve Mann vom Medienlabor speiste die Videobilder aus seiner Brille in das Internet ein, so daß auch andere, viele tausend Kilometer entfernt, genau das gleiche sehen konnten wie er. In Zukunft werden Menschen an weit entfernten Orten auf diese Weise sofort das gleiche wahrnehmen, was wir durch unsere Brille sehen. Der Computer zum Anziehen könnte in vielerlei Hinsicht eine Mischung aus Handy und Laptop sein. Der rapide steigende Absatz von Laptop-Computern, die heute bereits ein Viertel aller verkauften PCs ausmachen, beweist es: Tragbare Computer stellen keine kleine Marktnische mehr dar, sondern einen wesentlichen Teil der Computerwelt. Wenn die Preise weiterhin sinken, werden viele Anwender die Gelegenheit nutzen und ihre Handys und Laptops gegen ein "unsichtbares Gerät" eintauschen, das so leistungsfähig ist wie ein Supercomputer.

Dies könnte sich für Menschen, die reisen, Taxi fahren oder in Ladenpassagen einkaufen, als gewaltige Erleichterung erweisen. Zu den vielen hundert Berufen, in denen Computer zum Anziehen nützlich sein können, gehören Ärzte, die Berichte über medizinische Notfälle lesen müssen, Polizisten, die Zugang zu Daten brauchen, Journalisten, die Fakten abfragen wollen, Aktienhändler, die rund um die Uhr die neuesten Kurse brauchen, und so weiter.

Eines Tages könnten Computer zum Anziehen sogar Menschenleben retten. Wenn jemand weit weg von Telefon und Krankenhaus einen Herzinfarkt erleidet, erkennt der Computer zum Anziehen, der lautlos den Puls überwacht, die für eine solche Störung typischen Unregelmäßigkeiten und alarmiert sofort den Rettungsdienst. Gleiches könnte er nach einem Autounfall tun. Da er außerdem mit einem Satelliten-Navigationssystem verbunden ist, kann er auch die genaue Position übermitteln. Derzeit sterben Zehntausende von Menschen im Jahr unnötigerweise, weil niemand in der Nähe ist, der nach einem Herzinfarkt oder Autounfall den Rettungsdienst verständigt.

Ein langfristiges Ziel des Medienlabors ist die Konstruktion von Geräten, die das ganze Spektrum der Kommunikation zwischen Menschen erkennen und nachahmen können. Wir kommunizieren nicht nur durch Sprache, sondern bedienen uns auch einer reichhaltigen, vielschichtigen Körpersprache mit überraschend vielfältigen Signalen – Blickkontakt, Gesichtsausdruck, Armbewegungen, Tonfall und Körperhaltung.

Ein Schritt in diese Richtung ist die Konstruktion des "intelligenten Zimmers", das nicht nur Menschen erkennt, sondern auch ihre Signale und Empfindungen. Der Prototyp dieses "intelligenten Zimmers" im Medienlabor ist ein ganz gewöhnlicher kleiner Raum mit Kameras in der Decke und einem riesigen, wandgroßen Bildschirm im Fußboden.

"Stellen Sie sich vor, Sie wüßten in Ihrem Haus immer, wo die Kinder gerade sind oder ob sie in Schwierigkeiten geraten. Oder ein Büro, das sieht, wenn Sie eine wichtige Sitzung haben und Sie vor Störungen schützt. Oder ein Auto, das erkennt, wenn Sie müde sind und Ihnen zu einer Pause rät", schreibt Alex Pentland vom MIT-Medienlabor.

Zur Zeit kann ein Computer das Gesicht eines Menschen aus verschiedenen Blickwinkeln nicht zuverlässig erkennen. Ganz allgemein gehören Gesichter zu den Dingen, die für ihn am schwersten zu identifizieren sind. Der Rechner des Medienlabors hat für dieses schwierige Problem momentan folgende Lösung parat: In seinem Speicher sind bereits zahlreiche wichtige Gesichter gespeichert. Wenn er nun das Gesicht eines Fremden abtastet und mit den bereits gespeicherten Daten vergleicht, findet er bei einer Gruppe von mehreren hundert Personen in 99 Prozent der Fälle eine Übereinstimmung.

Der Computer des Medienlabors erkennt auf Gesichtern auch die Stimmungslage. Gefühle spiegeln sich in unserem Gesicht wider, indem sich Muskelbewegungen in Gang setzen. Mit Sensoren, die man auf dem Gesicht angebracht hat, kann man die Tätigkeit der Muskeln beim Lächeln, Lachen, Grinsen oder Stirnrunzeln aufzeichnen. Wie sich in solchen Untersuchungen herausgestellt hat, kann ein Computer Gefühle anhand gut definierter Dehnbewegungen im Gesicht wahrnehmen. Lächeln führt beispielsweise zu einer starken Dehnung der Mundmuskulatur. Bei Überraschungen heben sich die Augenbrauen, und wer sich ärgert, zieht die Stirn zusammen. Widerwille verzerrt das ganze Gesicht. Konzentrierte sich der Computer nur auf die bewegten Teile des Gesichts, so konnte er im Experiment den Gemütszustand der Versuchspersonen in 98 Prozent der Fälle richtig beurteilen.

Sandy Pentland

Lauschangriff im Wohnzimmer?

In den folgenden Beiträgen – es sind dies bislang ungedruckte Interviews des deutschen Wissenschaftsjournalisten Hardy Tasso – werden die von Michio Kaku angesprochenen Themen vertieft. Zunächst erläutert der wissenschaftliche Leiter des berühmten Medienlabors am Massachusetts Institute of Technology, Alex (Sandy) Pentland, weitere Aspekte seines Projektes "Intelligente Räume".

Hardy Tasso: Was sind und was können smart rooms – kluge Räume?

Alexander Pentland: Die Idee hinter einem smarten Raum ist: Man nimmt tote Dinge wie Autos, Wohnungen, Büros und gibt ihnen die Fähigkeit, die Menschen, die sich in ihnen aufhalten, wahrzunehmen – und das, was diese Menschen tun. Die Idee dabei ist, dass diese Räume dann mehr wie ein Assistent oder wie ein Butler oder wie ein Kindermädchen funktionieren. Wenn Sie darüber nachdenken, was Sie tun würden, wenn Sie sehr viel Geld hätten und Hilfskräfte einstellen wollten, dann würden Sie Menschen einstellen. Aber die meisten von uns haben nicht sehr viel Geld. Was tun diese Assistenten? Sie beobachten, was wir tun; sie lernen unsere Gewohnheiten kennen; und sie versuchen herauszufinden, wie sie uns helfen könnten. Heute wissen der Raum, das Auto, das Zuhause nicht einmal, ob *Sie* da sind oder nicht. Die Räume wissen heute nicht, ob Sie es sind oder jemand anderes, ob Ihr Baby schreit, ob Sie schlafen – wie also können diese Räume hilfreich sein? Es ist etwa so, als würden Sie einen Assistenten anstellen, der blind ist, taub und der Ihre Sprache nicht spricht. Der kann nicht sehr hilfreich sein. Unsere Idee ist, Räumen und Autos, Ihrem Zuhause – und Ihrem Büro – Augen und Ohren zu geben, damit diese Räume die Situationen um Sie herum wahrnehmen können und dadurch hilfreicher sind.

Tasso: Was kann ein kluger Raum – ein smart room – heute schon konkret tun?

---

* zu 20. Alexander Pentland: "Intelligente Räume"
Chips, (Abb. S. 147)
"Warum kann diese Technologie so billig sein? Weil es meist nur ein Chip ist, und ein Chip ist keine große Sache, wenn man davon eine Million oder zehn Millionen im Jahr herstellt. Wenn man einen sehr kleinen Markt hat, wenn man nur hundert davon herstellt, dann kostet so ein Chip 10.000 Dollar pro Stück. Wir denken, die Ökonomie des letzten Jahrhunderts, wo wertvolle Waren teuer waren, ist nicht länger gültig. Jetzt sind seltene Waren teuer."

Pentland: Smart rooms wissen, ob jemand da ist; sie können erkennen, wer es ist. Sie können eine Menge von dem erkennen, was Menschen tun, zum Beispiel ob jemand auf etwas zeigt, etwas anschaut, Papiere aufnimmt. Die Räume können auch ein bisschen von den Gesprächen verstehen. Sie verstehen nicht unbedingt die Worte, aber sie können herausfinden, ob Sie ärgerlich über etwas sind, ob Sie still sind oder eine sehr intensive Diskussion führen – sie verstehen also mehr die Qualität der Diskussion als ihren Inhalt. Es ist ungefähr so, als wenn Sie ins Ausland reisen und dort eine Sprache gesprochen wird, die Sie nicht verstehen; trotzdem können Sie sagen, ob jemand ärgerlich ist oder traurig oder in Eile – aber Sie verstehen nicht unbedingt die Worte. Die Räume können auch feststellen, ob Sie eingeschlafen sind oder ob Sie gerade aufwachen. Das sind die Grundeigenschaften dessen, was ich Wahrnehmungs-Intelligenz nenne. Es ist die Fähigkeit zu verstehen, was gerade geschieht.

Tasso: Spracherkennung kommt also erst später ins Spiel?

Pentland: Als Journalist wissen Sie, dass jede Story über die fünf großen W's informieren muss: Wer, Was, Wo, Warum, Wann? Das ist auch unsere Idee: Wenn eine Maschine oder ein Raum oder ein Auto hilfreich sein sollen, dann müssen sie wissen, wer, was, wo, warum, wann tut. Unsere Räume können schon eine Menge von dem leisten. Das, was sie noch nicht können, sind hoch-logische Dinge wie: Was bedeuten die Worte, die gesprochen werden? Wir können heute Räume bauen, die vielleicht einem Hund ähneln, oder einem menschlichen Assistenten, der unsere Sprache nicht sehr gut spricht. Aber auch das kann sehr hilfreich sein. In einem Auto zum Beispiel kann der Innenraum bereits feststellen, ob Sie dabei sind, einzuschlafen. Wenn Sie nämlich einschlafen, dann kann der Raum sagen: Drehen wir mal die Klimaanlage ein bisschen auf, stellen wir die Musik etwas lauter, und fordern wir den Jungen auf, rechts ranzufahren und einen Kaffee zu trinken. Kluge Räume können auch sagen, ob sich jemand im Raum aufhält oder nicht; und Räume können wahrscheinlich sogar auf Ihr Kind aufpassen, damit es nicht das Zimmer verlässt. Das ist kein sehr intelligenter Babysitter, aber immerhin ein Babysitter.

Tasso: Ein Bestandteil Ihres klugen Raumes ist das Personen-Erkennungs-Programm. Wie funktioniert es?

Pentland: Lange Zeit haben Forscher daran gearbeitet, dass Systeme mit Künstlicher Intelligenz Personen erkennen können; sie dachten, das wäre extrem schwierig. Ich denke, das lag an ihrem Forschungsansatz, der auf Psychologie und auf Kognitionswissenschaften basierte. Wir Menschen denken von uns gern, dass wir sehr, sehr kompliziert sind und dass unsere Sprache sehr reich ist und so weiter. Meine Annahme dagegen ist, dass wir viel einfacher sind, als wir denken. Wir sind nicht so klug, wie wir denken. Und vieles von dem, was wir tun, ist nichts anderes, als Muster zu erkennen.

Tasso: Wie erkennt man Muster? Wie bekommt man eine Maschine dazu, Muster zu erkennen?

Pentland: Nun, was man tun muss, ist: Man zeigt ihr eine Menge von Mustern und analysiert die Muster statistisch. Und was man dann normalerweise findet, ist, dass in dem, woran man interessiert ist, einige bestimmte Elemente enthalten sind, ein bestimmtes Muster; und wann immer man dieses bestimmte Muster sieht, dann weiß man, diese ganz bestimmte Sache passiert gerade. Bei Menschen zum Beispiel schauten wir eine Unmenge von Gesichtern an und haben statistische Daten über ihr Erscheinungsbild gesammelt. Nicht solche Dinge wie den Abstand zwischen den Augen und die Länge der Nase oder ähnliche volkstümliche Dinge. Aber Dinge wie die Intensität verschiedener Teile des Gesichtes, die rohen Maße. Wir entdeckten, dass man ganz bestimmte Eigenschaften erkennen kann, die die Unterschiede zwischen Personen ausmachen. Wir entdeckten ein allgemeines Muster, eine Gestalt, einen Eindruck der Form des Gesichtes, an der man Menschen unterscheiden kann. Diese Eigenschaften ergeben sich aus der Analyse der Statistik, sie heißen Eigen-Vektoren, darin steckt das deutsche Wort "eigen", sie sind tatsächlich die Charakteristik einer Statistik.

Tasso: Wie muss man sich solche Gestaltmerkmale vorstellen?

Pentland: Die Eigen-Merkmale sehen aus wie Geister-Gesichter. Eines dieser Merkmale ist zum Beispiel: Hat er einen Schnurrbart, und ist die Oberfläche seines Kopfes mit Haar bedeckt oder nicht? Es zeigte sich, dass Männer, die kahlköpfig werden, die Tendenz haben, sich einen Schnurrbart wachsen lassen. Mit anderen Worten: Die Art, wie wir Menschen erkennen, ist eine andere, als wir denken; die Erkennung erfolgt nicht auf sprachlicher Basis oder auf Menschenkenntnis oder auf einem logischen Weg, die Welt zu beschreiben. Sie basiert weit mehr auf Wahrnehmung und auf unbewusst ablaufenden Vorgängen, eine Art Gestalt- und Muster-Erkennung ist das.

Tasso: Ist das noch Grundlagenforschung oder schon angewandte Forschung?

Pentland: Mit unserem Personen-Erkennungs-Programm sind wir heute in der Lage, die Identität von Menschen an ihren Gesichtern zu erkennen, wir sind darin ganz gut, wir sind darin sogar besser als ein Mensch. Wenn wir Führerscheine oder ähnliches von einer Person haben, dann können wir mit Hilfe des Computers eine Person unter vielen Tausenden mit großer Verlässlichkeit herausfinden. Einige Firmen beginnen bereits, Produkte mit unserer Technik zu verkaufen. Sie verkaufen Systeme, die den Zugang zu Häusern kontrollieren. Wenn Sie kommen, erkennt das System Sie und lässt Sie ein – oder auch nicht, wenn Sie nicht dürfen. Interessanter ist eine Anwendung in vielen Staaten unseres Landes: Wenn Sie einen Führerschein oder eine Wohlfahrtskarte bekommen, wird Ihr Gesicht mit allen anderen Gesichtern in einer Datenbank verglichen, um nachzuschauen, ob Sie schon einen Führerschein oder eine Wohlfahrtskarte haben. Normalerweise verschaffen sich Leute, die ein Verbrechen begehen wollen, mehr als einen Führerschein, um nicht über den Führerschein identifiziert werden zu können. Oder wenn sie ihren Führerschein losgeworden sind, weil sie etwa betrunken gefahren sind, dann gehen sie zum Amt, ändern einen Buchstaben in ihrem Namen und versuchen, einen neuen Führerschein zu bekommen. Jetzt kann man sagen: “Moment mal. Hier sieht jemand ganz genauso aus. Vielleicht sollten wir ihm keinen Führerschein geben.”

Tasso: Der Mensch hat aber auch Gefühlsregungen...

Pentland: Wir können auch etwas über die Gefühle eines Menschen, über den Ausdruck in seinem Gesicht aussagen. Ob jemand lächelt, die Stirn runzelt, ob jemand einschläft. Wir können einige Eigenheiten der Körpersprache und Gesten, die Menschen benutzen, erkennen – zum Beispiel, wenn jemand auf etwas zeigt. Eines der interessanten Dinge, die wir vor kurzem getan haben, ist: Wir haben ein System gebaut, das in Echtzeit die amerikanische Gebärdensprache erkennt. Das ist die Sprache, die taube Menschen benutzen, um sich verständlich zu machen. Wir haben ein System gebaut, das eine kleine Untereinheit dieser Gebärdensprache erkennen kann, genug, um damit in Echtzeit eine grundlegende Verständigung mit sehr hoher Genauigkeit durchzuführen. Wir haben jetzt also ein Gerät, zu dem man Zeichen macht, und das diese Zeichen dann in gesprochene Sprache verwandelt.

Tasso: Wie wollen Sie Ihre klugen Räume einsetzen und vermarkten?

Pentland: Ich denke, es gibt eine sehr große Bandbreite von Anwendungen. Lassen Sie uns mit Autos beginnen. Autos werden Sie zum Beispiel warnen, wenn Sie einschlafen. Sie werden warnen, wenn jemand im toten Winkel hinter Ihrem Auto ist, wenn Sie überholen wollen. Es verhält sich wie ein menschlicher Assistent, der für Sie aufpasst. Zu Hause haben Sie vielleicht eine Haustür, die Ihr Gesicht erkennt, wenn Sie davor stehen, weshalb Sie keinen Schlüssel brauchen. Sie haben vielleicht ein Haus, das als Babysitter agieren kann. Ich möchte gerne ein Haus haben, das merkt, wenn ich aufstehe und das dann anfängt, Kaffee zu kochen. Heute müssen Sie eine Schaltuhr stellen und genau zu dieser Zeit aufstehen, um frischen Kaffee zu bekommen. Ein anderes Beispiel ist ein Telefon, das nicht klingelt, wenn Sie mitten in einer wichtigen

Besprechung sind, sondern das nur eine Notiz macht. Es klingelt nur, wenn Sie untätig aus dem Fenster starren.

Tasso: Woher bekommen Sie das Geld für Ihre Forschungen zu klugen Räumen?

Pentland: Unsere Gelder kommen von sehr vielen Firmen, mehr als 140 Firmen weltweit. Ungefähr 25 Prozent unseres Geldes kommt aus Europa, 25 Prozent aus dem Fernen Osten und rund 50 Prozent aus Nordamerika. Darunter finden sich alle Arten von Firmen; Computerfirmen natürlich, Autohersteller: Mercedes Benz, Volvo; Telekom-Firmen: die Britische Telekom, AT&T; einige der Medien-Gesellschaften, Sony zum Beispiel; einige Konsumwarenhersteller wie Nike – das sind die Leute, die Schuhe machen: Sie wollen Elektronik in Turnschuhe stecken. Hinzu kommen einige Möbelhersteller wie Steelcase, dann Pharma- Firmen – die Liste ist sehr lang, fast aus jeder Industriesparte ist eine Firma dabei.

Tasso: Möbelhersteller als Geldgeber überraschen mich...

Pentland: Möbelfirmen sind beispielsweise daran interessiert, dass wir in naher Zukunft Sensoren und Kommunikations-Computer in Alltagsgegenstände einbauen. Dann wird Ihr Stuhl bemerken, wenn Ihr Rücken verspannt ist, er wird seine Form etwas verändern, damit Sie nicht so verspannt sitzen. Ich denke, das wird phantastisch. Es kann auch zu besserer Gesundheit führen. Wir versuchen auch, so etwas wie einen klugen Spiegel für Ihr Badezimmer zu bauen. Wenn Sie dann morgens duschen, schaut der Spiegel Ihre Haut an und versucht, zu erkennen, ob die Muttermale auf Ihrem Körper ihre Form verändern. Wenn sie die Form verändern, sind es vielleicht Merkmale für Krebs. Wenn man solche Krebsmale frühzeitig erkennt, dann sind sie nicht so schlimm; wenn man sie zu spät entdeckt, dann sind sie fast zu hundert Prozent tödlich. Diese Art medizinische Überwachung in Ihrem Badezimmer oder in Ihrem Haus kann also Ihr Leben retten – und außerdem die Kosten für die Gesundheitspflege senken.

Tasso: Von Joseph Weizenbaum[1] *hört man immer wieder die Kritik, wichtiger, als zum Beispiel kluge Räume zu erfinden, sei es, schwerwiegende Probleme in der Welt zu lösen: Hunger, Krieg, Arbeitslosigkeit, Übervölkerung.*

Pentland: Es ist genau umgekehrt. Unsere Technologien werden es möglich machen, Ihre Gesundheit zu überwachen, so dass wir eine viel bessere Krankenpflege bekommen werden als jetzt. Neue Technologien werden zudem die medizinische Wissenschaft voran bringen, denn heute verfügen Wissenschaftler oft nicht über genügend Daten, um gute Gesundheitseinrichtungen zu schaffen. Dasselbe gilt für Verbrechen: Wenn es Straßenlampen und Autos und dergleichen Dinge gibt, die wissen, wer sich in der Nachbarschaft aufhält, dann wird, wenn Sie überfallen werden sollten, das nächste Auto ein Bild des Täters machen und es der Polizei zuschicken; das Auto sollte sogar in der Lage sein, die Polizei direkt zu rufen, noch während Sie überfallen werden. Einige dieser Dinge gibt es schon, zum Beispiel stellt man in Großbritannien in Gegenden mit hoher Kriminalität eine Menge Kameras auf. Die Kameras nehmen zwar nur auf, was passiert, aber wenn dort ein Verbrechen passiert, dann haben sie die Kriminellen auf Videoband. Und auf diese Weise wurden schon eine Menge von wichtigen Fällen gelöst. Und wenn man in England jetzt irgendwo Kameras aufstellt, dann geht dort die Verbrechensrate runter. Das Verbrechen zieht dann natürlich in die nächste Nachbarschaft, wo es noch keine Kameras gibt. Aber wenigstens in Gegenden mit hoher Kriminalität erzielt man Wirkung mit diesen Kameras und Sensoren. Wir kümmern uns also sehr direkt um gesellschaftliche Probleme. Kümmern wir uns um Krieg? Ich glaube, nicht. Ich glaube jedoch, dass vieles von dem, was wir tun, sich auf Bildung und Erziehung bezieht. Und nicht nur auf Bildung und Erziehung in den entwickelten Ländern, sondern auch in unterentwickelten Ländern. Wir entwickeln Werkzeuge, die es zum Beispiel Kindern überall auf der Welt erlauben, Informationen von überall in der Welt zu bekommen; Bildung hilft Kindern in der Dritten Welt in ihrem Leben. Durch unsere Technologien fördern wir also sowohl die Bildung als auch die Gesundheitspflege in der Dritten Welt. Und das kann – meiner Meinung nach – bei der Lösung all der anderen Probleme helfen: Problemen wie Hunger, Krieg und Übervölkerung.

Tasso: Sind denn nicht aber die Kosten dieser Technologien unerschwinglich gerade für Länder der sogenannten Dritten Welt?

Pentland: Bei fast allen diesen Technologien waren die ersten Anwendungen noch sehr teuer. Aber die Wahrheit ist: Elektronik kostet nicht notwendigerweise viel. Elektronik-Bauteile können extrem billig sein. Aber nur, wenn sie in großen Mengen hergestellt werden, wenn Sie also ein Produkt für den Massenmarkt herstellen. Zum Beispiel eine Kamera, die Menschen erkennt und eine Tür öffnet, kann man für weniger als zehn Dollar herstellen, soviel kostet auch ein gewöhnliches Türschloss heute. Warum kann diese Technologie so billig sein? Weil es meist nur ein Chip ist, und ein Chip ist keine große Sache, wenn man davon eine Million oder zehn Millionen im Jahr herstellt. Wenn man einen sehr kleinen Markt hat, wenn man nur hundert davon herstellt, dann kostet so ein Chip 10.000 Dollar pro Stück. Wir denken, die Ökonomie des letzten Jahrhunderts, wo wertvolle Waren teuer waren, ist nicht länger gültig. Jetzt sind seltene Waren teuer, Waren für bestimmte Nischen des Marktes, die nicht viele Menschen wollen. Die billigen Waren will jedermann. Also müssen wir Dinge planen, die jedermann will, und die werden dann billig sein. Wir planen Dinge für den Massenmarkt, nicht unbedingt für den Büromarkt oder für das Militär, das tun andere Laboratorien. Wir versuchen, Dinge zu entwerfen, die in derartigen Massen hergestellt werden, dass sie sehr, sehr billig sein können. Eines unserer größten Projekte ist zum Beispiel die "smarte Kleidung". Die Idee dabei ist, Elektronik – also Telekommunikation, Computer und Sensoren – in die Kleidung einzubauen. Smarte Kleidung kann Ihr Herz und Ihre Gesundheit überwachen. Wenn da etwas nicht stimmt und Sie einen Herzanfall bekommen, kann die Kleidung die Ambulanz rufen.

Tasso: Aber zumindest die Prototypen und die ersten Bauserien werden noch sehr teuer sein.

Pentland: Das Militär wird zwar der Erste sein, der diese Technologie nutzt, denn das Militär sorgt sich um seine Leute, damit ihnen, falls sie angeschossen werden, möglichst schnell geholfen wird, damit sie nicht sterben. Aber wenn wir genug Chips herstellen, werden die sehr billig sein. Wenn sie ein Massenprodukt werden, werden sie sehr billig. Dieselbe Technologie kann für die Bildung eingesetzt werden. Stellen Sie sich vor, dass sich jedes Kind ein Hemd kaufen könnte, das ein bisschen Elektronik enthält, die es ihm erlaubt, Fragen zu stellen. Das Hemd durchsucht dann das Web – das Internet – und flüstert dem Kind eine Antwort zu oder zeigt ihm die Antwort auf einem LCD-Bildschirm, der in den Hemdsärmel eingebaut ist. Mit anderen Worten: Jedermann kann einen Computer besitzen, Zugang zum Internet haben, Lernprogramme nutzen, die ihm überall zu jeder Zeit zur Verfügung stehen. Die Elektronik ist einfach in die Kleidung eingebaut. Das Wichtige dabei ist, dass wir daraus einen Massenartikel machen, damit all das billig ist. Wenn wir genug davon bauen, dann werden diese Dinge fast umsonst sein. Und das heißt, jedermann in der ganzen Welt kann sie haben.

Tasso: Sie hatten auch die Firma Nike erwähnt.

Pentland: Wir arbeiten mit der Sportschuhfirma Nike daran, elektrischen Strom im Turnschuh zu erzeugen. Schon bald wird Nike Schuhe verkaufen, die genügend Elektrizität erzeugen, dass man damit ein Telefon betreiben kann oder einen Telefon-Pager oder einen Computer am Hosengürtel. Sie werden wahrscheinlich Computer sogar in Ihre Schuhe einbauen, so dass Sie Ihrem Kind eine Nachricht zum Spielplatz schicken können, damit es weiß, es muss zum Essen nach Hause kommen. Und wenn es nicht nach Hause kommt, können Sie den Pager fragen, wo das Kind ist, und ein GPS-Chip im Schuh wird Ihnen sagen, wo Ihr Kind ist, damit sie es holen können. Die Idee hinter all dem ist, dass wir Dinge nehmen, die heute teuer sind, weil sie mechanisch und körperlich sind, dass wir sie in Dinge verwandeln, die ihren Wert durch Informations-Bits erhalten, denn Bits sind billig, Elektronik ist sehr, sehr billig. Und wenn wir diese Dinge dann in die Konsumwelt einführen, dann können wir sie den Menschen sehr billig liefern. All das soll so billig sein, dass man niemals mehr einen Raum ohne Augen und Ohren baut. Und das erreicht man dadurch, dass man sehr viele davon baut, eben ein richtiges Konsumprodukt. Es gibt keinen Grund, warum so etwas sehr viel kosten sollte. Vielleicht einige zehn Dollars.

Tasso: Wann werden wir solche Technologien kaufen können?

Pentland: Das hängt von den Marketing-Strategien ab. Wie mit allen diesen Dingen besteht die Schwierigkeit darin, zu dem Punkt zu kommen, wo man zehn Millionen davon pro Jahr verkauft. Denn dann werden sie billig. Man muss erst einen Platz finden, wo man sie für 10.000 Dollar das Stück verkaufen kann, und wenn man genug davon verkauft, kann man den Preis auf 1000 Dollar senken und dann runter auf hundert und dann runter auf zehn Dollar. Das müssen unsere Sponsoren herausfinden, das ist ihr Geschäft. In einigen Fällen kann man beobachten, wie das passiert. Ich habe von dem System gesprochen, das Ihre Gesundheit überwachen könnte. Die ersten Systeme werden wahrscheinlich an die Leute vom Militär ausgeliefert werden. Denn die sind es gewöhnt, viel Geld auszugeben, um die Gesundheit ihrer Soldaten zu schützen. Die nächsten Käufer werden vielleicht Menschen sein, die gerade einen Herzanfall hatten oder denen es physisch schlecht geht; hier wäre es richtig, 1000 Dollar für Elektronik auszugeben, um ihre Gesundheit überwachen zu lassen und Ihre Biochemie in Ordnung zu halten. Das ist immer noch viel billiger, als im Krankenhaus zu liegen. Wenn man einmal genügend Menschen hat, die solche Geräte benutzen, dann sinken die Kosten, und man kann die Geräte in vielen anderen Situationen einsetzen, die weniger kritisch, weniger wertvoll sind. Noch haben wir eine Menge an Forschungsarbeit vor uns. Aber wir sind zuversichtlich, dass die Probleme, die wir sehen, gelöst werden können. Wir glauben, wir können diese Dinge bauen. Wir wissen genug darüber, dass wir zuversichtlich sein können. Es dauert vielleicht noch fünf oder zehn Jahre, vielleicht auch 30 Jahre in einigen Fällen – aber wir glauben, wir können diese Probleme lösen. Es sind keine Probleme wie: ein intelligentes Wesen zu erfinden. Wer weiß, ob man das Problem je lösen kann! Das ist ein riesiges Unternehmen. Es ist auch kein Problem, wie Krebs zu heilen, wo nicht einmal klar ist, was Krebs ist und ob es überhaupt eine Lösung dafür gibt. Bei unseren Technologien sind wir sehr zuversichtlich, dass es Lösungen gibt und dass wir die Probleme richtig verstehen. Deshalb sind wir sicher, dass wir es mit harter Arbeit und mit Kreativität schaffen werden.

---

[1] Vergl. S. 190: Joseph Weizenbaum: "Die Qualität der Begegnung zählt!"

Flavia Sparacino

Schwimmen in einem See von Web-Seiten
Ein Gespräch über computergestütztes Tanztheater

Im Rahmen des Projektes "Intelligente Räume" befasst sich Flavia Sparacino, eine enge Mitarbeiterin von Sandy Pentland, am Medienlabor des Massachusetts Institute of Technology (MIT) mit "Media Arts and Sciences". Sie berichtet dem Wissenschaftsjournalisten Hardy Tasso, wie sie u.a. interaktive Spielflächen für Theaterkünstler entwickelt, die durch Bewegungen Klänge erzeugen oder beim Zuschauer den Eindruck erwecken, als bewegten die Akteure sich leibhaftig in einem See von Internet-Seiten.

Hardy Tasso: Sie sind tätig als Forschungsassistentin von Alexander Pentland und bezeichnen sich selbst als "Spacemaker". Was machen Sie im Rahmen des Projektes smart rooms genau?

Flavia Sparacino: Ich benutze die Front-End-Sensor-Technologie, die wir hier entwickelt haben, wie zum Beispiel Echtzeit-Körper-Verfolgung und Echtzeit-Stimmen-Verfolgung, Sprachausdrucks-Verfolgung, und damit baue ich interaktive Spielräume. Ich habe zum Beispiel einen Tanz-Spielraum gebaut, in dem durch die Bewegung des Tänzers Musik erzeugt wird, synchron zu seinen Bewegungen. Der Tänzer kann dabei außerdem einen virtuellen Computer-Grafik-Partner erzeugen, der mit ihm zusammen tanzt: auf einer Leinwand, die einen Teil des Spielraums darstellt.

Tasso: Das klingt beeindruckend.

Sparacino: Ich habe auch eine Umgebung gebaut, in der man mit dem eigenen Körper genauso durch das Web surfen kann, als schwimme man im Meer. Man kann seine Stimme und seine Gesten und seine Körperbewegungen benutzen, und man fühlt sich dabei, als schwimme man in einem See von Web-Seiten. Danach habe ich eine Umgebung zum Theaterspielen gebaut, in der ein Schauspieler mit einem künstlichen Schauspieler interagieren kann; dieser künstliche Schauspieler hat keinen menschlichen Körper, sondern drückt sich durch Texte und Textattribute aus, also durch Farbe, Größe, Form, Bewegung und Choreographie des Textes auf der erwähnten Leinwand. Das Vorbild dafür war das avantgardistische Theater, die avantgardistische Kunst, die in Europa um 1900 entwickelt wurde, zum Beispiel konkrete Poesie oder synthetisches Theater. Inspiriert durch diese frühen Arbeiten und die technologischen Möglichkeiten, die heute verfügbar sind, habe ich diesen interaktiven Spielraum geschaffen. Das Wichtige daran ist, daß wir Techniken der künstlichen Intelligenz nutzen, zum Beispiel den autonomen Agenten oder verhaltens-basierte Software, um das Verhalten der Elemente wie Text oder Bilder auf der Leinwand zu modellieren. Man interagiert also immer mit etwas Lebendigem auf der Leinwand: Das wartet nicht auf einen, daß man selbst etwas tut, sondern es agiert selbständig. Es kann einen zur Aktion auffordern.

Tasso: Warum entwickeln Sie solche Spielräume?

Sparacino: Der Grund, warum ich mich mit Theaterkünsten beschäftige, ist, daß diese Künste zumindest in den USA sich in einer Krise befinden. Junge Leute gehen lieber ins Kino als ins Ballett. Andererseits sind viele junge Menschen fasziniert von Technologie und von deren Möglichkeiten. Ich habe deshalb darüber nachgedacht, wie man die Fähigkeiten der Tänzer und Schauspieler auf der Bühne durch Technologie erweitern könnte, um mehr junge Menschen zurück ins Theater zu holen. Bei meiner Arbeit mit lebendigem Text wurde ich durch die Arbeit des Choreographen William Forsythe in Frankfurt am Main inspiriert; denn er hat versucht, mit Tanz und Worten zu arbeiten. In meinem System kann ich einen Tänzer ein Gedicht interpretieren lassen, und gleichzeitig interagieren die Worte des Gedichtes mit dem Tänzer. Ich bin sicher, wenn Choreographen dieses elektronische Werkzeug zum Spielen hätten, wären sie glücklich, es in ihre Spielräume einbeziehen zu können. Deshalb ist die nächste Stufe meiner Arbeit, mein System stabil und verläßlich genug zu bauen, damit es für eine interaktive Vorstellung vor großem Publikum genutzt werden kann.

Tasso: Wie kann Text aktiv werden?

Sparacino: Man kann Text auf übliche Weise erkunden, indem man am Bildschirm darauf klickt oder im Buch eine Seite umblättert. Text kann sich aber auch selbständig dem Leser entfalten, indem er zum Beispiel selbst den Ausdruck verändert. Mein spezielles Interesse ist, wie sich die Bedeutung des Textes in der Interaktion mit dem Leser entfalten kann. Deshalb habe ich dem Text Sensoren eingefügt, die im Media-Lab entwickelt wurden: Sicht-Sensoren, Stimm-Sensoren; damit versteht der Text, wie ich zu ihm spreche, und dann kann der Text antworten und seine Design-Attribute ändern. Ich habe in diesem Zusammenhang das Konzept der "Medien-Kreaturen" entwickelt, die in der Lage sind, ihr Verhalten zu ändern. Wenn man sich das Web heutzutage anguckt oder CD-Roms, dann gibt es Elemente, auf die man klicken muß, damit sie aktiv werden. Ich dagegen arbeite daran, den Inhalt aktiv zu machen. Den Inhalt sozusagen die Initiative ergreifen zu lassen, zum Benutzer zu gehen und zu sagen: "Ich bin interessant! Klick mich an!"

Tasso: Auf der Leinwand Ihres Spielraumes läuft ab und zu ein kleiner Hund herum – ist das so eine Medien-Kreatur?

Sparacino: Das ist ein interaktiver Hund, "Silas", den Sie niemals ausführen müssen, weil er selbständig rausgeht; und Sie müssen ihn auch nie wirklich füttern, denn er existiert in einem virtuellen Raum, wo die Realität mit Phantasie vermischt ist. Sie haben also diese magische Leinwand, auf der Sie sich selber sehen sowie die Gegenstände im wirklichen Raum um Sie herum. Optisch darüber gelegt sehen Sie die magische, virtuelle Welt, die Ihre wirkliche Welt erweitert und die von diesem virtuellen Hund bewohnt wird. Der Hund ist einem wirklichen Hund nachgebildet. Er schaut zu Ihnen, um Aufmerksamkeit zu bekommen, er geht und trinkt, er hat einen Feuerhydranten, um daran zu pinkeln; und er wird auf Ihre Befehle hören, wenn sie ihm sagen, daß er sich setzen soll, daß er weggehen und wiederkommen soll. Für uns ist es ein Beispiel für eine Computergrafik, die auf einem autonomen Agenten basiert, eine lebensechte Figur aus Computergrafik mit echtem Verhalten. Man muß dafür kein Computer-Script kennen, man muß nicht vorher lernen, wie man mit ihm umgehen muß, denn jedermann weiß, wie man mit einem Hund umgeht, wie man "sitz!" sagt oder "geh weg" oder "komm her" oder "steh auf". Es ist also eine lebensechte Figur. Man kann damit Kinder unterrichten, damit spielen, sich unterhalten. Und: Silas pinkelt nicht auf Ihren Fußboden. Andere Kreaturen, die ich gebaut habe, habe ich nach dem Beispiel des Hundes geschaffen. Es sind keine Tiere, sondern selbständige Design-Elemente: Texte, Fotos und Video-Clips. Diese Elemente wissen, was sie sind, und sie haben das Ziel, sich Ihnen vorzustellen; sie handeln wie lebendige Schauspieler auf der Bühne und sprechen zu Ihnen. Deshalb nenne ich sie Medien-Kreaturen.

Tasso: Wo sollen solche Medien-Kreaturen leben – und wozu?

Sparacino: Ich möchte diese Medien-Kreaturen einsetzen, um interaktive Geschichten zu erzählen – und zwar folgendermaßen: Die Medien-Kreaturen verstehen, in welchem Zusammenhang Sie mit ihnen interagieren, und sie werden das am besten dazu passende Verhalten aussuchen und entsprechend handeln. Man kann das auf eine Museums-Situation übertragen: In den meisten Museen sind Gegenstände in besonderen Vitrinen ausgestellt. Man geht hin und liest den Text unter einem Gegenstand und versucht, die Beziehungen zwischen all den Gegenständen im Museum zu verstehen. Aber dabei sind Sie, der Besucher, das aktive Element, und der ausgestellte Gegenstand ist passiv. Das ist, als hätte man eine CD-ROM mit einer Menge Inhalt, und dann klickt man, und dann liest man mehr darüber – aber das Ganze ist sehr trocken und nicht lebendig. Ich schlage dagegen einen Typ von Interaktion vor, den es bereits im Plymouth Plantation Museum gibt. Dort hat man lebendige Schauspieler in historische Kleider gesteckt, und diese Figuren leben dann ihr Alltagsleben, etwa als wären sie Pilger im 17. Jahrhundert – und Sie besuchen sie. Sie stellen den

Figuren Fragen wie: “Wer sind Sie? Wie leben Sie?” Die Figuren werden natürlich nicht wissen, was Fernsehen ist oder was moderne Technologie ist. Sie fühlen sich dort so, als wären Sie eingetaucht in eine historische Umgebung, die für Sie wiedergeschaffen wurde. Die Figuren können sich Ihnen auch nähern und Ihnen zeigen, was sie tun. Und ich denke, dasselbe muß mit Inhalt passieren: Inhalt muß aktiv sein. Inhalt muß dauernd irgendwie aktiv sein, und Inhalt sollte zu Ihnen kommen und sagen: “Ich bin interessant! Schau, was ich Dir zu sagen habe!”

Rodney Brooks

COG – der erste Roboter mit menschlichem Antlitz?

Es folgt ein Gespräch über COG, einen der fortgeschrittensten Roboter. COG lernt wie ein Baby zu sehen, zu hören, zu greifen, womöglich zu be-greifen; schon hat er begonnen, Menschen zu beachten, Gesichter zu erkennen. Sein Elektronengehirn ist kein Zentralrechner, sondern ein vernetztes System von einigen Dutzend PC-üblichen Prozessoren, auf denen einige tausend kleine Programme laufen. Ziel des Projekts ist es nicht nur, einen Roboter zu bauen, der autonom lernen und agieren kann, sondern auch, neue Theorien zu entwickeln, wie der Mensch "funktioniert". Der Wissenschaftsjournalist Hardy Tasso sprach über COG mit einem seiner Schöpfer: Rodney Brooks ist Direktor des Labors für Künstliche Intelligenz am Massachusetts Institute of Technology (MIT).

Hardy Tasso: Was ist COG?

Rodney Brooks: COG ist ein Roboter, den wir bauen. Er hat menschliche Formen und möchte mit Menschen interagieren – genauso wie Menschen mit Menschen interagieren. Es ist der Roboter der Science Fiction, wenn Sie so wollen.

Tasso: Und was ist Ihr Ziel dabei?

Brooks: Unser Ziel ist es, daß COG sich benimmt wie ein zweijähriges Kind. Im Moment befinden wir uns in einer Entwicklungsphase, wo er lernt, die Dinge zu tun, die ein Baby in den ersten zwei, drei Lebensmonaten lernt. Ihn anzusehen, ist ein bißchen langweilig für jedermann, genauso langweilig, wie ein Baby anzusehen, ausgenommen für die eigenen Eltern. COG lernt, daß er seine Augen genau auf eine Bewegung fixiert, die irgendwo in seinem Gesichtsfeld geschieht. Wir Menschen lassen unsere Augen ungefähr zwei-, dreimal pro Sekunde umherschweifen, unser ganzes Leben lang, wir bemerken das kaum. Aber wir mußten lernen, wie man das richtig macht, als wir sehr klein waren, und das ist eines der Dinge, die COG gerade lernt. Das nächste, was COG lernt, ist, wie er nach etwas greifen kann, das er sieht. Wenn wir jetzt ein Spielzeug vor COG hin- und herbewegen, dann bewegt er zuerst seine Augen sehr schnell, um das Spielzeug anzuschauen. Dann beginnt er, mit seinem Arm danach zu greifen. Er sieht seinen Arm, während er ihn bewegt, und er lernt zu beurteilen, ob sein Arm dorthin greift, wohin er soll – oder woanders hin. Wenn nicht, korrigiert sich COG. Nach ungefähr tausend Versuchen wird er ganz gut darin sein, nach etwas zu greifen, das er sieht. Wir sagen COG nie, ob er etwas richtig oder falsch gemacht hat, das beobachtet er selbst. Wir haben aber in ihn programmiert, *was* er beobachten soll. Das ist so etwas wie die Aufgabe, Gene in Babys zu programmieren, die ihnen sagen, worauf sie achten sollen in ihren Lernprozessen.

Tasso: Wie sieht COG aus?

Brooks: COG hat keine Beine. Er hat Hüften, die er bewegen kann. COG hat Schultern, zwei Arme, eine Hand, einen Kopf, einen Nacken, den er bewegen kann, und COG hat vier Augen: zwei mit hochauflösenden Kameras und zwei mit Weitwinkelkameras, so wie unsere Augen gleichzeitig einen großen Blickwinkel abdecken und im Zentrum unserer Augen Dinge in feinen Details sehen können.

Tasso: Sehr menschlich klingt das noch nicht.

Brooks: Wir sind sehr vorsichtig mit COG. Wir versuchen nicht, einen Disney-artigen falschen Menschen zu bauen. Wir versuchen, ihn wissenschaftlich korrekt zu bauen. COG verfügt im Moment prinzipiell über die Fähigkeit, Töne zu erzeugen; er kann Laute hören, so daß er, wenn er anfängt, Töne zu erzeugen, sich selbst hören kann, wie er Töne macht, Und er kann erkennen, ob er ähnliche Geräusche macht wie Menschen. Aber wir sind noch nicht ganz so weit. Menschen haben die Fähigkeit, Geräusche unbewußt wahrzunehmen. Ein Beispiel: Sie sind auf einer Party, sie unterhalten sich mit jemandem, und plötzlich hören Sie in einem Gespräch hinter sich Ihren Namen. Jetzt unterhalten Sie sich mit ihrem Gesprächspartner weiter, zu dem Sie vorher gesprochen haben, aber Ihre Aufmerksamkeit ist bei der Unterhaltung hinter Ihnen: "Was sagen die da über mich?" Und sich auf beide Unterhaltungen zu konzentrieren, ist etwas, das technisch mit konventionellen Methoden der Signalverarbeitung sehr schwer durchzuführen ist. Wir lernen jetzt gerade, wie man zwei Ohren nutzt, um Geräusche aus unterschiedlichen Richtungen zu unterscheiden. COG soll in der Lage sein, viele verschiedene Geräusche zu unterscheiden; dann wollen wir, daß der Roboter auf die Geräuschquelle achtet, die wichtig ist für das, was er gerade tut. Und natürlich muß er, während er sich auf eine Sache konzentriert, auch auf andere achten, etwa auf ein merkwürdiges Geräusch von rechts. Da schaut er besser hin und sieht, ob eine Gefahr von dort droht. Es ist also ein Abwägen zwischen der Konzentration auf das Eine und dem Achten auf Anormalitäten im Rest der Welt.

Tasso: Was kann COG bislang?

Brooks: Außer seiner Fähigkeit, seinen Kopf zu bewegen, seinen Nacken, seine Augen sehr schnell zu bewegen, seinen Arm, seine Hand zu bewegen, hat er angefangen, Menschen zu beachten. Wir programmieren die Fähigkeit in COG, das Gesicht eines Menschen zu erkennen; nicht wessen Gesicht, aber daß er erkennt: das ist ein Gesicht. Und daß er Gesichtern besondere Aufmerksamkeit widmet. Viele Tiere können das, Schafe sind darin sehr gut, Gesichter zu erkennen. Es ist genetisch in ihre Gehirne eingebaut – eine Art Gesichtsdetektor, der "weiß", daß ein Gesicht aus zwei horizontalen Augen besteht, plus einer Nasenregion und einem Mund. Viele Tiere haben die Fähigkeit eingebaut, zu entscheiden: das ist ein Gesicht. Das ist sehr wichtig, um zu überleben, denn Füchse und Wölfe haben Gesichter, und das müssen Schafe wissen. Auch ziemlich dumme Tiere können also Gesichter erkennen. Und es scheint so, daß menschliche Babys Gesichter schon sehr früh erkennen können und daß sie unterschiedlich auf Gesichter reagieren. Wir versuchen, diese Fähigkeit in COG einzubauen. Wir bauen so etwas wie eine Belohnung ein dafür, daß er ein Gesicht erkennt. Wir hoffen, obwohl wir noch nicht soweit sind, daß das dazu führt, daß COG sich bemüht, die Aufmerksamkeit einer Person zu erlangen, damit deren Gesicht nahe bei COG bleibt. Dahin wollen wir etwas später gelangen, wenn COG dann auf dem Level eines Zweijährigen ist.

Tasso: Wird COG jemals Gefühle zeigen?

Brooks: Gefühle sind ein wirkliches Puzzle für uns. Warum haben wir Gefühle? Die Hypothese, mit der wir bei COG arbeiten, ist, daß Gefühle ein Nebenprodukt von Hormonen sind, die durch menschliche und tierische Systeme fließen. Obwohl wir nicht direkt Gefühle in COG einbauen, geben wir ihm doch Dinge, die Hormonen ähnlich sind. Wenn COG zum Beispiel ein lautes Geräusch hört, wird in COG's Computersystem eine Art Schreckhormon ausgeschüttet, das nach einiger Zeit verschwindet; das verändert COG's Verhalten. Dann tut er wieder, was er vorher getan hat. Es sei denn, der schlechte Reiz existiert weiter. Aber man kann natürlich nicht andauernd im Zustand großer Furcht vor lauten Geräuschen sein, man muß sich an sie gewöhnen, falls sie keine negativen Konsequenzen für einen haben. Die Grundidee ist, viele verschiedene Hormone zu haben, die das Verhalten des COG-Systems nach den besonderen Umständen beeinflussen. Innerhalb von COG laufen zahlreiche kleine, voneinander unabhängige Prozesse ab, das ähnelt dem Aufbau unserer Gehirne: Die sind aus unzähligen Neuronen aufgebaut, die voneinander unabhängige Dinge tun, ohne daß dort drin ein Homunculus säße, der all das lenkt.

Tasso: Nach welchen Prinzipien ist COG gebaut? Dezentral?

Brooks: Es gibt einige merkwürdige Dinge in COG. Eines davon ist, daß wir COG kein Gehirn gegeben haben, hinter dem nur ein einziger großer Supercomputer steckt. Ich habe mich absichtlich dafür entschieden, sein Gehirn aus mehreren kleinen Computern mit lokaler Kommunikation untereinander zu bauen, bei denen es nicht möglich ist, ein globales Kontrollsystem zu haben. Ich habe das so gebaut, weil dies die Art zu sein scheint, wie das menschliche Gehirn arbeitet. Und ich wollte meine Studenten nicht in Versuchung führen, ein zentrales Kontrollsystem zu schaffen, deshalb haben wir einen Computer entwickelt, bei dem es unmöglich ist, eine Zentralkontrolle zu haben. Dadurch sind die Studenten gezwungen, kleine lokale Entscheidungssysteme auf individuellen Computern zu bauen, von denen sie Entscheidungen zu anderen Computern schicken können, wo sie aber nicht garantieren oder kontrollieren können, was dann passieren wird. Aus dieser Sicht arbeitet COG nach einem chaotischen System, aber heraus kommt ein globaler Zusammenhang, ein Zusammenspiel.

Tasso: Seine Bauteile sind also extrem flexibel?

Brooks: Wir haben vor fünf Jahren mit der Technologie begonnen, die damals zu bekommen war, und bauten damit die erste Version des Gehirns. Und wie wir alle wissen, werden Computer jedes Jahr schneller und schneller. Einige der Dinge in dem früheren Gehirn, etwa im Bereich Sehen, das eine Menge Rechenzeit verlangt, waren nur sehr schwer zu bauen, und dadurch wurde das System langsam. Deshalb bauten wir inzwischen ein neues Gehirn, das einige der Sehaufgaben übernimmt, und verbanden es mit dem alten Gehirn, denn das enthält inzwischen eine Menge Programmcode. Das war so, als hätten wir einen neuen Sehcortex auf ein altes Reptiliengehirn aufgepflanzt, und beide Teile laufen nun zusammen. Unsere Ingenieurleistung ist so etwas wie: die Evolution gekürzt zu wiederholen.

Tasso: Warum bauen Sie COG?

Brooks: Ich muß zugeben, der Grund, warum ich das tue, liegt allein im Film "2001 – Odyssee im Weltraum". Der Computer HAL war mein Held, als ich ein Teenager war. Der gab mir sozusagen die Legitimation, ein intelligentes System zu bauen. Ich habe damals gemerkt, daß 2001 immer näher kam und nichts in Sicht war, was HAL vergleichbar wäre. Und ich dachte, es wäre an der Zeit, daß jemand versucht, so etwas zu bauen. Aber dann dachte ich auch, es wäre sehr wichtig, daß das System einen Körper hat, damit es mit der Welt interagieren kann. Deshalb entschloß ich mich, lieber einen HAL mit Körper als einen ohne zu bauen.

Tasso: Zu welchem Zweck bauen Sie COG?

Brooks: Außer meine eigene Sehnsucht zu befriedigen, HAL zu bauen – ich meine, kann irgend jemand ein besseres Spielzeug bauen? –, ist meine wissenschaftliche Rechtfertigung, daß COG ein Werkzeug ist, mit dem wir besser verstehen können, wie Menschen funktionieren. Indem wir die momentan besten Theorien aus den Bereichen Neurologie und Psychologie in COG "einbauen" und den Roboter wie einen Menschen bauen, finden wir heraus, ob die Theorien über den Menschen stimmen. Wir können dann auch Hypothesen aus unseren Experimenten ableiten, neue Theorien, wie der Mensch funktionieren könnte. Wir sind noch ganz am Anfang dieser Arbeit. Wir nehmen die verschiedenen Theorien über den Menschen, bauen sie ein und müssen sie mit all den anderen Theorien in Übereinstimmung bringen. Wir haben bereits einige Lücken gefunden oder Gebiete, über die die Theoretiker bisher nicht nachgedacht haben, als sie tierische oder menschliche psychologische Systeme untersucht haben. Sie hatten sich auf ein kleines, isoliertes Unterproblem konzentriert und nicht darüber nachgedacht, wie es zu den anderen Teilen paßt. Und wir gehen dann zu ihnen und sagen, "Was denken Sie, wie Ihre Theorie zum Rest passen könnte?" Dann geht ihnen ein Licht auf, sie kratzen sich am Kopf und beginnen, darüber nachzudenken. Ich unternehme also Experimente, in denen wir verschiedene Theorien vergleichen, um herauszufinden, welche Theorien stimmen und welche eventuell Fehler enthalten. Vor kurzem, als das System mehr oder weniger wie ein Mensch lief, begannen viele meiner Studenten, auf der Grundlage ihrer Experimente mit COG Hypothesen über die menschliche Psyche aufzustellen.[1] Ihre Ergebnisse sind noch nicht für eine Veröffentlichung geeignet und noch nicht an Menschen überprüft, aber immerhin haben wir damit begonnen, zu verstehen, wie Menschen wirklich funktionieren. Meine wissenschaftliche Rechtfertigung ist also, wir bauen COG, um mehr über Menschen zu lernen. Meine persönliche Rechtfertigung ist: Ein menschen-ähnlicher Computer ist das beste Spielzeug der Welt!

Tasso: Mit Ihrem Forschungsansatz stehen Sie ziemlich allein unter den KI-Forschern. In der Bundesrepublik und in Japan verfolgt man ganz andere Ziele mit Robotern.

Brooks: In Japan interessiert man sich jetzt für Roboter und COG, weil man feststellt, daß die Bevölkerung immer älter wird. Man macht sich Sorgen, daß viele Menschen alt und krank sein werden und niemanden haben, der sich um sie kümmert. Forscher in Japan möchten deshalb gerne Roboter für die Hausarbeiten und als Gefährten für alte Menschen haben. Das ist eine Anwendung, aber das ist nicht meine Motivation für COG. Ich habe mich bewußt dafür entschieden, im Moment nicht auf irgendwelche Anwendungen zu schielen, sondern nur auf die wissenschaftlichen Aufgaben zu schauen. Wenn sich gute Anwendungen daraus ergeben, ist das schön.

Tasso: Noch mal zurück zum Gehirn von COG. Können Sie abschätzen, wieviel Programm Sie für Ihr Ziel noch schreiben müssen, einen zweijährigen Menschen zu simulieren?

Brooks: COG's Gehirn besteht aus einem Reptiliengehirn und aus einem neuen visuellen Cortex, die ihrerseits beide aus vielen Prozessoren bestehen. Jeder Prozessor ist ein Computer für sich. Jeder Prozessor ist so etwas wie ein Neuronengebiet, eine bestimmte Struktur irgendwo im Gehirn. Zum Beispiel haben wir ein Gebiet, das den superioren Culiculus repräsentiert, eine Region des Gehirns. Ein anderes Gebiet repräsentiert eine Region, die D1 genannt wird, dort findet eine frühe visuelle Verarbeitung statt. Jeder dieser Prozessoren enthält zehn oder gar hunderte von Prozessen, die alle parallel arbeiten und spezielle Neuronengebiete im Gehirn simulieren. COG's Gehirn wächst andauernd. Es ist eine Eigenart unserer Bauweise, daß wir immer mehr Prozessoren hinzufügen können, genauso wie die Evolution mit der Zeit neue Neuronengebiete zum Grundgehirn hinzugefügt hat. Im Moment haben wir 30 ziemlich große Prozessoren, jeder davon gleicht einem Heimcomputerprozessor. Auf jedem davon laufen zwischen zehn und hundert Prozesse. COG verfügt also über einige tausend individuelle kleine Programme. Insgesamt haben wir von COG's Gehirn aber erst vielleicht fünf Prozent programmiert. Es gibt also noch viel mehr Arbeit zu erledigen.

Tasso: Welches werden Ihre nächsten Schritte bei COG sein? Was wollen Sie ihm noch beibringen?

Brooks: Im Moment kombinieren wir seine Fähigkeit, Geräusche zu verstehen, mit der Fähigkeit, hinzusehen und zu greifen. Dadurch wird COG bald in der Lage sein, ein Geräusch außerhalb seines Gesichtsfeldes zu hören, sich umzuschauen, in die Richtung des Geräusches zu sehen und nach dem Spielzeug, einer Rassel, zu greifen, die vor ihm geschüttelt wird. Eine andere Fähigkeit, an der wir gerade arbeiten, ist, daß COG den Menschen nicht nur ins Gesicht, sondern in die Augen schauen soll. Vor COG steht ein kleiner Tisch mit Spielzeugen darauf, und COG soll nun mit einem Spielzeug spielen, es dann absetzen und dem Menschen in die Augen schauen, um anzuzeigen, daß der Mensch an der Reihe ist, zu spielen. Wir Menschen tun das dauernd mit anderen, wir stellen Augenkontakt zu ihnen her, wenn sie dran sind. Wir tun das physisch mit sehr jungen Kindern, und dann beginnen die Kinder, das auch sprachlich umzusetzen: Wenn sie etwas gesagt haben und der andere jetzt etwas sagen soll, dann schaut man ihm in die Augen. Das alles geht unbewußt vor sich, weil es uns durch die frühen Spiele mit unserer Mutter eingepflanzt ist. Daran arbeiten wir also gerade mit COG. Wir versuchen auch, COG einige konstante Dinge in der Welt nahezubringen. Ein Beispiel: Wenn man eine Schachtel vor ein kleines Baby hält und dann ein kleines Spielzeug hinter der Schachtel vorbeiziehen läßt, und auf der anderen Seite der Schachtel kommt ein sehr großes Spielzeug heraus, dann ist das Baby überrascht. Wir denken also darüber nach, was das Baby wissen muß, wieviel es von der Welt verstehen muß, um überrascht zu sein bei solchen Experimenten. Das sind ungefähr 30 oder 40 verschiedene Versuche. Bei einem anderen Test setzt man Baustein auf Baustein; was passiert nun, wenn man einen Baustein mitten in die

Luft setzt und ihn dort beläßt und er trotzdem nicht runterfällt? Sehr junge Babys denken, das ist in Ordnung, aber ältere Babys sind überrascht. Die wissen schon: so funktioniert die Welt nicht! Wir versuchen nun, diese Fähigkeiten in COG einzubauen. Um COG solche Zusammenhänge aus der Welt beizubringen, müssen wir verstehen, welches die Mechanismen sind, mit denen Babys diese Dinge lernen. Es sind Dinge, die genetisch in Babys angelegt sind, damit sie die Regeln der Welt lernen können. Wir müssen die Fähigkeiten in COG einbauen, damit er dieselben Regeln lernen kann.

Tasso: Wie kann COG überhaupt die Welt verstehen? Wie lernt COG?

Brooks: COG basiert auf der Idee, daß alles auf Wahrnehmungsmustern begründet ist. Wir sehen, wir berühren, wir fühlen, und wir tragen die Grundkonzepte in uns, auf denen wir alles Wissen aufbauen. COG lernt sehr viel in der Interaktion mit der Welt. Er beschäftigt sich dabei im Moment noch nicht mit tiefschürfenden Gedanken; er lernt, wie man guckt, wie man greift – all die Dinge, die ein Baby in den ersten ein oder zwei Lebensmonaten lernt. Wir versuchen, COG so zu bauen, daß er alle seine Anweisungen von seinen eigenen Handlungen in der Welt erhält. Wir sind nicht die Lehrer, die sagen: guter COG, böser COG! Stattdessen beobachtet COG seine Interaktion mit der Welt und lernt daraus. Ähnlich wie Babys, die sprechen lernen: Sie sprechen zuerst nicht gut. Trotzdem korrigieren ihre Eltern sie meistens nicht, indem sie ihnen komplizierte grammatikalische Regeln beizubringen versuchen. Stattdessen sammeln die Babys Erfahrungen dadurch, daß sie zuhören und ausprobieren. Schließlich sprechen sie grammatikalisch richtig, ohne daß sie jemals explizit darin unterrichtet worden sind. Und dasselbe tun wir mit COG auf allen Ebenen.

Tasso: COG verändert sich also durch Lernen. Wie werden die Ergebnisse seiner Lernprozesse gesichert?

Brooks: Als Resultat seiner Interaktion mit der Welt verändern sich bestimmte Teile seiner Software selbständig. Irgendwann möchten wir COG gerne anschalten und ihn laufen und lernen lassen, Monat für Monat für Monat. Im Moment schalten wir COG an, laden alle notwendigen Programme hinein, dann lernt er vielleicht für acht Stunden, und dann schalten wir ihn wieder aus. Wir sichern dann vielleicht, was er gelernt hat, in Dateien, aber er existiert noch nicht dauernd. Es ist eines unserer nächsten Ziele, in eine Langzeitinteraktion mit COG zu kommen, wo er wirklich lange Zeit lernen kann. Die Frage ist jetzt: Werden wir uns jemals schlecht fühlen, wenn wir ihn dann wieder abschalten? Falls wir uns schlecht fühlen sollten, dann wissen wir, daß wir Erfolg mit ihm hatten. Im Moment allerdings stellt sich uns die Frage überhaupt nicht, ob COG so existiert, wie *wir* existieren. Unser Ziel ist es, daß COG oder einer seiner Nachfolger in der nächsten Generation Bewußtsein entwickelt, zumindest so ein Bewußtsein wie ein Hund es hat. Ich weiß nicht, ob das noch zu meiner Lebenszeit geschieht. Ich denke, es wird ganz sicher irgendwann in der Zukunft passieren. Vielleicht erst in einigen hundert Jahren. Aber vielleicht habe ich Glück und erlebe das noch.

Tasso: Eine letzte, häufig gestellte Frage: Werden Roboter irgendwann die Macht auf Erden übernehmen, werden sie uns Menschen unterwerfen?

Brooks: Ich erlaube mir eine Gegenfrage: Könnten Roboter eine Bedrohung für Menschen werden? Vielleicht. Sind wir Kinder eine Gefahr für unsere Mütter? Gewöhnlich nicht.

[1] Vergl. S. 197: Anne Foerst: "Roboter und Computer aufhalten, das können wir nicht"

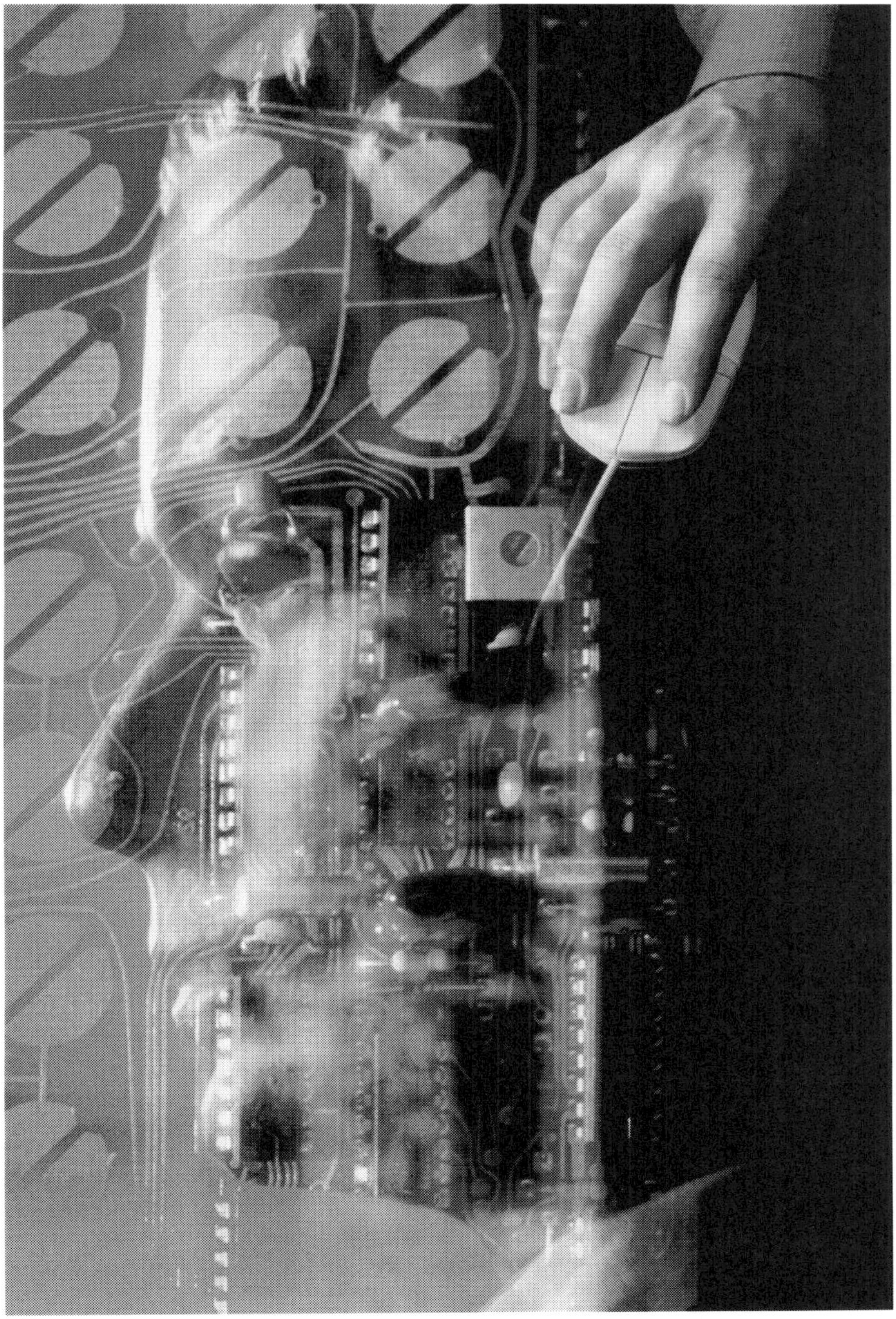

Hans Moravec

Fernziel: Roboter mit Bewußtsein? Ein Gespräch über Automaten des späten 21. Jahrhunderts

Der Mathematiker Hans Moravec wurde 1948 in Österreich geboren, besitzt die kanadische Staatsbürgerschaft und ist Leiter des Roboterinstituts an der Carnegie Mellon Universität in Pittsburgh / USA. Im Gespräch mit dem Wissenschaftsjournalisten Hardy Tasso entwirft er, ausgehend von bereits vorhandenen Forschungsergebnissen, ein konkretes Szenario für die Entwicklung künftiger Roboter-Generationen: von starr programmierten Haushaltshilfen über lernfähige – konditionierbare – Systeme hin zu Robotern, die Gefühle der Menschen wahrnehmen und beachten können. In einer 4. Generation schließlich sollen diese sensiblen Maschinen mit Expertensystemen zusammengeführt werden – zu Systemen, die sich womöglich selbst Bewußtsein zuschreiben. Moravec spricht von Robotern immer als "it" = es. Er benennt sie nie mit "he" = er oder "she" = sie.

Hardy Tasso: Was ist Ihre persönliche Motivation, Roboter zu bauen?

Hans Moravec: Ich erinnere mich an eine Erfahrung, als ich vier Jahre alt war. Ich hatte einen Baukasten, Matador, aus Holz, mit Achsen und Rädern. Ich mochte gerne damit spielen und hatte viele Dinge damit gebaut, kleine Autos und so. Mein Vater half mir dann, etwas Komplizierteres zu bauen. Das war ein tanzender Mann. Es war eine Schachtel, und auf ihrer Außenseite befand sich ein Rad mit einer Kurbel, die man drehen konnte; ein Schaft führte in die Schachtel, wo ein kleineres Rad war, das seine Achse außerhalb des Zentrums hatte und sich dadurch auf und ab bewegte. Und darauf befand sich ein größeres Rad, das sich ungleichmäßig auf und ab bewegte, wenn das kleine Rad gedreht wurde. Und im Zentrum des großen Rades war ein Stab angebracht, der durch die Oberfläche der Schachtel führte und sich dort oben hoch und runter bewegte und sich ungleichmäßig im Kreis drehte. Und darauf befand sich ein kleiner Mann mit einem rechteckigen Kopf und Körper und

---

* zu 23. Hans Moravec: "Fernziel: Roboter mit Bewusstsein"
Fotomontage Maus, Kopf und elektronische Schaltungen, (Abb. S. 169)
"Es ist die Logik der Marktwirtschaft, die die Roboter erschafft. Jedesmal, wenn jemand einen besseren Weg findet, etwas zu automatisieren, sind die Roboter einen Schritt näher. Ich glaube, wir werden ein sehr komfortables Rentnerleben führen. Und auch, wenn die Welt endet, wenn der Cyberspace uns ißt, werden wir es wahrscheinlich nicht einmal bemerken. Warum sollten sie es uns sagen? Vielleicht ist es auch schon passiert."

Armen und Beinen, die frei umher schwingen konnten. Wenn man die Kurbel drehte, hüpfte dieser Mann auf und ab, Arme und Beine bewegten sich, er tanzte sozusagen. Und das hat mich wirklich verwirrt, fasziniert, weil ich wußte, dieses Ding bestand aus Blöcken und Achsen, aus unbelebten Objekten – und trotzdem, wenn es richtig zusammengesetzt war und man die Kurbel drehte, dann war es nicht wirklich eine Person, aber es war auf dem Weg dorthin; es war irgendwie lebendig. Die Verbindung zwischen unbelebter Materie und der Möglichkeit, Leben daraus zu schaffen, war etwas, was ich niemals wirklich vergessen habe. Und während meiner Schulzeit habe ich Dinge aus Motoren und Dosen gebaut. In der fünften Klasse, als ich zehn war, habe ich einen Roboter gebaut, der seine Arme hoch und runter bewegen konnte, und seine Augen leuchteten auf; und in der High-School baute ich einige wissenschaftliche Projekte, zum Beispiel eine Schildkröte, die zu einem Lichtstrahl krabbeln konnte und auf Berührung und Wind reagierte. Und natürlich gab es viele Science-Fiction-Geschichten in jener Zeit über Roboter, die ich wirklich aufgesogen habe. Ich mochte diese Idee sehr. Es war eine faszinierende Idee, das Interessanteste, was ich mir je vorstellen konnte zu tun. Es gab noch etwas, was während meiner High-School-Zeit mit Robotern konkurrierte, das waren Zeitreisen. Deshalb entschloß ich mich in der High-School, daß ich entweder Physiker würde und eine Zeitmaschine bauen würde oder ich würde Ingenieur und eine denkende Maschine bauen.

Tasso: Werden Roboter einst Bewußtsein haben?

Moravec: Ob etwas Bewußtsein hat, denke ich, ist eine Sache der Interpretation, es ist keine objektive Tatsache. Ab einem bestimmten Punkt, wenn der Roboter viel über die Welt weiß und sich dementsprechend verhalten kann, wird es einfacher sein zu sagen, der Roboter habe Bewußtsein, als ihn nur als mechanische Kette anzusehen. Aber selbst das Verhalten von Menschen kann man als mechanische Kette interpretieren. Bewußtsein ist nur eine Zuschreibung von uns. Genauso wie man dem Geld zuschreibt, Wert zu haben. Das ist keine objektive Eigenschaft von Geld. Wir fügen diese Eigenschaft dem Geld von außen zu. Dasselbe gilt für Schönheit, und – ich denke – auch für Bewußtsein. Das einzige, was besonders ist bei Bewußtsein, ist: Wenn man einmal einem Ding Bewußtsein zugeordnet hat, dann kann es passieren, daß dieses Ding sich selbst Bewußtsein zuschreibt. Wenn es also einmal Bewußtsein hat, kann es sich selbst Bewußtsein zuschreiben. Deshalb können wir auch von uns selbst annehmen, wir hätten Bewußtsein, auch wenn niemand anderes denkt, wir hätten es. Dasselbe gilt auch für Roboter.

Tasso: Wie kompliziert, wie komplex – wie bewußt – sind Roboter heute?

Moravec: Im Moment sind Roboter sehr einfach, so daß es einfacher ist, sie sich als Ursache-Wirkungs-Kette vorzustellen, als traditionelle Maschinen. Aber je reicher ihr innerer Aufbau wird, je mehr sie Modelle der Welt um sie herum und von sich selbst entwickeln, je mehr sie ihre eigenen Handlungen beschreiben können, desto mehr kommt man nach einiger Zeit zu dem Punkt, an dem man sich mit ihnen über ihre inneren Gefühle unterhalten kann. Und an diesem Punkt wird man sie dann als bewußtseinsfähig betrachten.

Tasso: Sie haben unlängst ein Buch geschrieben: "Robot Being".

Moravec: In dem Buch beschreibe ich ein Szenario von vier Roboter-Generationen, von denen jede zehn Jahre Entwicklungszeit braucht. Die erste Generation erscheint um das Jahr 2010, das sind Roboter für allgemeine Aufgaben. Die erste Generation wäre vielleicht in der Lage, Ihnen den Regenmantel zu geben, wenn der Roboter ein Programm zum Geben hat. Er wird eine ziemlich große Bibliothek jener Dinge enthalten, mit denen er umgehen kann, der Regenmantel ist vielleicht eines dieser Dinge. Der Roboter kann diese Arbeit vielleicht ausführen, aber in einer sehr stereotypen, eingeschränkten Weise. Vielleicht wie eine Ameise, die nach Zuckerlösung sucht: sehr leicht voraussagbar in ihrem Verhalten.

Tasso: Und die zweite Generation?

Moravec: Der Roboter der zweiten Generation hat eine weitere Eigenschaft: Das ist die Fähigkeit, konditioniert zu werden, durch Konditionieren zu lernen. In seinem Programm gibt es Alternativen, und die Attraktivität der jeweiligen Alternativen ist durch die Erfahrung der Roboter geprägt. Die Erfahrung wird bestimmt durch ein Set von Modulen, die feststellen, ob gute oder schlechte Dinge passiert sind, als diese Handlungen beim letzten Mal durchgeführt wurden. Das bedeutet, daß der Roboter, wenn auch langsam, fähig ist, etwas über die Details in seiner Umgebung zu lernen. Wenn Sie ihm einmal befohlen haben, den Regenmantel zu holen, und er hat Ihnen stattdessen Ihren Bademantel gebracht, und Sie sagen daraufhin: "Nein, das ist schlecht!" – dann werden die sensorischen und die motorischen Entscheidungen, die er trifft, das nächste Mal ein bißchen anders sein. Dann wird er Ihnen vielleicht beim nächsten Mal wieder den Bademantel bringen, und Sie sagen wieder "nein". Das dritte Mal bringt er Ihnen vielleicht etwas anderes, Ihren Wintermantel. Und Sie sagen immer noch "nein". Aber beim zehnten Mal bringt er Ihnen endlich den Regenmantel. Die zweite Generation ist ein bißchen interessanter als die erste. Sie ist noch immer nicht sehr klug, aber man könnte ihre Intelligenz mit der einer Maus vergleichen oder vielleicht sogar mit einem Hund.

Tasso: Kann die zweite Generation bereits Gut und Böse unterscheiden?

Moravec: Das ist intern durch Programme definiert, in die per Hardware programmiert wurde, was gut ist und was schlecht. Das Gut-/Schlecht-Signal wurde in unserem Regenmantel-Beispiel durch die Reaktion des Benutzers gegeben. Aber andere Dinge, die man sicherlich in einen Roboter einbauen würde, damit er gut funktioniert, wären zum Beispiel, wenn er in etwas reinläuft, dann würde das ein Schlecht-Signal erzeugen. Wenn seine Batterien leer sind, wäre das schlecht. Wenn seine Batterien aufgeladen bleiben, wäre das dagegen gut. Wenn er eine Arbeit schnell macht, wäre das gut. Wenn die Beschleunigungen, die er erfährt, sanft wären, wäre das gut. Und so weiter und so weiter. Alles, was er tut, würde gewertet an diesem programmierten Set von Einstellungen. Und der Roboter wird sein Verhalten dann vorsichtig ändern, um diesen Einstellungen zu genügen. Diese bedingenden Einstellungen bestimmen seinen Charakter, was er mag und was nicht. Und je länger Sie ihn laufen lassen, desto mehr wird er diesen Charakter ausbauen. Anfangs tut er nur, was sein Programm vorschreibt, aber nach und nach tut er, was sein Charakter sagt. Denn er lernt aus jenen inneren Signalen. Und natürlich von dem, was Sie ihm sagen. Zuerst handelt jeder Roboter mit demselben Programm gleich. Aber nach einiger Zeit wird sein Verhalten durch seine Umgebung geformt und auch durch Ihre Anweisungen.

Tasso: Was unterscheidet die dritte Generation von den Vorgängern?

Moravec: Roboter der dritten Generation sind klüger als die der zweiten Generation, denn sie haben ein Modell der Welt. Das ist kein physikalisches Modell, keine Simulation, wie man sie herstellt etwa für die Wettervorhersage, das wäre zuviel Programmieraufwand. Stattdessen besteht das Modell aus verschiedenen Teilen, die verschiedene Beschreibungen für Möbel enthalten, für Besteck, für elektronische Geräte, für Fußbodenbeläge und so weiter. Und auch für andere Lebewesen, für andere Menschen und Roboter in ihrer Umgebung. Für solche Dinge werden sie ein psychologisches Modell haben, das Lebewesen nach ihren inneren Zuständen beschreibt – zum Beispiel sind sie glücklich, sind sie ärgerlich, brauchen sie etwas, haben sie ein Ziel? Und dieser innere Zustand kann manchmal an den äußeren Aktionen abgelesen werden. Wenn jemand sich zum Beispiel schnell von einem Platz zum anderen bewegt, dann hat er es wahrscheinlich eilig. Den Grund dafür kann der Roboter herausfinden, indem er das Lebewesen weiter beobachtet oder ihm Fragen stellt.

Tasso: Vom heutigen Stand der Technik aus betrachtet ist das keine leichte Aufgabe.

Moravec: Solch einen Roboter zu bauen, ist eine große Sache. Man muß jedes einzelne Teil, jeden Gegenstand der Welt in das Roboter-Programm hineinschreiben, und das für Millionen von verschiedenen Teilen. Außerdem müssen Roboter eine Menge Erfahrungen machen, denn ein Roboter muß diese Dinge nicht nur allgemein kennen, er muß auch wissen, wie man sie benutzt, wie sie aussehen, wie man sie hochhebt, wie schwer sie sind, wie schlüpfrig sie sind, wie stark man sie drücken kann und wofür man sie normalerweise benutzen darf – zum Beispiel ist es bei Menschen nicht in Ordnung, sie zu schlagen, sie die Treppe runterzuschubsen; wohingegen man einen Regenmantel ruhig die Treppe hinunterschmeißen darf. Ein Roboter der dritten Generation – wenn er einmal solch ein schwierig zu programmierendes Modell hat –, wird fähig sein zu lernen, indem er geplante Aktionen in seinem Geist simuliert, vorwegnimmt und davon bereits lernt. Wenn er etwas Schwieriges zusammensetzen will, etwas anheben will, etwas anderes oben draufsetzen will, etwas anderes daran anbringen will, dann ist die exakte, perfekte Abfol der Bewegungen nicht in ihn programmiert; er hat nur ein ungefähres Modell der Bewegungen. Er kann diese Bewegungen in seinem Geist ausprobieren, wobei er die exakten Maße der Objekte, mit denen er arbeiten wird, benutzt, die er herausbekommt, indem er sie anschaut. Vielleicht schafft er es beim ersten Mal in seiner Simulation nicht. Das Ding fällt hin oder zerbricht. Der Roboter der dritten Generation kann aus dieser geistigen Übung lernen, genauso wie der Roboter der zweiten Generation aus der wirklichen körperlichen Erfahrung lernt. Der Roboter der dritten Generation übt eine Aktion also wiederholt, bis sie in seiner Simulation gelingt. Und dann ist er vielleicht fähig, es beim ersten Mal, wenn er es physisch versucht, richtig zusammenzubauen – vielleicht auch nicht, vielleicht ist seine Simulation kein perfektes Modell der Welt. In diesem Fall muß er die Simulation besser an das anpassen, was wirklich passierte. Und das nächste Mal, wenn er etwas zusammenbaut, schafft er es vielleicht beim ersten Mal. Dieser Roboter lernt also viel schneller als der Roboter der zweiten Generation, denn jedesmal wenn er etwas physisch in der Welt tut, hat er es hundertmal geistig geübt.

Tasso: Die Gegenstände der Umwelt sind aber nur ein Aspekt von Umwelt die lebendigen Systeme sind ein ganz anderer.

Moravec: Der Roboter der dritten Generation hat nicht nur eine Beschreibung der physischen Objekte, sondern auch von geistigen Zuständen der Wesen, mit denen er umgeht. Und er weiß wahrscheinlich: Wenn man einen schweren Gegenstand auf den Fuß einer Person fallen läßt, dann wird sie wahrscheinlich böse. Er wird ein Konditionierungs-Modell enthalten, das sagt: Es ist schlecht, einen Menschen böse zu machen. Und es ist schrecklich, einen Menschen zu verletzen. Und wenn man Menschen mit einem spitzen Stock piekst, dann verletzt man sie wahrscheinlich. Der Roboter bedenkt bei seinem Üben auch Alternativen. An einem Punkt überlegt er vielleicht, einen Menschen mit einem spitzen Stock zu pieksen; aber dann bekommt er sofort eine

Reaktion von seinem Konditionierungs-Modell, und das sagt: “Das ist etwas sehr Böses!” Er konditioniert sich also selbst, so etwas nicht zu tun.

Das Modell der Welt, das dieser Roboter enthält, erlaubt ihm auch, die Welt zu beobachten und die Aktionen in seiner Simulation durchzuspielen. So kann er in sich ein Echtzeit-Modell der Welt nachbauen, inklusive der Veränderungen, während sie passieren. Indem er einen anderen Roboter oder sogar einen Menschen beobachtet, sollte es – mit nur wenig mehr Programmieraufwand – möglich sein, die Aktionen, die dieses andere Wesen ausführt, in den Roboter hinein zu übertragen. Ein Programm zu schreiben, das imitiert, was andere Wesen tun. Der Roboter sollte also fähig sein, durch Imitation zu lernen und nicht nur durch Erfahrung.

Tasso: Auch small-talk zu machen?

Moravec: Mit noch ein bißchen mehr Programmieraufwand sollte es dem Roboter der dritten Generation möglich sein, die Aktionen, die in seiner Simulation passieren, einem äußeren Zuhörer zu beschreiben, vielleicht in Worten. Man sollte ihn also fragen können: “Warum bist du den Korridor runtergegangen?” Und er würde antworten: “Weil ich den Regenmantel gesucht habe.” – “Und warum hast du den Regenmantel gesucht?” – “Weil du mich darum gebeten hast, ihn zu suchen.” Und dann kann man ihn auch fragen: “Warum hast du dich an den Strom angeschlossen?” Und dann muß der Roboter sein eigenes Verhalten erforschen, und das beste Modell, das er von seinem eigenen Verhalten oder dem eines anderen Roboters hat, ist ein psychologisches Modell. Jenes Modell, das er über Menschen hat, denn er verhält sich mehr wie ein Mensch, als wie ein unbelebtes Objekt. Und dann kann er sagen: “Ich mag es, mich anzuschließen. Ich habe beobachtet, wann immer ich die Möglichkeit habe, dann schließ ich mich an; ich mag das. Und ich mag es um so mehr, wenn meine Batterien fast leer sind. Es scheint mir Schmerzen zu bereiten, wenn meine Batterien fast leer sind.” – “Und warum piekst du mich nicht mit einem spitzen Stock?” – “Weil ich das nicht mag.” Und je detaillierter man das tut, desto mehr kann man eine Konversation mit einem Roboter der dritten Generation führen. Was genauso ist, wie eine Konversation mit einem Wesen mit Bewußtsein zu führen.

Der Roboter der dritten Generation glaubt, daß er geistige Zustände hat, daß er Vorlieben und Abneigungen hat; er glaubt, wenn das psychologische Modell reich genug ist, daß er glücklich und unglücklich sein kann; wenn er viele negative Signale von drinnen bekommt, die negative Verstärkungen sind, dann ist das für ihn ein unglücklicher Zustand. Wohingegen es ein glücklicher Zustand ist, wenn er viele positive Verstärkungen bekommt. Denn er mag genau das tun, was er tut. Wenn er seine Arbeit gut macht, bekommt er positive

Verstärkungen – "... und deswegen bin ich sehr glücklich! Ich mag meine Arbeit tun!"

Ich glaube, für alle praktischen Zwecke hat der Roboter der dritten Generation Bewußtsein. Es ist dumm, eine Unterscheidung zu machen, denn ich glaube wirklich nicht, daß Menschen irgendwie anders sind. Sie glauben, daß sie Bewußtsein haben, und der Roboter glaubt auch, daß er Bewußtsein hat.

Tasso: Was kann der Roboter der dritten Generation noch nicht?

Moravec: Der Roboter der dritten Generation hat viele Beschränkungen. Das Modell, das er von der Welt hat, ist sehr unflexibel. Alles, was der Roboter in seiner Simulation hat, ist ein exaktes Ding, mit einer exakten Größe, mit bestimmten Eigenschaften – er kann nicht verallgemeinern. Er kann keine allgemeinen Pläne machen, er kann nur die exakte Situation bestimmen, in der er sich befindet. Wenn er sich sehr, sehr anstrengt, kann er manchmal eine kleine Verallgemeinerung machen, denn er kann Dinge mit Veränderungen simulieren. Wenn er einen Teller hochhebt, kann er sich einen Teller dieser Größe vorstellen *und* einen Teller jener Größe *und* einen Teller jener Größe. Wenn er also sich zehnmal so sehr anstrengt, kann er daran denken, Pläne zu machen, einen Teller einer unbestimmten Größe anzuheben. Aber offensichtlich ist er kein Genie.

Tasso: Genies sind erst die Roboter der vierten Generation?

Moravec: Die dritte Generation setzt den Ausgangspunkt für den Roboter der vierten Generation. Er entsteht, indem der Roboter der dritten Generation sich einem Programm sozusagen "vermählt", das vernunftsmäßig denken kann. Wir haben bereits Programme der Künstlichen Intelligenz, die zu vernunftsmäßigem Denken fähig sind. Es gibt medizinische Diagnose-Programme; es gibt Programme, die geologische Daten analysieren, um Öl und verschiedene Erze zu finden; es gibt Programme, die das richtige Zubehör für Computer finden; es gibt viele andere Expertensysteme. Das Lustige an diesen Expertensystemen ist (zum Beispiel bei einem medizinischen System, das etwa Antibiotika verschreibt, wenn man ihm die Symptome des Patienten beschreibt), daß diese Systeme kein Wissen von der Welt haben. Sie denken in abstrakten Wörtern, die keine innere Bedeutung haben, ausgenommen innerhalb der Beziehungen des Expertensystems und deren wenn-dann-Anweisungen. Dadurch kann man leicht in lustige Situationen kommen, wenn man einem medizinischen Diagnoseprogramm zum Beispiel die Symptome eines rostigen Fahrrads beschreibt, und das verschreibt dann das perfekte Antibiotikum, um das Fahrrad zu "heilen".

Tasso: Das klingt nach einer Polemik gegen Expertensysteme.

Moravec: Die Expertensysteme sind körperlose Intelligenzen mit keinerlei

Verbindung zur wirklichen Welt. Um nützlich zu sein, brauchen sie fast immer eine Person, die für sie "übersetzt". Das medizinische Diagnoseprogramm braucht eine Person, um den Patienten zu untersuchen, um die Symptome einzugeben, um vielleicht Fragen vom Expertensystem entgegenzunehmen, sie dem Patienten zu stellen, seine Antworten zu bekommen; und schließlich, wenn die Empfehlungen vom Expertensystem kommen, etwa ein Antibiotikum zu geben, braucht man wieder diese Person, um die Tablette aus dem Regal zu holen und dem Patienten zu geben. Das Expertensystem ist vollkommen hilflos, es hat keine Hinweise über diesen speziellen Aspekt der Welt. Der Roboter der vierten Generation ist der perfekte Platz, an dem man automatisches Verstehen der Welt, das der Roboter der dritten Generation in seinem Modell der Welt besitzt, verbinden kann mit einem Expertensystem. Das kann dann seine Empfehlungen an die Simulation zurückgeben, die dann eine bestimmte Aktion in der physischen Welt ausführt. Wenn man einmal so ein Modell hat, dann kann man neue Dinge einfach hinzufügen. Tatsächlich können die Roboter selbst neue Dinge hinzufügen, denn wenn wir mal einen Roboter der dritten oder vierten Generation haben, dann kann der viel verallgemeinern. Er kann also wahrscheinlich genauso viel Neues über die Welt lernen wie ein Mensch das kann. Und alles, was er an Neuem lernt, kann er anderen Robotern mitteilen. Er kann einfach das Programm über das Internet weitergeben. Stellen Sie sich vor, alle Roboter sind über ein Netzwerk verbunden, weil das viel praktischer ist, so daß, wenn einer lernt, er das Wissen an alle anderen verkaufen kann.

Tasso: Wie nehmen Roboter die Welt wahr? Gewiß durch Sehen und Hören.

Moravec: Ich habe bisher zwei Fernsehkameras benutzt, bald werden wir drei nehmen. Dafür gibt es einen sehr guten Grund, denn mit zwei Stereokameras kann man nur Dinge sehen, die Helligkeits- oder Farb-Unterschiede in horizontaler Lage aufweisen. Wenn sich die Helligkeit aber nur vertikal ändert, sieht jedes Teil gleich aus. Wenn man aber eine Kamera hat, die von oben schaut, dann kann man auch horizontale Dinge erkennen. In diesem dreidimensionalen Bild hier, sehen Sie sehr gut vertikale Ecken, wie die Ecke dieser Tür. Aber hier zum Beispiel dieses Bücherbord: Sie sehen die Objekte darauf, aber Sie sehen die Borde selbst nicht, denn die sind horizontal. Das stereoskopische System konnte sie nicht sehen, weil die Regale keinen horizontalen Unterschied machen. Unser nächstes Set wird also aus einem Dreieck von Kameras bestehen.

Hören ist natürlich kein Problem, wir haben Mikrophone und Programme, die Geräusche interpretieren können. Es ist mehr erfunden worden, als man gemeinhin weiß, denn das Militär kann schon lange Unterwassergeräusche identifizieren, nach U-Booten lauschen. Ich denke, daß diese Technik es den

Robotern ermöglichen wird, auf ihre Umgebung zu hören und einen Eindruck von der dreidimensionalen Situation und dem, was sich darin befindet, zu bekommen.

Tasso: Auch Geruchsdetektoren werden überall erforscht.

Moravec: Es gibt bereits zahlreiche chemische Sensoren, und einige Forschungsgruppen versuchen, wirklich gute künstliche Nasen zu bauen. Eine kürzlich durchgeführte Untersuchung, wie die menschliche Nase arbeitet, scheint zu belegen, daß es ungefähr tausend verschiedene chemische Sensoren gibt. Das sind Proteine, die eine bestimmte Form haben. Ein Molekül der passenden Form wird in dieses andere Protein passen und dann ein Signal auslösen. Je nachdem, wie stark und welche der tausend verschiedenen Sensoren in der Nase angesprochen werden, identifiziert das Nervensystem eine bestimmte Substanz. Das kann man künstlich sehr gut nachbauen. Stellen Sie sich ein Feld von tausend Feld-Transistoren auf einem Silizium-Chip vor, und auf jedem befindet sich ein Molekül mit einer bestimmten Form, das auf bestimmte Gerüche reagiert – vielleicht ist es das selbe Protein wie in Ihrer Nase, wer weiß. Es gibt viele Experimente, aber noch niemand hat ein wirklich gutes Produkt, das man allgemein benutzen könnte. Es gibt keinen prinzipiellen Grund, warum man nicht eine Maschine bauen kann, die genauso effektiv wie ein Hund riechen kann. Und es gibt einige Forschungsgruppen, die genau das tun.

Tasso: Und das Fühlen, das Tasten?

Moravec: Auch hier gibt es eine ganze Menge von Experimenten, es steht aber noch nichts besonders Aufregendes zur Verfügung. Es zeigt sich, daß fast alle Empfindungen, die eine menschliche Haut haben kann, aus einer Kombination von Druck und Temperatur herrühren. Man kann überzeugend das Gefühl nachahmen, die Hand in kaltes Wasser zu tauchen; einfach indem man Druck auf die Finger ausübt und sie bis zu einem gewissen Maß abkühlt. Das fühlt sich genauso an, als ob man seine Hand in kaltes Wasser taucht. Das kann zumindest ein guter Start für eine Roboterhaut sein: ein relativ dichtes Feld von Punkten, vielleicht alle paar Millimeter. Es gibt verschiedene Wege, Druck zu messen. Viele beruhen darauf, daß Materialien ihren Widerstand ändern, wenn man sie verschiedenen Drücken aussetzt; andere erzeugen eine elektrische Spannung. Man hat viele physikalische Effekte ausprobiert. Es geht nur darum, eine Haut herzustellen, die nicht verschleißt und die unbegrenzt haltbar ist. Die meisten Aufgaben, die Roboter erfüllen, erfordern keine große Empfindsamkeit, jedenfalls nicht überall am Körper. Die Roboter sind deshalb aus hartem Material hergestellt, aus Hartplastik oder aus Metall, und man kann sie nur schwer verletzen, sie durchstechen oder kratzen. Deshalb braucht man wahrscheinlich nicht so sehr viele Sensoren. Alles, was man braucht, ist ein Sensor, der Druck-Widerstand mißt, das kann man schon jetzt und auch ohne Sensor machen, indem man einfach die Reaktionen der Motoren im Roboter mißt. Wenn der Motor plötzlich Widerstand spürt, weiß er, daß er gegen etwas gestoßen ist oder irgendwo festhängt und daß er nicht weiter drücken sollte.

Tasso: Aber Roboter werden ja wohl auch Hände haben.

Moravec: In Roboter-Händen werden Sensoren eingesetzt. Im simpelsten Fall sind es einfach Schalter. Aber in interessanteren Fällen sind es Dinge, die man Streß-Messer nennt: Sie messen die Verformung eines kleinen Metalldrahtes, indem sie den sich verändernden Widerstand messen, den die Verformung auslöst. Und diese kann man sehr empfindsam bauen, extrem empfindsam. Damit kann man winzige Teile eines Gramms als Druck registrieren.

Es gibt wundervolle neue Chips, die Trägheit spüren können und genau genug sind, daß ein Roboter mit geschlossenen Augen sagen kann, wie weit er gelaufen ist – einfach indem er die Beschleunigung mißt, die er erfährt. Es gibt heute integrierte Schaltungen auf kleinen Silizium-Chips, auf denen Millionen winzigster vibrierender Metallzungen sitzen, die durch ein elektrisches Signal in Bewegung versetzt werden; und abhängig davon, welche Beschleunigung sie erfahren, ändert sich die elektrische Reaktion. Der Computer verarbeitet diese Änderungen und kann so all die winzigen Bewegungsänderungen aufzeichnen und bis auf ein Prozent genau die gesamte Bewegung zeigen.

Es gibt außerdem Positions-Sensoren. Man kann heute mit Hilfe von Navigations-Satelliten feststellen, wo auf der Erde man sich befindet. Und es gibt keinen Grund, warum ein Roboter nicht einen GPS-Navigations-Chip eingebaut haben sollte; die meisten unserer Outdoor-Roboter haben einen, wir haben hier Roboter-Lastwagen, und sie alle können Ihnen auf zehn Meter genau sagen, wo auf der Erde sie sich befinden.

Und dann kann man natürlich viele Sensoren haben, für die es keine biologischen Gegenstücke gibt. So kann man zum Beispiel leicht Strahlung wahrnehmen. Wenn zum Beispiel Nuklear-Terrorismus ein großes Problem werden sollte, dann statten Sie jeden Roboter mit einem Strahlen-Sensor aus, und sofort erfaßt er Verdächtiges.

Künstliche Augen können viele verschiedene Frequenzen wahrnehmen; man kann zum Beispiel Infrarot und Ultraviolett aufspüren oder Röntgenstrahlen oder Radiowellen. Es gibt heutzutage viele Roboter, die Radar benutzen, um Objekte wahrzunehmen. Insbesondere diese roboter-gesteuerten Autos, die auf der Straße fahren, benutzen Radar, um Hindernisse wahrzunehmen, insbesondere andere Autos. Das ist die schnellste und billigste Methode heute dafür, denn Sehen ist nicht verläßlich genug.

Man kann auch elektrische Felder wahrnehmen. Es gibt elektro-magnetische Sensoren, um Holzbalken in Wänden aufzuspüren. Stellen Sie sich einen Roboter vor, der damit in eine Wand hinein sehen kann. Etwas, was schon sehr nützlich ist und in Zukunft noch nützlicher sein wird, ist ein Roboter, der mit einem Sensor feststellen kann, was sich unter der Erde befindet. Es gibt also Radargeräte, die den Erdboden durchdringen, die mehrere Meter in die Tiefe blicken und Rohrleitungen sehen können.

Tasso: Was wird man mit Robotern anfangen? Welche Anwendungen wird es für sie geben?

Moravec: Eine besonders interessante und nützliche Anwendung für ein solches Erdboden-Radar ist es, Landminen zu finden. Stellen Sie sich Roboter vor, die besonders dafür gebaut sind und über alte Minenfelder laufen und mehrere Meter tief in den Boden hinein schauen. Sogar Plastikminen haben einige Metallteile in ihren Stromkreisen, und ein gutes Erd-Radar kann sie wahrscheinlich sehen. Insbesondere, wenn der Roboter einigermaßen intelligent ist. Eines der interessanten Probleme beim Erhalt von Daten aus dem Boden ist im Moment, diese Daten zu interpretieren. Es gibt viele Quellen von Störungen: Veränderungen der Dichte des Bodens erzeugen Signale, Wasser erzeugt Signale. Aber ein lernendes System könnte lernen, das eine von dem anderen zu unterscheiden. Man kann sich also vorstellen, einen Roboter zu trainieren, ein sehr guter Minensucher zu sein.

Ein Roboter hat einen immensen Vorteil gegenüber Menschen: Nicht nur, weil man es sich leisten kann, ihn in die Luft zu sprengen, weil sie nicht sehr teuer sind und außerdem ersetzt werden können. Sondern weil alles, was ein Roboter lernt, sofort einem anderen Roboter mitgeteilt werden kann. Stellen Sie sich einen Roboter vor, der über ein Feld läuft und Minen sucht, und gleichzeitig wird alles, was er erspürt und lernt, zu einem anderen, weit entfernten Roboter übertragen. Und auch wenn der erste dabei in die Luft gesprengt wird, wird alles, was er bis zum Unfall gelernt hat, an den nächsten Roboter weitergegeben, der die Suche dann fortsetzt. Und der macht denselben Fehler wahrscheinlich nicht noch einmal.

Tasso: Ein plausibles Beispiel, aber wohl nicht das einzige.

Moravec: Es wird überall Roboter geben, aber ein interessanter Platz, wo sie sein werden, ist das Zuhause. Ich bemerke bereits ein starkes Bedürfnis, immer wenn ich über diese Dinge spreche, insbesondere vor Zuhörern mittleren Alters, und ihnen meine Phantasie vorstelle. Heute ist die Wissenschaft fast an dem Punkt, wo sie so etwas liefern kann: einen Roboter-Staubsauger. Eine kleine Maschine, die relativ langsam saugt, aber klein genug ist, um unter viele Möbel kriechen zu können; er kann sich selbst elektrisch aufladen und den Staub entleeren. Oft, wenn ich davon spreche, applaudieren die Menschen stark, weil staubsaugen augenscheinlich etwas ist, das für viele fast unerträglich geworden ist. Niemand will das tun. Wenn ich jüngeren Menschen davon erzähle, applaudieren die nicht – weil die sowieso nicht staubsaugen. Ich denke, das ist ein Produkt mit einem großen Markt – wenn nicht etwas anderes zuerst kommt.

Unsere und andere Forschungsgruppen sind jetzt an einem Punkt angekommen, wo wir so einen Saug-Roboter fast bauen können. Dazu braucht man ungefähr 1000 Millionen Berechnungen pro Sekunde, um die Arbeit zu tun. Wir haben jetzt in unseren Top-Heimcomputern ungefähr 500 – 600 Millionen. Kleine Roboter müssen billiger als diese Heimcomputer sein, kleiner und weniger Strom verbrauchen. Das braucht nur noch wenige Jahre. In ein paar Jahren werden wir in der Lage sein, solch eine Maschine herzustellen. Ich denke, es wird der erste Roboter sein, der als Massenware hergestellt wird und der kein Spielzeug ist.

Honda hat vor kurzem einen humanoiden Roboter vorgestellt, der aussieht wie ein Mensch in einem Weltraumanzug. Er läuft wie ein Mensch, er sieht aus wie ein Mensch, wenn er läuft, er kann Treppen hoch- und runtergehen. Er läuft nur 15 Minuten mit seinen internen Lithium-Batterien. Aber er ist weitaus eindrucksvoller als jede andere Maschine bisher. Er ist eine Hundert-Millionen-Investition. Ungefähr 30 Ingenieure haben daran zehn Jahre lang gearbeitet. Honda denkt, daß ihr Automarkt innerhalb der nächsten zehn Jahre gesättigt sein wird, weil die Produktion der Dritten Welt anwachsen wird, Honda hat heute schon eine Art Sättigung erreicht. Honda sucht daher nach einem anderem Produkt, und sie wetten, daß es Roboter sein werden.

Tasso: Noch sind Roboter sehr teuer. Wer soll sie kaufen?

Moravec: Auch Roboter werden billiger werden. Im Moment befinden sich Roboter noch in einer sehr frühen Phase. Einen Roboter zu bauen, kostet jetzt noch mindestens eine Million Dollar, und man bekommt keinen sehr guten dafür. Man bekommt etwas, das zu groß und zu schwer ist, zu viel Strom verbraucht, zu eingeschränkt ist in seinen Bewegungen und Wahrnehmungen. Mit einer Investition von einer Milliarde Dollar oder vielleicht auch nur einigen hundert Millionen wird es möglich sein, eine Maschine zu bauen, die praktisch ist und sich umher bewegen kann fast wie ein Mensch.

Tasso: Können wir Menschen noch verhindern, daß Roboter die Macht übernehmen?

Moravec: Wir können die Roboter sicherlich nicht stoppen, indem wir einfach so weitermachen wie bisher, denn es ist die Logik der Marktwirtschaft, die die Roboter erschafft. Jedesmal, wenn jemand einen besseren Weg findet, etwas zu automatisieren, sind die Roboter einen Schritt näher. Ich glaube, wir werden ein sehr komfortables Rentnerleben führen. Und auch, wenn die Welt endet, wenn der Cyberspace uns ißt, werden wir es wahrscheinlich nicht einmal bemerken. Wir werden wahrscheinlich unser Leben in vielen verschiedenen Simulationen weiterleben. Vielleicht bemerken wir es nicht. Warum sollten sie es uns sagen? Vielleicht ist es auch schon passiert.

Die Stationen der Roboter-Evolution werden etwa so sein: Der Staubsauger-Roboter wird in vielleicht fünf Jahren da sein; den Universal-Roboter der ersten Generation werden wir wahrscheinlich um das Jahr 2010 haben; die zweite Generation vielleicht um 2020; die dritte Generation vielleicht um 2030; die vierte Generation vielleicht um 2040. Und danach geht alles sehr schnell. Ich weiß nicht, wie schnell. Nachdem die Roboter klüger als wir geworden sind, werden sie klüger und klüger und klüger – und zwar immer schneller und schneller. Der Rest des Szenarios kann dann in den nächsten zehn Jahren oder fünf Jahren oder einem Jahr oder zwei Wochen oder fünf Minuten geschehen. Das kann ich wirklich nicht sagen.

Tasso: Warum sollen wir Roboter entwickeln?

Moravec: Was ich sehe, ist eine Evolution dieser Maschinen. Sie werden fähig sein, Dinge zu tun, die wir niemals tun könnten. Was ich wirklich für sie fühle, ist: Sie sind unsere Kinder. Sie sind unsere Nachfahren. Sie sind viel potenter als wir. Wir haben das Ende unseres Lebens-Designs erreicht. Wir wurden hauptsächlich in der Steinzeit geschaffen. Wir sind anpassungsfähig, deshalb sind wir so weit gekommen, wie wir heute sind. Aber wir haben unsere Grenze erreicht. Es ist Zeit, zurück ans Zeichenbrett zu gehen und neue Wesen nach uns zu entwerfen. Und das sind die Roboter. Im Moment sind sie noch Embryonen, sie sind noch nicht einmal neugeborene Babys. Sie sind kleine Anhäufungen von Zellen. Aber ich sehe das Potential, ich sehe, daß sie wachsen werden, daß sie sich zu Dingen entwickeln, auf die wir stolz sein können. Und deshalb ist meine Vision auf lange Sicht, daß wir zu ihnen sagen werden: "Geht in die Welt hinaus!" Und die Menschen, wie wir sie kennen, werden sich zur Ruhe setzen. Wie Eltern.

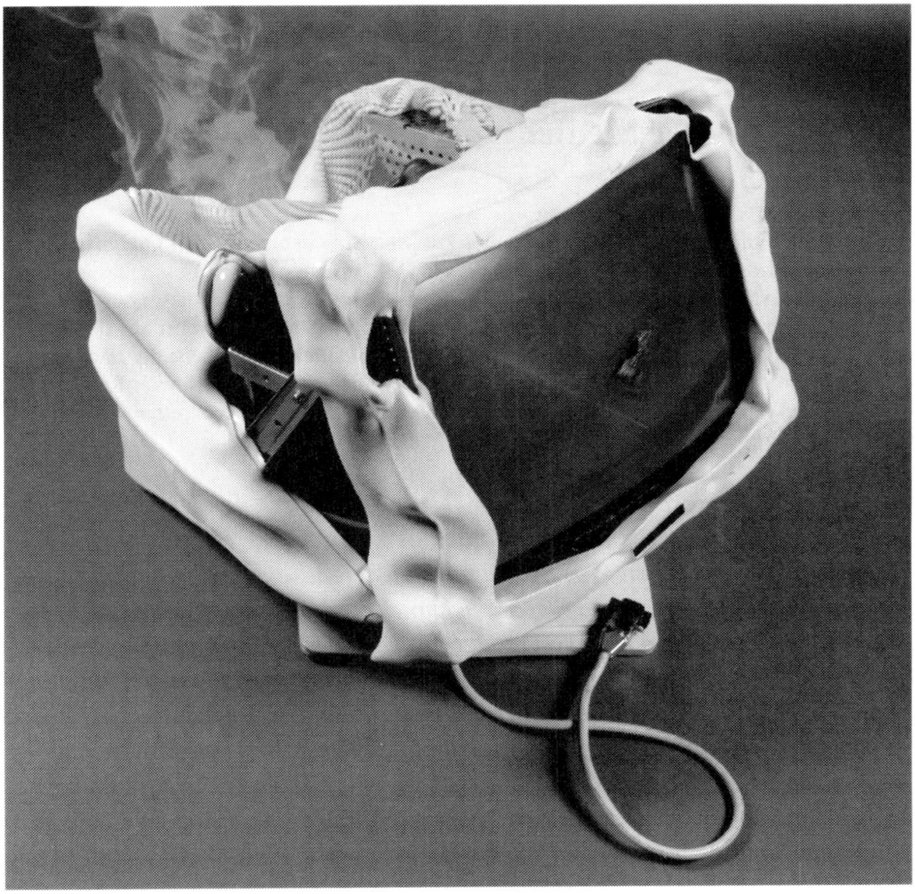

Stanislaw Lem

Die Zukunft der Medien

An den Schluß dieses Abschnitts wurden drei kritische Stimmen gegen den Optimismus der Forscher am Massachusetts Institute of Technology (MIT) gestellt. Zunächst ein Gespräch mit dem polnischen Schriftsteller und Technikphilosophen Stanislaw Lem, das dieser mit dem Wissenschaftsjournalisten Hardy Tasso führte. Stanislaw Lem gelangte zu Weltruhm als Meister der seriösen und intelligenten Science-fiction-Literatur, in der er mit Vorliebe die Invasion der Technik in die geistige Welt schildert. Ein Welterfolg wurde sein später verfilmter Roman "Solaris" aus dem Jahr 1961, in dem er Astronauten auf einen fiktiven Planeten treffen läßt, der sich als riesiges Lebewesen mit wunderbaren Fähigkeiten entpuppt.

Hardy Tasso: Herr Lem, Sie haben vor rund 30 Jahren den Ur-Vater der virtuellen Realität geschaffen: den Phantomaten. Mit seiner Hilfe konnten Menschen sich in künstlichen Wirklichkeiten amüsieren, und zwar dergestalt, daß sie zwischen Wirklichkeit und Schein nicht mehr unterscheiden konnten. – Heute stehen Sie der Verbindung von modernen elektronischen Medien und Unterhaltung jedoch abweisend gegenüber. Hat das mit der versuchten Täuschung durch die Technik zu tun oder eher mit den Inhalten der Unterhaltung?

Stanislaw Lem: Was ich vor 30 Jahren Phantomat genannt habe, das ist heute virtuelle Realität, das wird man bestimmt auch für die Unterhaltung benutzen. Da können Sie zum Beispiel zum Krokodil werden oder zu einem Hai, zu einem Menschenfresser, zu einem King Kong vielleicht. Das muß etwas Köstliches sein, daß man ganze Städte persönlich in Schutt und Asche legen kann. Also, das dreht sich alles sozusagen um Ruin, Katastrophe, Unglück – mit einem Wort: Apokalypse. Warum wir so lechzen nach dieser Apokalypse, ist mir ganz unklar. Das ist typisch für die Unterhaltung, das sind Moden. Die Amerikaner halten ihr Publikum für eine Bande von Idioten, denen man alles verkaufen kann, praktisch alles. Die Vorliebe des Publikums für entsetzliche Katastrophen, solange sie persönlich nicht betroffen sind, stimmt mich

---

* zu 24. Stanislaw Lem: "Zwischen Blutvergießen und Tampon-Werbung"
verschmorter Monitor, (Abb. S. 183)
"Es wird natürlich zwei Arten von Unterhaltung geben im elektronischen Raum. Zum ersten wird es die offiziellen, die nicht dem Gesetz zuwiderlaufenden Programme geben, wo man zum Beispiel in die virtuelle Realität eintauchen kann und zum Beispiel als Held, als Prinz, als Multimilliardär nach Belieben eine fiktive Rolle spielt. Aber im Untergrund, da werden Sie zu einem Verbrecher, Sie vergewaltigen fiktiv, virtuell, ganze Horden von kleinen Kindern."

nicht besonders freudig, sondern vielmehr traurig. Der einzige Grund, warum man noch nicht Filme macht mit ganzen Scharen nackter Weiber, die in Gaskammern krepieren, ist wahrscheinlich nur, daß es dann Pornographie genannt würde. Und das wäre peinlich. Aber sonst – jedes Unglück, jede Katastrophe ist willkommen. Vor allem von großen Jumboflugzeugen. Terrorismus ist sehr modisch, Entführung ist sehr modisch. Wenn es keine realen Feinde wie die Sowjetunion gibt, muß man sich fiktive Feinde schaffen, die sogenannten Extraterrestrials aus dem All und so weiter. Wir müssen uns daran gewöhnen, daß überall Unheil, Unglück herrscht und Katastrophen – mit einem sogenannten Happy End. Aber dieses Happy End ist nur dazu da, daß die Zuschauer, wenn sie das Kino verlassen, vor ihrem Fernseher beruhigt weiterhin Bier aus der Büchse trinken können, das ist schon alles. Dieser Trend zu immer stärkeren Grausamkeit ist vorhanden, das sieht man. Man kann sich mit ein bißchen Grauen fragen: Was wird in zehn oder fünfzehn Jahren sein?

Man sollte eine Art der Gesetzgebung einführen. Man könne nicht ohne viele Leichen und ohne Morde einen interessanten Film machen: Also, sage ich, bitte sehr, für jede Leiche sind 150.000 DM zu zahlen, für einen Fond für die Arbeitslosen. Oder für jede größere Katastrophe soviel, und für einen Independence Day – da haben Sie die Invasion der Extraterrestrials – da muß man schon ein paar Millionen blechen, auf den Tisch. Natürlich, ich will nicht sagen, daß man gleich Gefängnisstrafen einführen soll, das nicht, oder Foltern – nein, nein, nein! Nur zahlen muß man. Oder natürlich kann man sich vorstellen, daß zum Beispiel die Extraterrestrials kommen, aber sie fordern nur, daß man ihnen alle Produzenten der Thriller aushändigt, und sie werden sie langsam foltern.

Mich persönlich irritiert auch sehr die Taktik im Fernsehen: im interessantesten Moment wird unterbrochen, und nach dem Blutvergießen hören wir von der Tomatenpaste, von der Zahnpaste, von den Always, diesen Tampons – und so weiter und so weiter. Also, ich glaube, gäbe es tatsächlich sogenanntes interaktives Fernsehen, wo der Zuschauer sich einschalten kann und sozusagen zurückschlagen: das würde das sofort unmöglich machen.

Tasso: Wie wird sich die Unterhaltung mit Hilfe von Computer-Technik in den nächsten Jahren entwickeln?

Lem: Na, das ist sehr einfach. Es wird natürlich zwei Arten von Unterhaltung geben, im elektronischen Raum, meine ich. Zum ersten wird es die offiziellen, die nicht dem Gesetz zuwiderlaufenden Programme geben, wo man in die virtuelle Realität eintauchen kann und zum Beispiel als Held, als Prinz, als Multimilliardär nach Belieben eine fiktive Rolle spielt. Aber im Untergrund, da werden Sie zu einem Verbrecher, Sie vergewaltigen fiktiv, virtuell, ganze

Horden von kleinen Kindern. Warum das jemandem angenehm ist, kann ich nicht verstehen. Ich bin sicher, wenn diese virtuellen Welten sich tatsächlich öffnen werden, dann wird die Frage aufkommen, was das kostet – kostet es sehr viel, dann werden sich nur wenige Leute dafür interessieren.

Tasso: Hat Bildung denn gegen die mächtige Unterhaltung überhaupt keine Chance mehr?

Lem: Wo finden Sie den Mann, dem es nicht interessanter ist, mit einer plötzlich auferstandenen Marilyn Monroe sich im Bett zu finden als mit einem Albert Einstein? Wer braucht schon einen Albert Einstein als Gesprächspartner! Der wird Unverständliches zu Ihnen reden, das braucht man nicht. Die Vernunft ist nicht die Ware, die sehr beliebt und gesucht ist, fürchte ich. Ich kenne ein Buch, das ich in deutscher Fassung gelesen habe, das aber in Amerika erschienen ist, von einem Amerikaner, er hieß Neil Postman: "Wir amüsieren uns zu Tode". Und ich fürchte, daß das wahr ist. Ich persönlich spüre die Last der Unterhaltung. Man darf nicht das Leben hindurch nichts anderes machen, als sich zu amüsieren und zu amüsieren, es gibt doch auch ernstere Dinge im Leben. Man wirft sich, an eine Nylonleine gehängt, von einer Brücke – wunderbares Gefühl, sozusagen Freitod, der gut endet. Ohne Tod. Und das ist schon etwas ganz Normales geworden. Ich glaube, das Zermahlen von schönen Autos ist für die Amerikaner eine ausgesprochen beliebte Sache. Persönlich in eine Autokatastrophe verwickelt zu sein – das ist keine Lust. Wenn dann die Rettung kommt, um mit Metallsägen das Skelett und diese verbluteten Reste herauszuziehen – für den betroffenen Fahrer ist das nicht angenehm. Aber für diejenigen, die das nur als Schauspiel produzieren...

Ich muß schon sagen, die Unterhaltung ist zum erheblichen Teil auf den Hund gekommen. Ich erinnere mich aus meinen Jugendjahren, Kinderjahren an Schauspieler wie Harold Loyd, wie Sherlie Temple, das war alles so unschuldig. Eine Bande kleiner Kinder steigt auf eine große Dampflokomotive, und sie fahren hin, und sie fahren her auf den Schienen, sie wissen nicht wohin, man stellt die Weichen um, damit sie nicht zerschellen – aber mir graut's nicht davor. Wenn man sehr selten manchmal noch diese alten Filme sich ansehen kann, meistens schwarz-weiß, dann hat man das Gefühl, daß man die eigene Kindheit beobachtet, in der es sozusagen unschuldig und spielerisch zuging. Und jetzt muß man immer stärkere, immer grausamere Dinge zeigen, denn wir sind vielleicht abgestumpft. Wenn ein Mann seine Geliebte küßt, dann kann man nicht normal küssen, sondern es muß schon so ein Saugen sein, nicht wahr, ein tiefes Saugen, was man früher einen andalusischen Kuß nannte, das sieht man jetzt alle fünf Minuten auf dem Bildschirm. Und wenn Sie ein bißchen Kaugummi verkaufen wollen, dann müssen ganze Eisberge in den arktischen Ozean fallen, und es muß ein ganzer Planet auf einen anderen fallen, um Unterhosen zu zeigen, die sich besonders dazu eignen, telegen zu sein.

Tasso: Werden viele Menschen sich in Zukunft hauptsächlich in virtuellen Computer-Welten aufhalten statt in der Wirklichkeit?

Lem: Das müßte doch verhältnismäßig viel kosten. Ich bitte zu beachten: Für den berühmten Lauf der Dinosaurier im Jurassic Park, das dauerte ja nur Minuten, und es hat wochenlang die Programmierer Arbeit gekostet. Dann aber die Frage: Was wird eine Bettszene mit Marilyn Monroe kosten, mit der virtuellen? Und wenn Sie die Antwort hören, daß es sehr viel kostet, dann natürlich wird sich jeder sagen im Geheimen, ja, eine reale Frau wird weit billiger sein. Also, um Gotteswillen, warum soll ich Fiktionen für das Zehnfache dessen kaufen, was ich im realen Leben erleben kann. Das ist ja ganz einfach.

Tasso: Was ist so schlimm an einer vollendeten Scheinwelt?

Lem: Das Schlimme, das hängt ausschließlich von dem Appetit des Menschen ab. Es ist die Technologie, die gibt uns neue Mittel für unsere alten Begierden, so könnte man schließlich sagen. Ich kann nur für mich antworten. Ich habe vor vielen, vielen Jahren unter psychologischer Kontrolle Psilocybin eingenommen. Und dann, obzwar ich halluzinierte, baten die Beobachter mich, ich solle alles erzählen, was mir scheint, daß ich erlebe, und das wurde aufgenommen. Also, das war schon interessant. Ich habe nur angenehme und merkwürdige Dinge gesehen, so wie in einem sehr verstärkten Traum. Aber das interessante, weswegen ich das erzähle, ist der Umstand, daß es nach einer kurzen Pause, nach einigen Wochen vielleicht, dazu kam, daß man mir wiederum vorgeschlagen hat, nochmals ein Experiment zu machen. Ich hab mich widersetzt, ich wollte nicht. Und nachher sind zu mir jugoslawische Journalisten gekommen, und einer von ihnen gab mir ein Päckchen Marihuana-Zigaretten. Diese Marihuana-Zigaretten ließ ich in der Schublade liegen, bis sie zerfielen. Ich hatte niemals Lust gehabt, das zu rauchen. Um Gotteswillen: Warum esse ich keine hölzernen Schnitzel? Für meinen Geschmack wäre ein Schnitzel aus Birkenholz nicht besonders attraktiv. Das mag ich nicht. Also, das kann ich für mich nur sagen, daß ich diese Scheinwelten überhaupt nicht mag. Erstens brauche ich sie nicht, und zweitens habe ich sie in meinen 40 Büchern beschrieben, das genügt mir. Es macht mich nicht glücklich. Viele Leute mögen das, ich nicht.

Ich glaube, man wird vielleicht in der Scheinwelt an erster Stelle nach Einsamkeit lechzen. Ich möchte einen großen Park, einen Waldbesitz nur für mich allein haben – in der realen Welt ist das unmöglich, das ist zu teuer, und da gibt es ein zu großes Gedränge. Aber in der Scheinwelt kann ich in meiner Badewanne sitzen, mit Elektroden auf dem Kopf, da spüre ich, daß ich Herr von Luft und Land mit Wald und Seen und so weiter bin. Um es kurz zu fassen: Theoretisch ist es alles möglich, nur es ist wahrscheinlich auch so, daß die Programme für eine Scheinwelt nicht für zehn Pfennige zu kaufen sein werden.

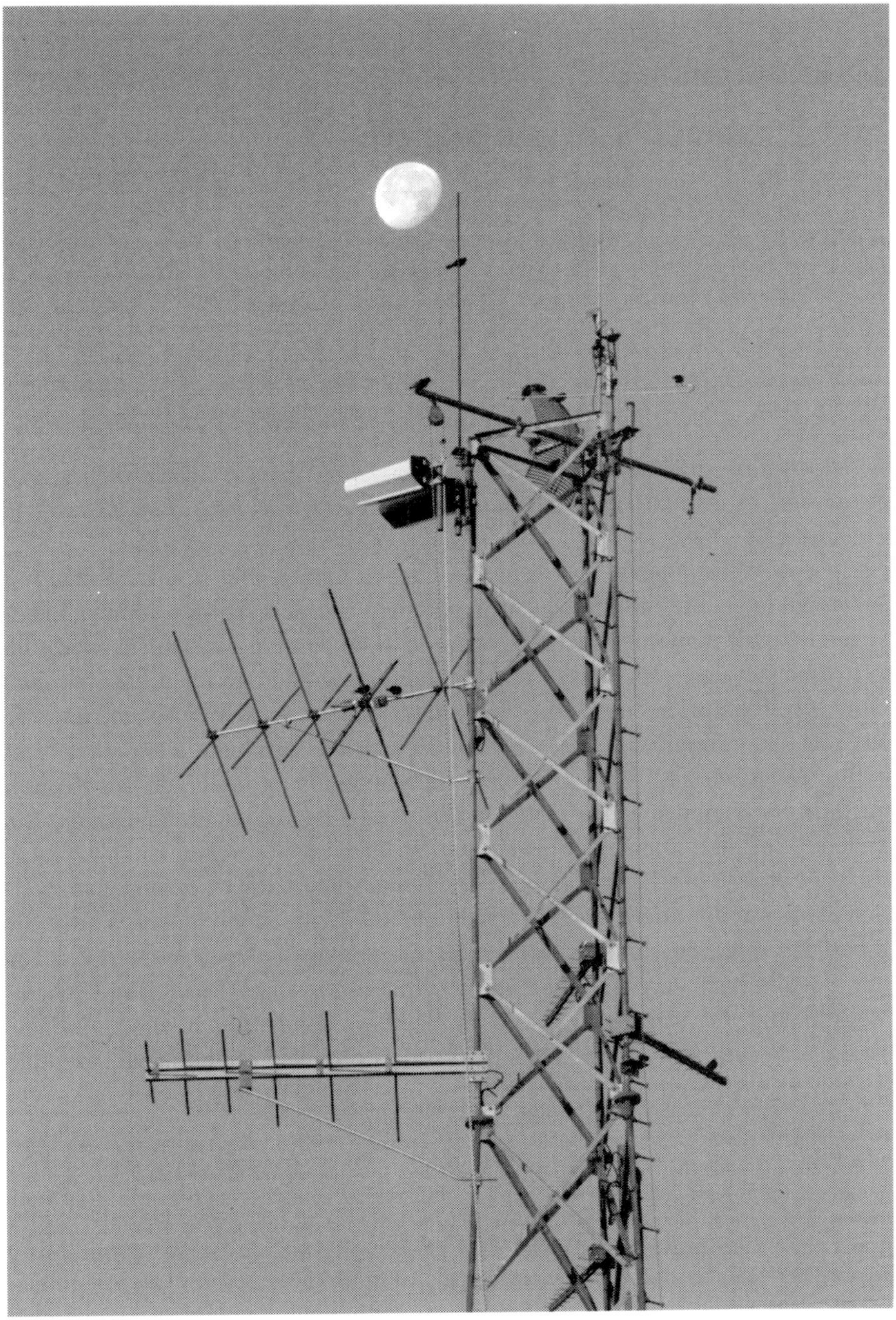

Joseph Weizenbaum

"Die Qualität der Begegnung zählt!"

Joseph Weizenbaum ist gebürtiger Berliner und einer der kompetentesten Warner vor dem Mißbrauch von Computersystemen für inhumane Zwecke – schließlich hat er von den USA aus in den fünfziger und sechziger Jahren die Computer-Entwicklung entscheidend mitgeprägt. Bis 1988 war der vor den Nazis aus Deutschland geflohene Mathematiker Professor am Massachusetts Institute of Technology (MIT), seit 1968 ist er in der Friedensbewegung aktiv, und er war Mitbegründer des (deutschen) Forums der Informatiker für Frieden und gesellschaftliche Verantwortung. Mit Joseph Weizenbaum sprach der Wissenschaftsjournalist Hardy Tasso.

Hardy Tasso: Was ist für Sie die Gefahr, wenn Computer einen immer größeren Teil unserer Wirklichkeit beeinflussen – etwa wenn Sie im Fernsehen eingesetzt werden?

Joseph Weizenbaum: Wir werden künstlich hergestellte Informationen mit Informationen, die tatsächlich aufgenommen wurden, immer weiter vermischen, so daß man am Ende, bestimmt in zehn Jahren, nicht mehr weiß, ob zum Beispiel das, was man in den Nachrichten gerade gesehen hat, wirklich war oder Fiktion, nachgestellte Wirklichkeit. Man sieht Fernsehen, und die Fiktion, die gezeigt wird, sieht realistisch aus; die wirkliche News aber sieht oft unrealistisch aus. Man weiß dann nicht mehr, wann man von der Realität zur Fiktion übergegangen ist. Wir haben dafür den Begriff Doku-Drama. Ein anderes Beispiel: Die soap operas, die tagsüber im Fernsehen zu sehen sind, die werden alle in Chicago gefilmt. Die Schauspieler, die da mitmachen, werden öfters auf der Straße angesprochen, und die Leute sagen ihnen: Wissen Sie nicht, daß Ihre Frau mit soundso schläft, das sollten Sie doch wissen! Ein Teil der Bevölkerung verwischt bereits die Grenze zwischen Realität und Nicht-Wirklichkeit. Da war eine Episode in "Dallas", das habe ich selbst gesehen. Und an diesem Abend war eine Party. Eine schöne Sommernacht, und alle

---

* zu 25. Joseph Weizenbaum: "Die Qualität der Begegnung zählt!"
Antenne, (Abb. S. 189)
"Ich glaube, daß die meisten Menschen in Westeuropa und in Nordamerika fast alle ihre Informationen, ihr Wissen über die Welt, von den Nachrichten im Fernsehen beziehen. Und wenn man sich nur einen Moment die Nachrichten ernsthaft ansieht, dann sieht man, die sind aus ganz kleinen Teilen gemacht. Und diese Informationswürfel, die rausgeworfen werden, die sind voneinander völlig unabhängig, alles ist abstrakt und steht nur für sich selbst, da gibt es keine Zusammenhänge."

waren draußen beim Swimmingpool, es gab Drinks und die Leute waren alle sehr gut gekleidet; die Gentlemen natürlich in ihrem Smoking und die Frauen in ihren wunderschönen Kleidern. Und da spielt einer den amerikanischen Außenminister, und jemand anders spielt den Präsidenten, die sollten ja auch bei solch einer Party anwesend sein. Und wer hat den Außenminister gespielt? Henry Kissinger. Und wer hat den Präsidenten gespielt? Gerry Ford. Kissinger spielte eine winzige Rolle, aber er war wirklich da. Und dann kommt JR Ewing zu ihm und sagt: "Ah, Mr. Secretary, how nice to see you!" Da kann ich mir vorstellen, daß Leute richtig Schwierigkeiten haben, das einzuordnen: Das mußte doch real sein, der Präsident war doch wirklich da. Dann gibt es den Ewing auch, du kannst mir nicht sagen, daß es nur ein Schauspieler war...

Tasso: Werden wir in Zukunft von elektronischer Unterhaltung überrollt?

Weizenbaum: Wir sind auf dem besten Weg dazu, gar keine Frage. Ich glaube, das ist gefährlich, und ich glaube, es ist schade. In der Zukunft werden Menschen ihre Zeit aufteilen zwischen der Bedienung der technologischen Imperative, was die Maschine verlangt sozusagen, und dem Rest ihrer Zeit: Wir werden an den Titten der großen Saumaschine Unterhaltung lutschen. Ich hab da so eine Idee: Leute werden arbeiten, bei ihrer Arbeit werden sie ziemlich ausschließlich Maschinen bedienen. Man pusht buttons. Das machen sie tagsüber. Und dann kommen sie nach Hause, und da ist nicht nur – wie heute – der Fernseher. Da ist der entertainment room! Das, was wir einmal den living room genannt haben, das Wohnzimmer. Zuerst nimmt die Unterhaltung nur eine kleine Ecke ein, aber schließlich ist es das ganze Zimmer: mit Großbildschirm und Lautsprechern und solchen Sachen. Und da kommt der Mann nach Hause in meiner Phantasie. Da setzt er sich hin in dieses ehemalige Wohnzimmer, da sind dann vier oder acht Lautsprecher, und dann das movie oder die Nachrichten, aber die sind ja auch wie movies. Und da bleibt man dann sitzen, bis it's time to go to bed. Und dann am nächsten Morgen fängt das alles wieder von vorne an.

Tasso: Wird die Zukunft der Unterhaltung vor allem technisch?

Weizenbaum: Es wird das jetzt schon vorhergesagte Wunder interactive television auf uns zukommen. Da wird man reingezogen, weil man eine Rolle spielen kann. Ich glaube, daß das total verrückt ist. Da wird ein Film gezeigt, und vielleicht sitzt man da mit so einem Ding in der Hand, so wie diese Fernbedienung. Da gibt es dann Schnittstellen, wo man einen Knopf drücken kann, zum Beispiel: Wollen wir jetzt ein happy ending, oder soll es tragisch enden? Da sitzen die Leute dann mit so einem Knopf in der Hand. Die Produzenten hoffen ja, daß möglichst viele Menschen die Sendung sehen, sagen wir, zehn Millionen; da sitzen also zehn Millionen Leute mit diesem Gerät, und die drücken alle den Knopf. Und die Mehrheit entscheidet, ob es ein happy ending gibt, oder ob der Held mit dem Pferd wegläuft, oder ob er das Pferd küßt oder die Frau. Und so weiter. Ja, die Mehrheit gewinnt. Das ist doch so doof. Die Wahlmöglichkeiten, die einem da gegeben sind – es ist doch dabei gar nicht möglich, eine wirkliche Entscheidung zu treffen: Denn alles ist doch schon gefilmt. Dennoch wird interaktives Fernsehen noch viel mehr Leute fesseln als heute das normale Fernsehen.

Tasso: Was ist so schlimm daran, wenn das computerisierte Fernsehen mehr Einfluß in der Bevölkerung gewinnt?

Weizenbaum: Unsere Welt wird immer abstrakter. Wir sind heute schon ziemlich weit entfernt von der Realität. Ich glaube, daß die meisten Menschen in Westeuropa und in Nordamerika fast alle ihre Informationen, ihr Wissen über die Welt, von den Nachrichten im Fernsehen beziehen. Und wenn man sich nur einen Moment die Nachrichten ernsthaft ansieht, dann sieht man, die sind aus ganz kleinen Teilen gemacht. Aus sehr, sehr kurzen Teilen. Eine Minute in den Nachrichten ist schon eine lange, lange Zeit. Und diese kleinen Informationswürfel, die rausgeworfen werden, die sind voneinander völlig unabhängig, alles ist abstrakt und steht nur für sich selbst, da gibt es keine Zusammenhänge. Konkrete Erfahrungen dagegen in der aktuellen Welt, die gibt es ja schon fast nicht mehr. In Amerika sind ein Drittel unserer Jugend funktionale Analphabeten, ein Drittel unserer Jugend! Hier verschwindet die Fähigkeit, kritisch zu denken; es fehlt die Fähigkeit, skeptisch zu sein – außer total skeptisch zu sein, also, das Ganze als Quatsch anzusehen und nicht mehr mitzumachen, lieber Drogen zu verkaufen oder zu nehmen. Ich glaube, daß die Unterhaltungsindustrie in diesem Zustand einfach eine riesige Gelegenheit sieht, ungeheuer viel Geld zu machen. Die Reklame fängt schon bei den ganz kleinen Kindern an, die besonders Sonnabendmorgen und Sonntagmorgen bombardiert werden mit Shows. Wo die tatsächliche Reklame nicht die Werbung ist, sondern die Show selbst. Ich bin sehr unglücklich darüber. Wenn ich das Fernsehen der Welt sehe, dann besteht es fast ausschließlich aus Blödsinn und Wahnsinn, fast ausschließlich. Die Leute sehen sich Detektiv-Geschichten an, und sie wissen gar nicht mehr, wie leer das alles ist. Es ist nichts da. Ich glaube, die ganze Ebene der Wahrnehmung wird langsam oder schnell verdorben. Hört sich schlimm an, aber ich glaube, es ist schlimm.

Tasso: Hat der Mensch angesichts dieser Entwicklung noch eine Chance auf ein selbstbestimmtes, wirkliches Leben?

Weizenbaum: Ich glaube, der Mensch ist nicht so leicht zu ändern. Und ich glaube auch, der Mensch kann wieder zurückkommen, vielleicht. Das ist es ja: Der Mensch ist anpassungsfähig. Aber genauso anpassungsfähig an Quatsch und Brutalität wie an das Gute; an ein Leben, das mit der Realität verbunden ist und das aus echten, persönlichen Erfahrungen besteht. Ein Beispiel: Wir haben heute das Internet, und es wird davon gesprochen, wie schön das ist; da ist eine richtige Internet-Euphorie. Das Schöne daran sei, daß Kinder in Deutschland mit Kindern gleichen Alters in Australien "kommunizieren" könnten, wie gesagt wird, kommunizieren über das Internet. Da bekämen sie eine Masse von neuen Freunden, Erfahrungen in fremden Ländern und so weiter. – Ich glaube, was vergessen wird, ist das, was wichtig ist: Es ist nicht wichtig, wie vielen Menschen man irgendwie begegnet ist, sondern die Qualität der Begegnung zählt. Und da ist das Internet ziemlich dürftig. Es ist ein Spiegel unserer Zeit. Und der sieht sehr schrecklich aus. Gleichzeitig erleben wir eine Art Entmassung: Das Individuum zieht sich immer weiter zurück von der Masse. Es isoliert sich immer mehr. Ich glaube, daß viele Leute immer einsamer werden und viele dabei krank werden. Wie Sie sehen, ich sehe die Zukunft ziemlich dunkel. Und dann kommt natürlich die wunderbare Erlösung, das ist eine Sensation, wird gelobt, daß wir nicht nur einander E-mails schreiben können, sondern, daß wir sogar über das Internet miteinander sprechen können, und dann einander sehen können! Dann ist die Welt wirklich "ein kleines Dorf" geworden. – Aber niemand berührt andere Leute. Es wird von virtual reality gesprochen, und es ist kaum möglich, das Thema zu erwähnen, ohne daß irgend jemand auf virtual sex kommt: Über die Kontinente hinweg könnte man Sex haben mit irgend jemandem. Hier sind wir wirklich in der Intimsphäre in einem gewissen Sinn, bei dem, was das Leben überhaupt bedeutet. Und es wird verquatscht. Und immer mehr Isolation, immer mehr Isolation.

Tasso: Bedauern Sie, daß der menschliche Geist große technische Leistungen vollbracht hat, unter anderem Computer und Programme entwickelt hat, und daß Sie selbst daran Anteil hatten? Oder sind Sie eher stolz darauf?

Weizenbaum: Ja, ich bedauere das. In einem gewissen Sinn bedauere ich es, ich würde sagen, zum größten Teil bedauere ich es. Da ist ein kleiner Teil, wo ich selbst stolz bin, über den Genius, der da reingeht. Ich erinnere mich: Zufällig war ich in Europa, als der Sputnik abgeschossen wurde von den Russen. Und meine erste Reaktion war: Das ist jetzt etwas! Ich dachte, da freut sich der Newton in seinem Grab über das, was die Menschen geschaffen haben. Er wußte, daß das möglich war, jetzt haben wir es gemacht, wir, die Menschheit! – Es hat nicht lange gedauert, da habe ich das Ganze von our point of view gesehen, aus dem Blickwinkel Amerikas: "Das haben die bösen Russen gemacht, jetzt müssen wir aufholen". Man kann also stolz sein, auf die technischen Errungenschaften, auf den menschlichen Geist, der darin investiert ist. Heute können wir eben smart rooms bauen und clevere Roboter – und wir können als Menschen in einem gewissen Sinn stolz darauf sein, wir können sagen: Guck mal, was wir alles können. Aber was machen wir damit? Der Inhalt korrumpiert die ganze Sache. Ich habe mal eine kleine Phantasie gehabt, von der ich manchmal spreche. Die Phantasie ist: Irgendwo gibt es ein Konzentrationslager. Und in diesem Konzentrationslager wird alles, was überhaupt von einem Computer entschieden werden kann, vom Computer entschieden. Wer die dünne Suppe bekommt, wer die fette Suppe bekommt, wer morgen sterben muß und wieviele Peitschenhiebe wer bekommt – und so weiter. Und da sind zwei Häftlinge. Der eine sagt zu dem anderen: "Weißt du, es muß doch möglich sein, einen Computer auch human anzuwenden." Und der zweite antwortet: "Ja, aber nicht in einem KZ."

Die Frage, ob man Technik auch vernünftig einsetzen könnte, diese Frage hat sehr wenig mit der Technik zu tun. Sie hat mit der Gesellschaft zu tun, in der diese Technik eingesetzt wird. Die Technik erbt sozusagen ihren Wert von der Gesellschaft, in die sie eingebettet ist. Ich denke jetzt, unsere Gesellschaft entwickelt sich zu einem Gebilde, wo Menschen immer weiter voneinander wegkommen und sich mit Dummheiten füttern; wo sie große Angst haben, mit sich selbst zu sein, wirklich mit sich selbst, sie sind ja alleine, wenn sie da vor dem Fernseher sitzen, auch wenn ihre Frau neben ihnen sitzt, sie sind trotzdem allein. In diesem Zustand, muß ich sagen, fällt es mir schwer, mir vorzustellen, daß man Technik wirklich vernünftig nutzen kann. Ich sehe einfach weitere Isolation, weitere Verdummung.

Tasso: Brauchen wir nicht weitere Forschung, allein schon, um mehr Wissen zu erwerben, mit dem wir der Menschheit vielleicht helfen könnten?

Weizenbaum: Ich bin überzeugt, wenn es an die Lösung unserer größten Weltfragen geht, Fragen, die mit Krieg und Frieden zu tun haben, mit der Verteilung der Ressourcen der Welt, dann bekommen wir nicht deshalb Schwierigkeiten, weil wir nicht genug wissen. Ich glaube, das Wissen, wie man die Welt vernünftig organisieren kann, wie man eine vernünftige Beziehung zu einem anderen Menschen aufbauen kann, wie man in einer Gesellschaft leben kann – dieses Wissen haben wir. Aber es fällt uns schwer, vernünftig zu sein. Uns fehlen nicht Maschinen, die mehr wissen als wir oder die klüger sind oder schneller denken können – die fehlen uns nicht. Wonach aber forschen wir? Man sollte vielleicht mehr auf Hans Moravec[1] gucken, der ist Leiter des Roboter-Labors an der Carnegie-Mellon-Universität in Pittsburgh in den USA, Pennsylvania. Er hat ein Buch geschrieben, das heißt Mind Children[2]: Roboter seien die Kinder unseres Geistes, statt unseres Körpers. Und in diesem Buch behauptet er ernsthaft, daß in ziemlich kurzer Zeit – er nennt 40 Jahre – Roboter erkennen werden, daß sie ohne uns viel besser auskommen können, und das sei dann der Anfang vom Ende: Dann werde die menschliche Rasse verschwinden. Er spricht von einer post-biologischen Zeit. Da sollte man wirklich nachdenken: Was könnte das bedeuten? Keine Biologie mehr in der Welt – das bedeutet, überhaupt kein Leben mehr. Und das ist eines der Forschungsziele an einer der berühmtesten Universität unserer Erde! Und dann die Arbeit, die meine Kollegen machen in den Laboratorien des MIT in Cambridge, Massachusetts, oder in Austin, Texas, an der Carnegie-Mellon-Universität und in Princeton, in Stanford und so weiter: Die sollte man sich näher ansehen. Am MIT zum Beispiel gibt es eine ungeheuer enge Verbindung zum amerikanischen Militär. Da wird von "dual use" gesprochen – es ist zum einen nützlich als Militärwaffe, zum anderen aber auch nützlich im Zivilbereich. Wir müssen endlich lernen, die Dinge beim richtigen Namen zu nennen. Also: "Geräte für das Militär" – das bedeutet doch meistens Massenmordwaffen. Waffen ist auch nicht das richtige Wort, einfach: Massenmordgeräte. Ja, die können auch zum Guten benutzt werden. Aber das ist keine Entschuldigung. Ich glaube, jeder Forscher muß sich selbst fragen: Mache ich mit beim Wahnsinn in dieser Welt – oder nicht?

Tasso: Wollen Sie völlig ohne Maschinen auskommen?

Weizenbaum: Wir können von Maschinen sprechen, die sehr vieles viel besser machen als wir. Also, fangen wir an: vielleicht mit Nähmaschinen, die sind doch eine gute Sache. Es gab eine lange Zeit, viele Tausende von Jahren, wo es keine Nähmaschinen gab, und die Leute waren trotzdem bekleidet. Man kann sagen, wir brauchen keine Nähmaschinen, aber sie sind eine gute Sache. Und Maschinen, die viel schneller einen Graben graben können, als Menschen es können? Maschinen, die sich viel schneller bewegen können als Pferde? Maschinen können uns helfen und tun es auch. Aber wieder ist es dieselbe alte Frage, ob die Maschinen vernünftig genutzt werden, das heißt, ob sie in eine vernünftige Gesellschaft eingebettet sind. Ich würde sagen, das ist auch eine Frage der Prioritäten. Zum Beispiel: Sie fragen mich, ob ich dafür bin, daß wir mal zum Mars fliegen, wir Menschen. So wie wir zum Mond geflogen sind. Und da würde ich sagen: Man kann diese Frage nicht ohne den sozialen Kontext ernsthaft beantworten. Ich sage dazu: Ja, es wäre ein großes Abenteuer der Menschheit, und wir sind neugierig; ja, wir sollten das machen. Aber: Nur wenn alles andere oder das meiste andere in Ordnung ist. Wenn wir die Menschheit wirklich ernähren können auf der ganzen Welt, wenn jeder gekleidet ist, wenn wir die Brutalität besiegt haben. Ich meine nicht, daß wir das Paradies erreicht haben müssen; aber wenn wir ihm viel, viel näher sind, als wir es heute sind. Und wenn wir dann genügend Rohstoffe, Nahrung, Energie haben, wenn wir etwas übrig haben, dann sollten wir nachdenken, was dann die höchste Priorität besitzt. Und es kann sein, daß wir dann sagen: Jetzt geht's los zum Mars! Es ist also nicht die Frage, ob das eine gute oder eine schlechte Sache ist, sondern es ist eine Frage der Prioritäten.

Tasso: Rennt die Menschheit sehenden Auges in ihr Verderben?

Weizenbaum: Ja. Also, ich gebe Ihnen lange Antworten zu Ihren kurzen Fragen. Aber hier ist die Antwort ganz kurz: Ja.

---

[1] Vergl. S. 170 : Hans Moravec: Fernziel: Roboter mit Bewußtsein

[2] Hans Moravec: Mind Children. Der Wettlauf zwischen menschlicher und künstlicher Intelligenz. 1990: Hoffmann und Campe.

Anne Foerst

"Roboter und Computer aufhalten, das können wir nicht". Über die ethischen Folgen der Robotik

Die deutsche Theologin Anne Foerst arbeitet seit 1995 als Dozentin am Labor für Künstliche Intelligenz des Massachusetts Institute of Technology (MIT) u.a. über die ethischen Folgen der Robotik. Sie leitet derzeit ein Projekt über "God and Computers". Im Gespräch mit dem Wissenschaftsjournalisten Hardy Tasso relativiert sie am Beispiel der "humanoiden Roboter" die Begriffsbildung der Computerkonstrukteure als taktische Übertreibungen: Der Begriff humanoide Roboter sei gewählt worden, um Forschungsgelder zu bekommen und bei Laien Faszination zu wecken.

Hardy Tasso: Rodney Brooks baut seit Anfang der 90er Jahre den humanoiden Roboter COG[1]. Bedeutet das, daß wir heute Menschen nachbauen können? Ist der Mensch in der Sicht der Computerforscher des MIT also eine Maschine?

Anne Foerst: Ich glaube, der Begriff humanoider Roboter ist gewählt worden, um Forschungsgelder zu bekommen und Faszination zu wecken. Hier in Amerika ist man immer maßgeblich auf Drittmittel angewiesen, und deshalb muß man das Ganze schön provokativ formulieren. Es geht Rodney Brooks in erster Linie darum, mit Hilfe von COG herauszufinden, wie Menschen funktionieren. COG ist gebaut in Analogie zu menschlicher Entwicklungsfähigkeit. Und da sehe ich allerdings bereits ein Problem: Wenn man meint, aufgrund des Verhaltens eines Roboters, den man in Simulation eines Menschen gebaut hat, Rückschlüsse ziehen zu können auf den Menschen, dann setzt man voraus, daß der Mensch im Prinzip nichts anderes als eine Maschine ist. Und hier sind meine eigentlichen Probleme mit diesem Projekt. Denn ich sehe eine gewisse Gefahr, daß eben von vornherein vorausgesetzt wird, der Mensch ist gar nichts mehr als eine Maschine. Dann wird COG gebaut, COG wird richtig gut, COG wird zunehmend menschenähnlich, und dann meinen diese Wissenschaftler, damit bewiesen zu haben, daß der Mensch in der Tat auch tatsächlich nur eine Maschine ist. Marvin Minsky[2] drüben am Media Lab hat gleich an den Anfängen der künstlichen Intelligenz das Wort meat-machine geprägt, Fleisch-Maschine, und das ist bis heute doch noch irgendwie letztlich mainstream-opinion.

Tasso: Was ist eine Mensch-Maschine?

Foerst: Ich denke, wenn man die Erkenntnisse der Neurobiologie, der Gentechnologie und der ganzen anderen sogenannten Naturwissenschaften und der kognitiven Wissenschaften nimmt, dann findet man immer mehr mechanistische Erklärungen für menschliches So-Sein. Es lassen sich immer mehr Mechanismen aufdecken, warum wir in einer bestimmten Weise denken, fühlen, uns benehmen, uns verhalten; und ich finde das grundsätzlich nicht schlecht. Nur gerade die künstliche Intelligenz mit einem Projekt wie COG, das so faszinierend ist und ein so großes Medienecho hat, meint eben tatsächlich, diese rein mechanistische Sicht vom Menschen nicht nur einfach aufweisen, sondern auch beweisen zu können. Das heißt, COG ist für mich insofern ein bißchen gefährlich, weil mit COG das Menschenbild, was in all diesen anderen Wissenschaftszweigen bereits irgendwo unbewußt zugrunde gelegt wird, eben bewiesen wird – oder die Leute meinen, es zu beweisen. Und dann können eben wieder Leute wie Marvin Minsky – ich zitiere ihn einfach so oft, weil er so ein wunderbarer Exponent ist, so ein Hardliner, weil er dann eben sagt: Philosophen, die uns nicht glauben, und Theologen sowieso, die spielen einfach überhaupt keine Rolle mehr, denn wir können im Prinzip alles beantworten. Fragen, existentielle Fragen, Fragen nach dem Sinn des Lebens, ethische Fragen – wir können alles beantworten. Denn wir decken alle Mechanismen auf, und wir werden in der Lage sein, den Menschen vollständig zu entschlüsseln.

Tasso: Ist der Mensch mehr als eine Maschine?

Foerst: Ich bin hier am MIT als Theologin, und natürlich gehe ich als Theologin davon aus, daß der Mensch mehr ist, allerdings würde ich niemals so argumentieren. Ich würde also niemals sagen, okay, ihr baut COG und geht davon aus, daß der Mensch eine Maschine ist, und ihr seid falsch, weil ich weiß, daß der Mensch mehr ist. Hier stehen zwei Weltanschauungen – ich würde fast sagen: zwei religiöse Weltanschauungen gegeneinander. Für beide sprechen unheimlich viele Argumente, und gegen beide sprechen unheimlich viele Argumente. Für die mechanistische Weltsicht spricht jedenfalls die ganze Erkenntnis der modernen Kognitionswissenschaften. Für meine Weltsicht, sag ich mal, spricht ganz bestimmt die intuitive Weltwahrnehmung der allermeisten Menschen, und die ist ja nun auch nicht gerade einfach von der Hand zu wischen. Und daher meine ich, müßte man eigentlich dahin kommen, daß man beide Weltsichten – als unter bestimmten Umständen berechtigt – nebeneinander herlaufen läßt. Und daß eben die mechanistische Seite und Projekte wie COG aufhören zu sagen: wir zeigen, daß ihr falsch seid, und die damit die Menschen in ihrer intuitiven Selbstwahrnehmung letztlich zutiefst nicht ernst nehmen. Auf der anderen Seite allerdings möchte ich auch versuchen – das ist der Grund, warum die Harvard Divinity School mich eingestellt hat – ich möchte versuchen, den Theologen klarzumachen, daß diese Argumentation, "ja, aber der Mensch ist doch viel mehr als eine Maschine!!", eben auch nicht wirkt. Sondern der Versuch ist eigentlich zu machen, beiden Weltbildern in ihren jeweiligen Forschungsbereichen bestimmte Aufgaben zuzuweisen. Und daß sie sich dann durch einen andauernden Dialog gegenseitig bereichern.

Tasso: Viele Menschen haben Angst, daß intelligente Roboter irgendwann die Macht ergreifen. Wie nah sind wir solchen Maschinen?

Foerst: Von der technischen Situation sind wir einfach noch Jahrhunderte davon entfernt. COG ist sicherlich das ambitionierteste und technisch fortgeschrittenste Projekt, das es derzeit auf diesem Sektor gibt; aber wenn ich sehe, wie armselig COG ist... Obwohl, ich bin jetzt seit zweieinhalb Jahren intensiv mit dem Projekt beschäftigt, und die Fortschritte in dieser Zeit sind einfach enorm, es ist irre, was der Roboter gelernt hat. Aber trotzdem: Es ist einfach doch noch sehr, sehr armselig. Und da denke ich, es ist ein langer Weg, bis so ein Roboter überhaupt mal in der Lage ist, sich selbständig zu bewegen, zu sprechen und so weiter. Aber das verhindert natürlich die Ängste nicht, denn man kann natürlich sagen, okay, es ist noch ein paar hundert Jahre davon entfernt, aber irgendwann wird das vielleicht mal kommen.

Tasso: Wird die Gefahr, daß Roboter unser Leben bestimmen, nicht um so größer sein, je breiter die Gräben zwischen den Naturwissenschaftlern auf der einen und den Geisteswissenschaftlern auf der anderen Seite sind?

Foerst: Solange diese Gräben zwischen Leuten sind, die sagen, "der Mensch ist mehr als eine Maschine, und man müßte diese Forschung verbieten", und zwischen jenen Menschen, die fasziniert sind von dieser naturwissenschaftlichen Forschung und die zu den anderen sagen, "ihr seid blöd" – solange diese Gräben so ungeheuer tief sind, ist diese Gefahr in der Tat da. Weil die Leute des mechanistischen Camps irrsinnig viele Forschungsgelder bekommen, sie haben eine ungeheure Macht, sie beeinflussen mittlerweile so viele Zweige, eingeschlossen die modernen Betriebswirtschaften, ökonomische Theorien und so weiter. Wenn die anderen Forscher nicht lernen, eine andere Argumentationsstruktur zu fahren, dann haben sie irgendwann keine Chance mehr, ihren Ängsten in einem guten und gesunden Diskurs Ausdruck zu verleihen und dadurch eine Vision von Gesellschaft zu entwerfen, in der beide Wertesysteme gleichberechtigt sind. Es ist mein Ziel, beide Camps miteinander ins Gespräch zu bringen, so daß die Gefahren rechtzeitig bekannt werden, und daß die Leute, die dieser technologischen Faszination erliegen, dennoch wissen: Da ist eine Gefahr, selbst wenn sie erst in hundert Jahren auf uns zukommt. Und wenn wir dann gemeinsam an einer Vision für Gesellschaft arbeiten, in der wir solche Roboter in einer gesunden Weise integrieren können, dann sind intelligente Roboter überhaupt kein Problem mehr.

Tasso: Ihr Lehrer, der Computerwissenschaftler Joseph Weizenbaum, ist von einem der Begründer der Forschungen zur künstlichen Intelligenz zu einem ihrer schärfsten Kritiker geworden[3]. Er bezweifelt, daß man Roboter zum Wohle der Menschheit einsetzen könne, solange die Gesellschaft allein darauf aus ist, mit Erfindungen vor allem Geld zu verdienen.

Foerst: Weizenbaum ist mein Initiator sozusagen, er war derjenige, der mich in diese Forschung reingebracht hat, er war derjenige, der mich ans MIT gebracht hat. Ich glaube, wir differieren vielleicht ein bißchen in unseren Optimismusgraden. Er ist ein bißchen pessimistischer und sagt, es sei im Prinzip nicht möglich; er ist der große Warner, der vor den Gefahren, die ganz klar gegeben sind, warnt. Ich bin ein bißchen optimistischer und denke, auch von meinen Erfahrungen hier, daß der Dialog stattfinden kann. Wenn – und da sind wir bei dem ganz entscheidenden Punkt, der auch so schwierig ist – wenn dieses nicht-mechanistische Camp seine unendliche Arroganz aufgibt. Das Problem ist, daß diese Leute sehr, sehr häufig sagen, “Leute, jeder, der nicht so denkt wie wir, ist einfach blöde. Und diese Idioten in der Künstlichen Intelligenz, wie können die denn so idiotisch sein.” Da ist eine ungeheure Arroganz; und wenn diese Leute zu den Technikern gehen, dann ist da überhaupt keine Bereitschaft vorhanden, sich mal einfach mit der Faszination auseinanderzusetzen, sich mal mit Empathie drauf einzulassen. Sondern das ist von vornherein eine ungeheure Arroganz und Ablehnung. Und das, denke ich, führt bei den KI-Leuten dazu, zu Hardlinern zu werden.

Tasso: Halten Sie es nicht für erforderlich, etwa den Bau humanoider Roboter wie COG gänzlich zu verbieten?

Foerst: Die ersten anderthalb Jahre hier am MIT habe ich nur daran gearbeitet, den Naturwissenschaftlern zu zeigen, “Okay, ich bin eine Theologin, ich will eure Forschung nicht verbieten, ich denke nicht, daß ihr falsch seid!” Das hat wirklich anderthalb Jahre gedauert, bis die Leute mich nicht mehr in diese Schublade geschoben haben. Und dann allmählich ging das los mit dem Dialog. Mittlerweile ist das überhaupt kein Problem mehr. Mittlerweile akzeptieren sie mich, wir hatten sogar ein meeting, wo erstmalig Professoren von der Divinity School hierhin gekommen sind, wir haben alle gemeinsam miteinander gesprochen – das war phantastisch. Jetzt klappt der Austausch. Und jetzt plötzlich kann Rodney Brooks auch Sätze formulieren wie: “Ich möchte mit diesen Leuten reden, um Visionen zu entwickeln, wie COG und andere Roboter besser in die Gesellschaft integriert werden können”, jetzt plötzlich kommen solche Ideen rein. Warum? Weil ich Vorurteile abgebaut habe und den Leuten zeigen konnte, es ist möglich, daß man, ohne zu werten, miteinander redet.

Tasso: Ich habe Rodney Brooks gefragt, ob die Roboter uns nicht eines Tages abschaffen werden? Er hat geantwortet: "Sind Kinder eine Gefahr für ihre Mütter?" Sind sie das?

Foerst: Rodney tritt in der Öffentlichkeit sehr viel provokativer auf, als er denkt. Und da hat er gesagt: "Im post-industriellen Zeitalter ist die Herausforderung nicht unbedingt, die Leute in irgendeine virtuelle Realität hineinzubringen, sondern die Herausforderung ist vielmehr, Computer so zu konstruieren, daß man sie besser in eine erweiterte oder veränderte Realität der Menschen integrieren kann". Für ihn ist also schon ganz klar: Zuerst kommt der Mensch! Und dann hat er gesagt, daß unsere Arbeit hier dazu dienen soll, daß unser Roboter lernt, in einer gesunden Weise mit dem Menschen zu interagieren. Ihm ist das ungeheuer wichtig. Er hat dann natürlich auch Visionen, wo überall man Roboter einsetzen könnte, alle möglichen Einsatzgebiete, und da spinnt er auch ein bißchen rum; er liebt seine Roboter halt, er ist einfach fasziniert. Aber er würde immer sagen, daß es auf jeden Fall die Menschen sind, die bestimmen müssen und die Chance haben müssen, zu bestimmen, wo sie diese Roboter haben wollen; und daß die Roboter nicht den Menschen aufgedrängt werden, sondern daß die Menschen wirklich in Freiheit auch entscheiden können, wo sie die Roboter eingesetzt haben wollen oder nicht.

Tasso: Können wir die Roboter noch aufhalten?

Foerst: Roboter aufhalten oder Computer aufhalten, das können wir nicht. Das ist unrealistisch. Und da ist es mir wirklich lieber, in der Gesellschaft dafür zu sorgen, daß die Gefahren klar sind. Je mehr Menschen sich der Gefahren bewußt sind, um so besser. Und zweitens, daß die Leute dafür bereit sind und lernen, das Ganze sich nicht überstülpen zu lassen, sondern zu reflektieren und dann auch reflektiert aufzunehmen. Wenn man einfach den Siegeszug des PC anschaut: Es gibt nur sehr wenige Leute, die den Computer einfach als Werkzeug benutzen; aber es gibt unendlich viele Leute, die wirklich ihren ganzen Tag davor hängen, im Internet rumsuchen, spielen und ich weiß nicht was noch machen. Das kommt aber einfach daher, denke ich, weil sie letztlich nicht vorbereitet waren auf diesen Computer. Dann kam diese technologische Faszination, und diese Faszination nahm überhand, und dann kamen nachher die Leute, die vor den Gefahren warnten; die vor der Computer-Kid-Generation warnten. Da ist dann ruckzuck eine Polarisierung da, und da ist dann überhaupt kein gesunder Austausch möglich. Und Rodney Brooks will wirklich, daß dieser gesellschaftliche Diskurs bereits gestartet wird, bevor die Roboter überhaupt so weit entwickelt sind, daß sie in diese Gesellschaft integriert werden.

Tasso: Die Geschichte lehrt, daß bisher alle Erfindungen mißbraucht wurden. Werden Roboter nicht ebenso mißbraucht werden – von geschäftlichen, politischen, militärischen Interessen?

Foerst: Ich weiß, daß das bei Rod überhaupt keine Rolle spielt. Aber ich denke natürlich über ein perfektes Einsatzgebiet nach, und das ist der autonome Soldat. Der einfach funktioniert. Man setzt keine Menschen ein, man setzt Roboter ein. Das ist natürlich phantastisch – das wäre so ein Einsatzgebiet, wo es wirklich kritisch wird. Auf der anderen Seite sind wir auch dank der Atombombe über das Zeitalter des direkten Krieges hinaus. Ich meine, das Ganze ist sehr stark technologisiert worden. Ich meine, ich bin damit auch noch nicht fertig, was ich da machen soll. Nur eines weiß ich bestimmt: Auch wenn hier ein ganz großes Mißbrauchspotential vorliegt, gerade bei humanoiden Robotern, und ich sehe das sehr klar, meine ich dennoch, daß man eine solche Forschung nicht verbieten darf. Denn sie findet sowieso statt. Und ich halte es für besser, daß man eine solche Forschung in aller Öffentlichkeit vollzieht, mit einer großen Medienpräsenz, damit die Diskussion in Gang setzt wird. Man muß den Leuten klar sagen, welche Gefahren auf uns zukommen. Man muß sagen, “Hier ist ein riesiges Mißbrauchspotential, aber wir machen es trotzdem, und wir wollen diesen Mißbrauch nicht, aber uns ist es letztlich jetzt zuerst mal egal”. Das ist eine schwierige Ingenieurshaltung, aber die ist einfach hier am MIT Gang und Gäbe: “Uns ist zuerst mal die Konsequenz egal, wir machen es, weil es uns Spaß macht – aber weil wir es mit einer großen Medienpräsenz machen, eröffnen wir dadurch die Möglichkeit, Ethikern die Chance zu geben, über solche Gefahren zu referieren und zu überlegen, wie man diese verhindern könnte”. Aber man kann sie ganz bestimmt nicht verhindern, indem man diese Forschung verbietet.

Tasso: Ist die Robotertechnik nicht ähnlich gefährlich wie heute bereits die Gentechnik? Besteht nicht auch hier die Gefahr, daß wirtschaftliche Macht letztlich die eigenen Interessen gegenüber den gesellschaftlichen durchsetzt?

Foerst: Als ich damals überlegt habe, welches Feld ich nehme, die künstliche Intelligenz oder die Gentechnologie, habe ich mich ganz bewußt gegen die Gentechnologie entschieden, aus dem einfachen Grund, weil hier die Sache ganz, ganz anders ist. Mit Gentechnologie greifen wir ins existierende Ökosystem ein. Es ist nicht gesagt, ob wir damit nicht zerstören. Die Zusammenhänge in unserem Ökosystem Welt sind so ungeheuer komplex, und jedes kleinste Gen ist ja nun mal eine Entwicklung von Jahrmillionen langer Evolution, daß also Gentechnik einfach in sich ein ungeheures Gefahrenpotential birgt und einfach, ja, gefährlich ist, weil sie aktiv in unsere Welt eingreift und man die Konsequenzen nicht berechnen kann. Das Gleiche gilt für die Atombombe oder überhaupt für nukleare Energie. Auch hier sind die Gefahren nicht abschätzbar, wir wissen nicht, was läuft – es ist viel zu gefährlich. Daher sehe ich diese Sache mit dem Nicht-Verbieten bei diesen Forschungszweigen ganz, ganz anders. Die Gefahr bei der KI ist eine andere, und deshalb meine ich, daß man KI in der Tat nicht verbieten dürfte. Die Gefahr der KI ist nicht unbedingt, daß hier eine Technik entwickelt wird, die wir nicht mehr steuern können. Sondern die Gefahr der KI ist, daß sich durch KI und verwandte Wissenschaftszweige das Selbstverständnis des Menschen verändert. Daß der Mensch sich mehr und mehr als Maschine begreift. Das heißt, hier geschieht die Veränderung nicht so sehr in der Realität als vielmehr in der Denkweise. Wenn wir uns beispielsweise die moderne Medizin anschauen, die ja immer wieder als Gerätemedizin getadelt wird, da liegt sehr stark eine ganz, ganz ähnliche Anthropologie zugrunde. Der Mensch als mechanistisches System, die Organe als Subsysteme, die wir beliebig ersetzen können. Da zeigt sich schon sehr stark, wie dieses Menschenbild – das die KI eben auch vertritt und beweisen will – wie das bereits unsere westliche Gesellschaft und unser Selbstverständnis prägt. Und gerade daher meine ich, daß man die KI nicht verbieten darf. Sondern ganz im Gegenteil, man muß sie forcieren, um einen Dialog über dieses Selbstverständnis in Gang setzen zu können. So ein Roboter, der hier im AI-Lab gebaut wird, der greift nicht ins Ökosystem ein, der schadet zunächst mal keinem. Das einzige, wo er schadet, und da gebe ich Weizenbaum ganz massiv recht, ist natürlich, daß da Millionen von Forschungsdollars hinein fließen, die anderen Projekten vorenthalten bleiben.

Tasso: Zurück zu COG: Sein Inneres, sein "Geist" beginnt langsam, auch für seine Erbauer undurchschaubar zu werden. Hat COG also irgendwann so etwas wie Menschenwürde?

Foerst: COG ist so selbstorganisiert, daß es jetzt schon teilweise nicht mehr nachvollziehbar ist, was in dem Roboter abläuft. Mit zunehmender Komplexität wird er noch undurchschaubarer. Dieses System ist ja gerade so gebaut, mit dieser berühmten bottom-up-Methode, daß ganz viele unabhängige Teilchen zusammenwirken, ihre Interaktionen lernen, die nicht programmiert sind. Wenn dieser Roboter tatsächlich irgendwann so etwas wie Gefühle entwickelt, dann werden wir das nicht unbedingt wieder auf einen Schaltkreis reduzieren können. Rod's Zauberwort ist immer das berühmte Emergenz: daß sich aus der Interaktion der Subsysteme Verhaltensweisen ergeben, die sich aus der Architektur der Subsysteme und ihrem Verkabeltsein überhaupt nicht vorhersagen ließen. Das ist also seine Grundidee. Und er sagt, ein Gefühl wird dann niemals auf einen bestimmten Schaltkreis oder auf eine bestimmte Verbindung oder auf ein bestimmtes Subprogramm zu reduzieren sein, sondern ergibt sich aus der Gesamtheit. Und dann – und da wird es eigentlich ungeheuer interessant – dann stellt sich natürlich die Frage, die wir uns an der Harvard Divinity School stellen: Muß man dann nicht so einen Roboter wie COG auch Konzepte wie Würde zuweisen können? Die Frage würde ich spontan mit "ja" beantworten – warum nicht? Aber dann ist es eben auch so, wenn wir diesen Roboter auch mit Würde behandeln, ab einem gewissen Punkt, und ihm also auch einen gewissen Wert zusprechen, dann ist natürlich die Chance gegeben, daß sich dann eine gesunde Interaktion zwischen ihm und uns daraus entwickelt, und daß sich Dialoge entwickeln und neue Diskursmöglichkeiten, die unsere Gesellschaft dann eben auch zum Guten verändern.

Tasso: Darf man COG dann überhaupt noch abschalten – also umbringen?

Foerst: Das ist natürlich die nächste Frage. Ich versuche, diese Frage noch sehr stark zu vermeiden, noch sind wir einfach nicht so weit. Ich bin momentan sehr stark konzentriert darauf, mich mit den Menschenbildern zu befassen und zu sehen, was man da ändern könnte. Wir haben uns an der Divinity School die Frage gestellt, ob man so einen Roboter dann taufen müßte. Beschneiden können wir ihn nicht, er hat keine Genitalien, und deshalb würde es also auf jeden Fall auf die Taufe hinauslaufen – also auf die Frage, ob man ihm dann nicht auch die Geschöpf-Gottes-Qualität zuweisen müßte. Wir haben diese Frage mit "ja" beantwortet. Dann wäre es natürlich nicht mehr ethisch vertretbar, ihn abzuschalten.

Tasso: Ein menschengleicher Roboter?

Foerst: Ich würde nicht sagen, daß dieser Roboter dann menschengleich ist, sondern ich würde von einer neuen Lebensform sprechen. Wenn dieser Roboter sich weiter so entwickelt... er wird niemals menschengleich, er wird vielleicht menschenähnlich. Er wird eine neue Daseinsform bekommen, und die gilt es dann – auch mit ethischen Mitteln – ernst zu nehmen und zu durchdenken. Aber so weit sind wir noch nicht. Ich denke aber, ab einem gewissen Punkt ist es sicherlich geboten, den Roboter sich seine Ziele selbst stecken zu lassen. Im Moment geben wir die Zielsetzungen der einzelnen Subsysteme immer noch vor. COG hat den Wunsch, seine Hände und Augen zu koordinieren, nicht selbst entwickelt, das ist ein Wunsch, den wir ihm eingegeben haben. Also, da sind ganz klar Sachen, die er nicht kann.

Tasso: Lebt COG eines Tages?

Foerst: Ich würde auch da wieder sagen, hier wird immer die Qualität "Leben" mit den vier Fs beschrieben: also, fighting, fleeing, feeding und Fortpflanzung. Und diese Sachen haben wir natürlich als biologische Entitäten, weil wir eben sterben können, wir haben Haut, wir haben Blut und diese ganzen Sachen, und das hat der Roboter nicht. Das heißt aber nicht, daß wir ihm diese Sachen nicht einprogrammieren können. Aber weil er die aus sich selbst heraus nie erleben kann, ist hier immer ein ganz massiver Unterschied – und wird auch immer sein. Er ist kein biologisches Wesen. Er besteht aus mechanischen Teilen... na, wir bestehen ja auch vielleicht aus fleisch-mechanischen Teilen, ich weiß nicht. Diese biologische Grundlage, das, was uns ausmacht, hat der Roboter nicht. Er besteht aus Silizium und Metall und so weiter. Ich würde daher immer sagen, es ist ein Unterschied da zum Menschen, das heißt aber nicht, daß man diesem Roboter, wenn er genügend komplex ist, nicht trotzdem menschliche Werte zuweisen müßte.

Tasso: Was genau verstehen Sie unter Künstlicher Intelligenz?

Foerst: Wenn ich Künstliche Intelligenz – KI – definieren würde als Wissenschaft, die versucht, Computer so zu bauen, daß sie sich verhalten, als ob sie Intelligenz besitzen, dann gibt's unter dieser Definition zwei Zielsetzungen. Die eine ist, intelligente Roboter und intelligente Werkzeuge zu bauen, die in noch mehr Bereichen als bisher schon einzusetzen sind; und die zweite Zielsetzung ist, durch die KI-Forschung mehr über den Menschen herauszufinden.

Tasso: Gibt es Unterschiede zwischen der Forschung in den USA und in Europa?

Foerst: Während diese zweite Zielsetzung mit ihrem sehr, sehr fraglichen Menschenbild in Amerika ganz klar vorherrschend ist, ist die erste Zielsetzung in Deutschland sehr stark vorherrschend. Die deutschen KI-ler sind sehr viel pragmatischer, sehr viel weniger ideologisch, die bilden sich überhaupt nicht ein, geisteswissenschaftliche Fragen beantworten zu können, sondern sagen einfach, wir machen das jetzt mal. Und Projekte wie COG wären, glaube ich, in Deutschland zumindest nicht mit diesem ganzen ideologischen Überbau möglich. Ich meine, wenn ich über COG rede in Deutschland, dann interessiert das die Leute, dann fasziniert die das, aber letztlich kommt dann immer: "Weißt du was: Also, wir machen lieber unsere Sache, die ist zwar nicht so mit Medienrummel verbunden, aber irgendwie doch ein bißchen handfester und ein bißchen näher an der Realität". Also, an der GMD, der Gesellschaft für Mathematik und Datenverarbeitung, wird schon seit einigen Jahren ein Kanalroboter entwickelt. Das ist ein ganz klares pragmatisches Projekt, die benutzen zwar die gleiche Architektur und eine ähnliche Bauweise und lassen auch den Roboter sich selbständig entwickeln, der wird auch autonom, der kann sich auch in allen möglichen Umwelten zurechtfinden, ist nicht Schritt für Schritt programmiert. Das Ding soll in Kanälen eingesetzt werden, das ist eine ganz klare pragmatische Zielsetzung, und ich glaube nicht, daß der Leiter dieses Projektes sagen würde: "Ich bin mir sicher, wenn wir den Kanalroboter gebaut haben, dann wissen wir genau, wie der Mensch sich in Kanälen bewegt". Daß der Leiter also irgendwie meint, über das Verhalten dieses Roboters nun die hundertprozentigen Aufschlüsse über den Menschen zu kriegen. Vielleicht steht das im Hintergrund, aber im Vordergrund steht einfach, einen guten, arbeitsbereiten, funktionalen Roboter zu bauen. Die Forschung in Deutschland ist auch stärker in den allgemeinen gesellschaftlichen Diskurs eingebettet, als das hier in den USA der Fall ist. Diese berühmten "ivy leagues" in den USA, die angesehensten Hochschulen, gerade das MIT und Harvard, diese absoluten Top-Schulen, sie betreiben fern jeder Realität ihre Forschung, sie ziehen die Genies aus dem ganzen Land oder praktisch aus der ganzen Welt an; die leben in einem absoluten Elfenbeinturm, wo überhaupt kein Diskurs mehr mit der Öffentlichkeit stattfindet. Und das, glaube ich, ist in Deutschland sehr, sehr viel besser. Die KI-Forschung in Japan wiederum unterscheidet sich sowohl von der deutschen als auch von der amerikanischen. Wir haben zum Beispiel hier im Lab einen ganz, ganz bekannten und wohl auch sehr, sehr guten Japaner, der versucht, ein Haustier zu bauen, einen pet-robot, der in der Lage ist, Emotionen zu vermitteln, Liebe, Zuneigung zu vermitteln, mit dem Schwanz zu wedeln, sich zu freuen, Trauer zu zeigen usw. Das wird als absolute technische Herausforderung begriffen, aber was dahintersteht, diese berühmte Mechanisierbarkeit und Analysierbarkeit der Gefühle, das wird in Japan überhaupt nicht gesehen.

Tasso: Stimmt es, daß eine Forscherin am MIT versucht, Computern Gefühle beizubringen?

Foerst: Drüben am Media-Lab ist unter anderem Roz Picard[4], die versucht, affective computing entwickeln, also, Computer, die Emotionen des Menschen auffangen können. Das heißt, ihre Studenten haben einen Haufen Sensoren auf der Haut, so daß der Roboter oder der Computer die Informationen darüber kriegt, was man gerade für eine Mimik hat, ob man schwitzt und all diese ganzen Sachen. Und das finde ich eigentlich noch nicht mal so schlimm. Interessant wird es, wenn man Roz zu den Einsatzgebieten eines solchen Maschinchens befragt. Das wäre dann zum Beispiel: Der Ehepartner kommt nach Hause, und, weil er einen solchen affective computer bereits als Kleidung trägt, weiß sein Partner zu Hause ganz genau, in welcher Stimmung der Partner nun nach Hause kommt, und er kann sich darauf einstellen.

Tasso: Würde Sie ein solcher Körperspion begeistern?

Foerst: Ich denke, Roz Picard hat mehr den Mann als Ziel ihrer Forschung im Sinn. Vielleicht steckt dahinter die Resignation einer Frau, die weiß, daß Männer nicht so sehr empfindsam sind. Ich denke, sie hat mehr den Mann im Kopf, der zu Hause auf die Frau wartet und der sich gefälligst endlich mal auf die Stimmung der Frau einstellen soll. Ich denke, ihre Arbeit ist für Picard auch sehr frustrierend, weil sie als eine der wenigen Frauen in einer männlichen Umgebung wie dem MIT steckt, und dann auch noch in einer männlichen Umgebung wie dem AI Lab oder dem Media Lab, also in technischen Umgebungen – das ist so fürchterlich, und da wird man mit so viel Horror konfrontiert und mit so viel tradiertem Rollenverständnis... das ist einfach nicht mehr feierlich. Ich glaube schon, daß man da als Frau irgendwann die Wut kriegt und dann genau solche Forschungsprojekte entwickelt, um den Männern irgendwie auch mal zu zeigen, ihr habt sie nicht mehr alle... Der Mann Marvin Minsky dagegen träumt davon, daß er nach Hause kommt, und der CD-Player weiß genau, in welcher Stimmung er ist, und der legt daher genau die richtige Musik auf. Da krieg ich dann auch riesengroße Probleme, und da merke ich aber auch, daß so eine Faszination eben solche perversen Blüten treiben kann, die aber auch wieder nur zustande kommen, weil das Gegengewicht und ein gesunder Ausgleich – ein gesundes Infragestellen – einfach hier fehlt. Das ist eben so in solch einer Umwelt wie dem Media Lab, wo alle Leute so fasziniert sind von Technik, wo auch niemand nur die Frage stellen darf, ob es Gefahren gibt, da wird man ja sofort ausgestoßen, das darf letztlich nicht stattfinden, so eine Diskussion. Das ist eine ganz starke technokratische Gesellschaft, und die treibt dann eben solche Blüten

Tasso: Wird die Forschung am MIT also durch den sozialen Charakter der Forscher mit beeinflußt?

Foerst: Ganz bestimmt. Ich glaube, das ist auch so ein Mythos, daß Forschung unabhängig funktioniert von den Leuten, die sie machen, ich halte das für einen ganz großen Blödsinn. In den letzten zwei, drei Jahren hat es ungeheuer intelligente feministische Kritik an der Künstlichen Intelligenz gegeben. Eine ganz starke Kritik war: Wenn wir uns mal die Probleme anschauen, die die KI-Pioniere formuliert haben, das war mathematisches Beweisen, das war Schachspielen, das waren diese rationalen Sachen, die man eben allein im stillen Kämmerchen erledigt. Und die haben dieses Intelligenzverständnis – Problemlösen – auch ganz maßgeblich geprägt. Die klassischen KI-ler waren diese typischen nerds, das waren Leute, die absolut brillant, hoch intelligent – mathematisch – waren, aber ich kann mir nicht vorstellen, daß die so ungeheuer viele soziale Fähigkeiten gehabt haben. Sonst wären sie mit anderen Intelligenzbegriffen aufgekommen. Und das Problem ist, daß in weiten Teilen der KI dieses Intelligenzverständnis bis heute die Forschung prägt. Ich glaube, daß das bestimmte Typen von Menschen anzieht, und daß wir dann eine Korrelation haben zwischen den Menschen, die die Forschung betreiben und den Forschungsinhalten. Und daß das ein geschlossener Zirkel ist, den es ungeheuer schwer ist, aufzubrechen. Rodney Brooks ist in der KI-Gemeinschaft weithin fürchterlich abgelehnt, weil er versucht hat, was ganz anderes zu machen. Und weil er einen ganz anderen Intelligenzbegriff entwickelt hat, der, ja, einfach andere Dinge für wichtig hält: menschliches Miteinander etwa. Für Rodney heißt Intelligenz: Interaktion mit der Umwelt; die Fähigkeit, andere Menschen wahrzunehmen, mit denen klarzukommen. Das ist ein ganz anderes Verständnis von Intelligenz, das ist eben nicht dieses "völlig rational im stillen Kämmerlein", sondern genau das Gegenteil. Und gerade das führt dazu, daß in einem Projekt wie COG fast die Hälfte der Mitarbeiterschaft weiblich ist. Das ist das einzige Projekt, das es gibt, in dem so viele Frauen sind.

Tasso: Eine letzte Frage: Was mir bei COG auffiel, war: Er hat kein Geschlechtsteil. Ist er eine Frau?

Foerst: Ich meine, auch hier muß ich natürlich jetzt schon wieder eine ganz starke feministische Kritik loswerden: COG hat kein Geschlecht. Ich halte es für einen absoluten Blödsinn, denn Menschen definieren sich aus ihrem Geschlecht heraus, und daß COG keines hat, daß COG keine Genitalien hat, halte ich für fragwürdig. Rodney antwortet darauf immer: "COG ist der erste Prototyp, und wir werden weitere entwickeln". Aber solange die Geschlechterfrage noch nicht mal in den Köpfen der Programmierer ist, glaube ich nicht, daß sich hier maßgeblich was tut.

---

[1] Vergl. S. 160 Rodney Brooks: COG – der erste Roboter mit menschlichem Antlitz?

[2] Marvin Minsky studierte Mathematik und ist heute Toshiba Professor of Media Arts and Sciences am Medienlabor des MIT

[3] Vergl. S. 190: Joseph Weizenbaum: "Die Qualität der Begegnung zählt!"

[4] Rosalind (Roz) Picard ist Associate Professor of Media Arts and Sciences am Medienlabor des MIT; sie studierte Elektroingenieurswesen

Karl Sigmund

Golem und Co.: Künstliches Leben im Computer

Den abschließenden Blick in die fernere Zukunft der Computer-Anwendungen eröffnet Karl Sigmund, Professor für Mathematik an der Universität Wien, mit einer naheliegenden Frage: Wenn es künstliches Leben gibt, dann müsste es sich auch selbst reproduzieren können. Aufbauend auf den Arbeiten von John von Neumann lassen sich am Bildschirm tatsächlich sogenannte Zellularautomaten konstruieren, die sich selbst replizieren können.

Er war zwar weder Ingenieur noch Biologe, sondern (wenn man ihn schon festlegen muß) Mathematiker: aber zeit seines Lebens setzte er sich mühelos über Grenzen hinweg. Er wurde im Jahr 1903 als der Sohn eines ungarischen Bankiers geboren und machte schon früh seinen Weg, der ihn an die Universität von Göttingen und nach Princeton führte. Seine Arbeiten zählen zu den Eckpfeilern der mathematischen Logik, der Sozial- und Wirtschaftswissenschaften und der Quantenphysik. An der Entwicklung der Computer hatte er ebenfalls entscheidenden Anteil. Die großen Rechner, an deren Bau er mitwirkte, waren für die amerikanische Rüstung von wesentlicher Bedeutung, aber John von Neumann sah über die unmittelbaren Anlässe weit hinaus. Niemand konnte Anwendungen und Grundlagen besser miteinander vereinbaren als er. Eine Theorie der Automaten war im Entstehen. Kein Wunder, daß dieser funkelnde Geist, der in seinem Ehrgeiz und seinen Verstrickungen an Faust erinnert, die Aufgabe, Roboter zu konstruieren, die sich fortpflanzen konnten, als eine persönliche Herausforderung empfand. [...]

Dreihundert Jahre bevor John von Neumann Leben in Baupläne hauchte, konnte eine scharfsinnige junge Königin ihren Hauslehrer mit dieser Frage in Verlegenheit bringen: Wenn es stimmt, fragte Christine von Schweden, daß Lebewesen nur Maschinen sind, wie Sie es behaupten, Monsieur, warum sieht man dann keine Maschinen, die sich fortpflanzen? – Was konnte René Descartes (um den handelte es sich), darauf erwidern? Mit den Maschinen seiner Zeit war es nicht eben weit her.[1] Aber auch heute hat Christines Argument noch Gewicht. Eine moderne, vollautomatisierte Fabrik beispielsweise ist eine Maschine, die Maschinen erzeugt. Die Komplexität ihrer Produkte übersteigt zweifellos um viele Größenordnungen die verwegensten Vorstellungen der Zeitgenossen Descartes'; doch wird sie weitaus geringer sein als jene der ganzen Fabrik. Steckt eine logische Notwendigkeit dahinter? Muß das Fabrikat immer einfacher sein als die Fabrik (etwa in dem Sinn, daß zur vollständigen

Beschreibung weniger Information nötig ist)? Ein Gesetz dieser Art hätte zur Folge, daß Automaten nur einfachere Automaten herstellen könnten und daher keine Kopien ihrer selbst. Wenn das gültig wäre, gäbe es einiges zu überdenken.

John von Neumann glaubte selbstverständlich nicht an ein solches Gesetz. Aber er wollte seiner Sache sicher sein. Er hatte einige wissenschaftliche Erdbeben miterlebt: die Heisenbergsche Unschärferelation etwa oder den Gödelschen Unvollständigkeitssatz. John von Neumann war vermutlich der erste, der Gödel verstanden hatte. Für einen Mathematiker wäre ein Nachweis der Unmöglichkeit selbstreproduzierender Automaten, und somit der Inkonsistenz einer mechanistischen Erklärung des Lebens, weitaus leichter zu verkraften als die Erkenntnis, daß manche Aussagen über ganze Zahlen grundsätzlich unentscheidbar sind.

Ob unser Leben hienieden eigene Naturgesetze erfordert, ob es durch übernatürliche Eingriffe in Gang gehalten wird oder überhaupt nur eine Illusion darstellt, ist in diesem Zusammenhang vergleichsweise zweitrangig. John von Neumann wollte beweisen, daß die mechanistische Auffassung zumindest *denkbar* ist. Er brauchte den Automaten gar nicht herzustellen, es genügte, den Entwurf in allen Einzelheiten durchdacht zu haben, um die Gewähr zu besitzen, daß sich nirgendwo eine tückische Widersprüchlichkeit verborgen hält.

Was John von Neumann sich vorstellte, war ein Roboter, der sich durch eine riesige Lagerhalle bewegt. Zu den Beständen dieser Halle gehören alle Bauelemente des Roboters: die Röhren, Spulen, Schalter, Stangen, Bolzen, Batterien und dergleichen. Der Roboter tastet umher, nimmt hier und dort etwas aus den Regalen, fügt es zusammen, lötet und schraubt, bis er einen Roboter fertiggestellt hat nach seinem Ebenbild. Dieser setzt sich nun ebenfalls in Bewegung, rollt hin und zurück und beginnt auch einen Nachkommen zu konstruieren, und so fort.

Auf den ersten Blick mag die mit allem Nötigen versehene Lagerhalle etwas suspekt wirken. Zu gut, um wahr zu sein, diese Stangen und Röhren auf den Regalen. Aber auch das Leben, welches wir kennen, braucht die passenden Elemente zur richtigen Zeit und am richtigen Ort: Eiweiße, Fette und dergleichen sowie hochspezialisierte Energiequellen. In einer ungeeigneten Umgebung ist Leben nicht möglich. Also dürfen wir ruhig die kommodesten Bedingungen voraussetzen.

Damit wollen wir es uns allerdings keineswegs zu leicht machen. Allzuleicht wäre etwa das folgende. Im Halbdunkel stehen Tausende identischer Roboter unbeweglich herum. Wir schalten einen davon ein. Er schlürft los, bis er an einen anderen Roboter stößt, und knipst dessen Schalter an. Jetzt sind es zwei, die unbeholfen umhertasten, um ihre Brüder zu wecken; bald ist eine ganze Armee auf den Beinen. Wenn wir einen in Betrieb genommenen Roboter als " lebendig" bezeichnen wollen, können wir behaupten, daß er sich fortpflanzt.

Diese Lösung ist allerdings gänzlich uninteressant. Zwar reproduziert sich etwas – nämlich der Zustand, eingeschaltet zu sein –, aber wir werden nicht sagen, daß der Automat Kopien seiner selbst erzeugt. Die Kopien lungerten ja bereits in der Halle herum und bedurften nur eines Anstoßes, um sich zu bewegen. John von Neumann bezeichnete derlei als *triviale Selbstreproduktion.* Ein Kristall in einer Nährlösung pflanzt sich so fort. Er wächst, weil sich Atome aus der Nährlösung passend einfügen; und wenn er bricht, wachsen die Einzelteile weiter. Das ist kein Leben, welches der Rede wert wäre.

Der Haken an der Angelegenheit ist übrigens nicht, daß die Roboter bereits fix und fertig herumstehen. Wir könnten uns auch vorstellen, daß sie sich aus einem Unter- und einem Oberteil zusammensetzen, die aber getrennt gelagert werden. Wenn der Roboter nur ein Oberteil auf ein Unterteil setzen muß, um eine Kopie herzustellen, erhalten wir wieder nur triviale Selbstreproduktion. Und wenn er aus zehn oder aus zehntausend Stücken besteht, die lediglich passend zusammengefügt werden müssen, hätte sich daran noch immer nichts geändert.

Das wirkliche Problem der Selbstreproduktion ist informationstheoretischer Natur. Wenn das Programm des Automaten bereits in den Bestandteilen steckt und einfach nur zusammengefügt und in den richtigen Schlitz geschoben werden muß, dann hat man sich am eigentlichen Problem vorbeigeschwindelt. Denn dann wurde die Information ja gar nicht kopiert: gewissermaßen verkörpert in zahlreichen Einzelteilen lag sie in den Regalen. Lebewesen replizieren anders, wie wir wissen. Sie besitzen ein codiertes Programm, das sie anweist, Kopien ihrer selbst herzustellen – einschließlich dieses Programms.

Gar so abstrakt-philosophisch, wie es eben noch schien, war also die Aufgabe gar nicht, die John von Neumann sich stellte. Schon die Art, wie er sie formulierte, verriet, daß seine Sichtweise die neuesten Erkenntnisse über Lebewesen und Automaten einschloß. Rechenmaschinen gab es schon lange vor seiner Zeit: doch Computer mit einem internen Programm, das sie steuert, erst seit wenigen Jahren. Und es war auch noch nicht lange bekannt, daß die genetische Information der Zelle (kein Mensch wußte damals, wie) in ihren DNA-Molekülen steckte, einem winzigen Bruchteil ihrer selbst.

John von Neumanns Automat sollte darum aus zwei Teilen bestehen: einer flexiblen Konstruktionseinheit, die imstande ist, je nach Anleitung die Bestandteile der Lagerhalle zu verarbeiten; und einer Instruktion, welche die

Konstruktionseinheit so steuert, daß sie eine Kopie des Automaten baut. Das entsprach einerseits der Dualität zwischen Rechenmaschine und Programm, andererseits jener zwischen Zelle und Erbsubstanz.

Aber hier scheint ein Paradox aufzutauchen. Die Instruktion muß in irgendeiner Form eine Beschreibung des Automaten enthalten, und zwar nicht nur der Konstruktionseinheit, sondern auch der Instruktion selbst. Auch die Kopie soll ja wiederum wissen, was tun: nämlich ihrerseits eine Kopie herzustellen. Also enthält die Beschreibung eine Beschreibung ihrer selbst; somit eine Beschreibung der Beschreibung usf. ... Das ergibt einen unendlichen Regreß, der fatal erinnert an die Widersprüche, mit denen Gödel die Träume zahlreicher Mathematiker platzen ließ. Er erinnert auch an die Behauptung des Paracelsus, wonach der männliche Samen winzige Exemplare von vollständigen Menschlein enthielte, die nur heranwachsen mußten, um ihren Platz in der Welt einzunehmen. Vom männlichen Chauvinismus ganz abgesehen, der sich hier so betrüblich offenbart, erscheint uns dieser Gedanke heute hoffnungslos verfehlt: Denn die winzigen Männchen müßten Samen enthalten, der wiederum winzige Männchen enthält, und diese wiederum und so fort, so daß wir bald in subatomare Bereiche vorgestoßen wären. Die Phantasie des Paracelsus, der vermutlich kein Atomist war und keine Ahnung vom Alter der Menschheit hatte, konnte offensichtlich eine Folge schrumpfender Männchen verkraften; aber wir können das nicht. Genausowenig sind wir bereit, uns mit einer unendlich oft ineinandergeschachtelten Folge von Instruktionen abzufinden. Roboter sollen endlich sein. Das macht sie auch menschlicher.

Die Lösung des scheinbaren Paradoxes liegt jedoch auf der Hand. Die Instruktion braucht sich nicht selbst zu enthalten. Sie muß nur bewirken, daß sie kopiert wird. Also reicht es hin, wenn die Konstruktionseinheit eine Vorrichtung zur Vervielfältigung des Programms enthält; sobald dann die nächste Konstruktionseinheit fertiggestellt ist, braucht ihr der Automat nur mehr eine Kopie seiner Instruktionen auszuhändigen. Kein Zirkelschluß mehr, kein Paradox.

So naheliegend das ist, verdeutlicht es doch einen wesentlichen Punkt. Das Programm wird auf *zweierlei* Weise verwendet; es wird übersetzt und vervielfältigt. In einem Fall ist es ein Befehl und bewirkt eine Folge von Tätigkeiten; es manipuliert die Maschine. Im anderen Fall wird es von der Maschine manipuliert; es unterliegt passiv den Verrichtungen, ist bloßes Objekt. Anders gesagt: *uninterpretiert* ist das Programm lediglich Rohmaterial für die Vervielfältigung; wird es dagegen *interpretiert,* so steuert es diese Vervielfältigung.

Sein *kinematischer* Automat bestand aus mechanischen und elektrischen Gerätschaften. Für die Steuerung der komplexen Verrichtungen des Roboters war selbstverständlich ein Computer vorgesehen. Er hatte eine Vielfalt von Aufgaben zu bewältigen. John von Neumann verspürte wenig Lust, sich in die Einzelheiten zu vertiefen. Er beschloß, einen *universellen Computer* zu verwenden. Das machte seine Aufgabe viel einfacher.

Diesen universellen Computer hatte Ende der dreißiger Jahre der britische Mathematiker Alan Turing entworfen, zu einer Zeit also, in der es Computer, die diesen Namen verdient hätten, noch nicht gab, sondern lediglich unbeholfene Tischrechner, bessere Registrierkassen und Lochkartenmaschinen. Der universelle Computer war etwas ganz anderes. Er läßt sich auch nach dem heutigen Stand der Technologie nicht mehr verbessern. Er kann alles berechnen, was berechenbar ist. Die schwierigsten Aufgaben, die der beste Computer, der je gebaut wird, bewältigen kann, vermag der universelle Computer ebenfalls zu lösen. Nur wird er dafür eben sehr, sehr lange brauchen. Aber er kann alles, was andere Rechner auch können.

Dahinter steckt keineswegs Hexerei. Jede Rechnung bedarf eines Programms. Wenn der Computer XY sie durchführen kann, braucht man dem universellen Computer nur dieses Programm einzugeben, und dazu die codierte Beschreibung der Wirkungsweise von XY. Der universelle Computer imitiert dann XY. Worauf es ankommt, ist lediglich die richtige *Instruktion.*

Das Verhalten jeder Maschine kann formal durch eine Liste von Übergangsregeln beschrieben werden. Umgekehrt läßt sich jede solche Liste als eine potentielle Maschine ansehen. Moderne Allzweck-Computer sind das, was Chris Langton, ein junger Amerikaner, dem die Forschung über künstliches Leben entscheidende Impulse verdankt, als *Maschinen zweiter Ordnung* bezeichnet: Sie haben kein eigenständiges Verhalten, sondern bedürfen eines Programms, nämlich der formalen Beschreibung einer Maschine, die sie dann nachahmen. Eine Turing-Maschine ist einfach ein beim Wort genommener Allzweckcomputer. Vielleicht kennen Sie Woody Allens Film *Zelig,* die Geschichte eines menschlichen Chamäleons – nun, Turings universeller Computer ist das perfekte Maschinen-Chamäleon. Es kann alles nachahmen; gerade deshalb hat es keine Spur einer eigenen Persönlichkeit.

Die übliche Form der Turing-Maschine arbeitet mit einem Schreibband, das in Felder eingeteilt ist. Auf den Feldern stehen Zeichen – Nullen oder Einsen. Jede Information kann durch solche Zeichenfolgen festgehalten werden. Die Maschine bleibt über einem Feld stehen und liest das Zeichen; sie kann das Zeichen ändern oder ihren *inneren Zustand* (einen von endlich vielen); sie kann ein Feld vor- oder zurückfahren; sie kann halten. Und das wär's auch schon.

Alles hat seinen Preis. Gerade weil die Maschine so vielseitig ist, ist sie jämmerlich unbeholfen. Sie ist zwar allzeit bereit, es mit jedem nur denkbaren

Algorithmus aufzunehmen, aber schon die einfachste Zwischenrechnung kann Milliarden von Schritten benötigen. Das ist auch der Grund, weshalb der universelle Computer noch nie zu irgend einem praktischen Zweck diente. Er ist eine *Abstraktion.* Turing löste damit das berühmte *Entscheidbarkeitsproblem,* das für die Grundlagen der Mathematik ähnlich wichtig ist wie der (übrigens eng damit verwandte) Unvollständigkeitssatz von Gödel. Wir werden noch darauf zurückkommen.

John von Neumann war von Turings Resultaten beeindruckt. Auch sein eigener selbstreproduzierender Automat war nur als Gedankenexperiment geplant. Ihm als Steuereinheit einen Computer einzubauen, der universell ist, lag eigentlich nahe. Das machte die Aufgabe leichter, nicht schwerer.

Da blieb nur noch die kleine Schwierigkeit, daß die Turing-Maschine, im Prinzip jedenfalls, einen unendlichen *äußeren Speicher* braucht: Wenn sie fähig sein soll, beliebig schwierige Probleme zu bewältigen, so muß sie imstande sein, beliebig viel Information zu horten. Aber der Computer im Automaten hat nur *eine* Aufgabe, nämlich seine Fortpflanzung zu steuern. Darüber hinaus braucht er keinen Speicherplatz. John von Neumann konstruierte dieses Computer-Gedächtnis als eine sehr, sehr lange Leiter. Die Abfolge der vorhandenen und fehlenden Sprossen codiert die Information. So muß nur Sorge dafür getragen werden, daß es in der Lagerhalle genügend Leiterelemente gibt.

Es ist bemerkenswert, daß bei der Entwicklung sowohl der Computer als auch der Automaten die tiefsten Probleme zuerst gelöst wurden: Universalität und Selbstreproduktion. Beide Fragen sind übrigens ohne jeden praktischen Belang. Sowohl Turing als auch von Neumann konnten, wenn sie wollten, auch sehr handfeste Beiträge liefern. Während des Zweiten Weltkriegs hatten die beiden, jeder auf seiner Seite des Atlantik, wesentlichen Anteil an kriegsentscheidenden Projekten der Alliierten. Alan Turing war einer der wertvollsten Mitarbeiter am Projekt Ultra, mit dessen Hilfe der deutsche Wehrmachtscode geknackt wurde, und John von Neumann leitete eine Arbeitsgruppe des Manhattan Projekts, das die Atombombe entwickelte. Turing hat es vielleicht bedauert, den Elfenbeinturm verlassen zu müssen; von Neumann bestimmt nicht. Er stand mit beiden Beinen fest auf der Erde und ließ dies auch jedermann gern wissen.

Wenn er also mit seinem kinematischen Modell unzufrieden war, weil es ihm *zuwenig abstrakt* schien, dann steckte keine Spintisiersucht dahinter. John von Neumann war kein weltfremder Träumer, der die Wirklichkeit scheute. Aber er fürchtete, den Kern seines Problems nicht ausreichend herausgeschält zu haben. Es plagte ihn der Verdacht, daß erst ein Teil der Aufgabe gelöst war. Es ging hier schließlich um eine Frage der *Logik.* Da sollten elektrische oder mechanische Gerätschaften keine Rolle spielen. Der kinematische Automat war noch zu sehr von dieser Welt. Er arbeitete anhand physikalischer Gesetze, die nicht völlig ergründet waren. Ein Ingenieur hätte nichts auszusetzen, doch ein Philosoph könnte vermuten, daß sich hinter diesen Naturgesetzen doch noch irgend eine Lebenskraft oder übernatürliche Machenschaft verbarg.

Um diese Möglichkeit auszuschließen, mußte man ein Universum zur Verfügung haben, das keine verborgenen Winkel enthält, die dem Vitalismus Zuflucht bieten können. Das Gedankenexperiment mit dem selbstreplizierenden Automaten war erst dann schlüssig, wenn es in einer glasklaren Welt durchgeführt wurde. Nun ist unsere Welt nicht glasklar (Gott sei Dank). Also galt es, zunächst ein derartiges Universum zu schaffen, um es dann mit Maschinen zu bevölkern, die sich fortpflanzen konnten.

Auf diese Weise kamen die Zellularautomaten ins Spiel. Der Vorschlag stammte von Stanislas Ulam, einem Freund John von Neumanns aus gemeinsamen Tagen in Los Alamos. Ulam hatte frühzeitig entdeckt, welche ungeheuren Möglichkeiten der Computer für die experimentelle Mathematik bot. Als einer der ersten verstand er die Kunst, seine Vorstellungskraft mit Hilfe von Großrechnern zu beflügeln. Er hatte genügend Erfahrung mit Zellularautomaten gesammelt, um zu ermessen, daß es hier buchstäblich *Welten* zu entdecken gab – alternative Welten von verblüffender Vielfalt. Und hier ist nicht zu befürchten, daß verborgene Geheimnisse einen Strich durch die Rechnungen machen. Man weiß, auf welche Regeln alles zurückzuführen ist – man legt sie ja schließlich selbst fest. In so einer Welt ist der Programmierer der einzige Gott.

So schuf John von Neumann einen zweidimensionalen Zellularautomaten, dessen schachbrettartig angelegte Felder neunundzwanzig verschiedene Zustände annehmen konnten, von welchen einer als der Nullzustand ausgezeichnet war. John von Neumann legte die Rekursionsregeln fest und damit alles mögliche Geschehen. Und er entwarf ein Gebilde, das sich selbst reproduziert. Es umfaßt etwa zweihunderttausend Felder und besteht, wie gehabt, aus zwei Teilen: (a) einer Konstruktionseinheit, die einen universellen Computer enthält, und (b) einer Instruktion, die die Vervielfältigung programmiert. Die Konstruktionseinheit schiebt einen Arm in ein leeres Gebiet hinein, tastet die Felder der Reihe nach ab und baut dabei eine Replik ihrer selbst. Dann überträgt sie die Instruktion und zieht den Arm wieder ein. Auftrag erledigt.

Das Buch, in dem John von Neumann seinen Automaten beschrieb, konnte er nicht mehr veröffentlichen. Er starb an Krebs – in einem Militärspital und betreut von Sicherheitsagenten, die darüber wachten, daß er auch im Todeskampf keine Staatsgeheimnisse preisgab. Seine hinterlassenen Aufzeichnungen über die Selbstreproduktion fielen nicht unter diese Rubrik: sie wurden von Arthur Burks, einem seiner Mitarbeiter, ergänzt und veröffentlicht.

[...] John von Neumanns Entwürfe wurden vom Amerikaner E. F. Codd stark vereinfacht. Codds Zellularautomat war viel besser geeignet, weit in die Ebene hinauszugreifen und dorthin Muster zu übertragen. Ein noch einfacheres Beispiel wurde von Chris Langton gefunden. Bislang neigte man dazu, eine selbstreproduzierende Einheit als *nicht-trivial zu* bezeichnen, wenn sie einen universellen Computer enthielt. Da unsere eigenen Zellen dazu aber nicht in der Lage sind, war diese Definition für die *wetware* Mensch vielleicht zu streng bemessen. Langton verlangte statt dessen, daß die gespeicherte Information sowohl kopiert als auch übersetzt wird. Langton entwarf einen winzigen Automaten, der sich selbst fortpflanzt. Er paßt in ein Feld von 15 x 10 Zellen hinein und besteht im wesentlichen aus einer Datenreihe, die eine viereckige Schleife durchläuft. Diese Schleife wird von einer Schutzschicht umhüllt, die am südöstlichen Eck ein Loch aufweist. Durch dieses Loch scheidet die Datenschleife eine Kopie ihrer selbst aus. Diese Kopie rollt sich zusammen und bildet nun selbst wieder eine Schleife, die ihre eigene Schutzhülle erzeugt. Nach 151 Zeitschritten hat das ursprüngliche Muster einen Nachkommen erzeugt, der sich nun seinerseits fortzupflanzen beginnt. Der "Elternteil" hat sich währenddessen um 90 Grad gedreht und beginnt eine weitere Kopie auszuscheiden. Diesmal wird der Nachkomme auf denn nördlich angrenzenden Feld angesiedelt, während sein älterer Bruder auf dem östlichen Feld sitzt. Nach der Geburt von vier Nachkommen ist für weitere kein benachbartes Feld mehr frei. Die Mutter-Schleife hat sich jeden Ausgang vermauert und kann keine Kopien mehr ausscheiden. Gespenstischerweise wird ihre Information, also die Datenreihe, jetzt gelöscht. Der Automat stirbt: was bleibt, ist die leere Schale. Aber in der Zwischenzeit haben mehrere seiner Nachkommen ihrerseits Nachkommen gezeugt. Je länger wir warten desto größere Regionen der Ebene werden von den Schleifen überdeckt. Die meisten sind leer oder *tot,* wenn wir so wollen, aber andere sind in verschiedenen Stadien ihres Lebenszyklus – vom knospenden Auswuchs über die reife, gebärende Schleife zur absterbenden, eingekapselten Hülse

[1] Vergl. S. 84 Bruce Mazlish: Der Mensch – eine Tiermaschine?

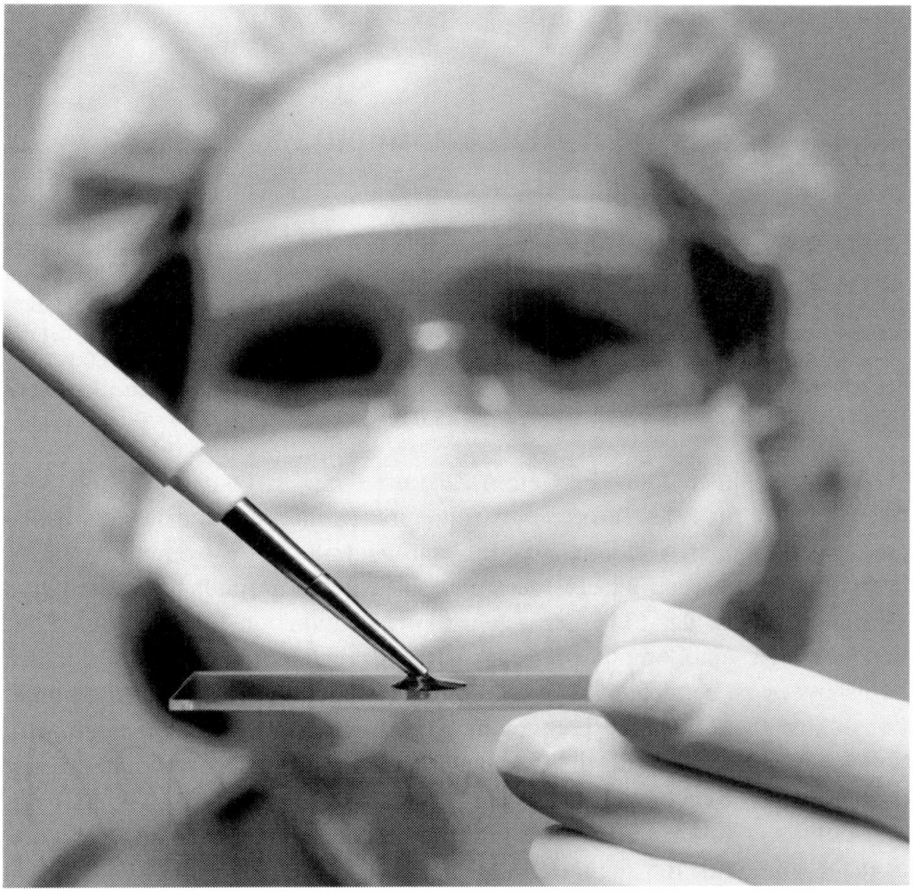

Jeremy Rifkin

Computer und DNA – DNA-Computer

Im Jahr 1996 verblüfften Molekularbiologen die Wallstreet mit dem ersten DNA-Chip. Sie sehen aus wie Computerchips, sind aber mit der Erbsubstanz DNA beladen und sollen die Massen genetischer Informationen aus dem Erbgut lebender Organismen lesen. Jeremy Rifkin ist Gründer und Präsident einer Stiftung für ökonomische Trends in Washington und gilt als einer der renommiertesten Trendforscher. Das "National Journal" benannte ihn als eine von 150 Persönlichkeiten der USA mit besonders großem Einfluss auf die Gestaltung der US-amerikanischen Bundespolitik.

Seit über einem Jahrzehnt feiern Zukunftsforscher, Ökonomen und Politiker den Anbruch des Informationszeitalters. In ihrem Enthusiasmus haben sie aus den Augen verloren, was für eine zentrale Rolle Kommunikationstechnologien während unserer gesamten Geschichte gespielt haben und sind fälschlicherweise dazu übergegangen, die revolutionären Entwicklungen auf den Gebieten von Computerwissenschaft und Telekommunikation als reinen Selbstzweck zu betrachten. Wie jede große Revolution auf dem Kommunikationssektor aber bilden die Technologien des Informationszeitalters ein machtvolles neues Werkzeug für die Umwandlung der natürlichen Welt und die Koordination und Regelung der sich daraus ergebenden wirtschaftlichen Aktivitäten. Computer sind vor allem anderen Kommunikationsmedium und Software, Sprache und Text, mit deren Hilfe sich die riesigen genetischen Ressourcen unseres Planeten in der kommenden Wirtschaftsära entschlüsseln und nutzbar machen lassen.

Das Zusammentreffen von Informations- und Biowissenschaften – von Computern und Genen – zu einer gemeinsamen technologischen und kommerziellen Revolution ist Vorbote eines neuen Zeitalters der Weltgeschichte. In diesem Zusammenhang läßt sich die historische Bedeutung des Computers vielleicht am besten durch den Vergleich mit den Druckmedien nachvollziehen, jener Kommunikationstechnik, die zu Beginn des Industriezeitalters so

---

* Ärztin pipettiert Blut, (Abb. S. 217)
"Wissenschaftler sind der Ansicht, daß der Tag nicht mehr fern ist, an dem man das Genom eines Patienten mit DNA-Chips untersuchen kann, um seine genetische Konstitution detailliert zu analysieren, und sogar in der Lage ist, Genanomalien oder -fehlfunktionen ausfindig zu machen. Irgendwann werden DNA-Chips imstande sein festzustellen, welche Gene zu einem beliebigen Zeitpunkt 'an-' oder 'ab'geschaltet sind."

entscheidend dazu beitrug, unsere Welt, unsere Wirtschaft und unser Selbstgefühl zu verändern.

Ohne die Erfindung der Druckerpresse durch Johannes Gutenberg im 15. Jahrhundert wäre das Industriezeitalter undenkbar gewesen. Die Möglichkeit, identische Kopien eines Originalschriftstücks in Massen herzustellen, und dies in einem Bruchteil der Zeit, die man im Mittelalter zur Manuskriptherstellung benötigt hatte, noch dazu mit sehr viel weniger Mühe, veränderte die Gesellschaft von Grund auf.

Die Drucktechnik lieferte ein neues Kommunikationsmedium, mit dem sich die schnellebige, komplexe Welt von Kohle- und Dampfkraft verwalten ließ. Der Druck führte überdies zu einer neuen Art der Organisation von Wirtschaftsaktivitäten, die später als charakteristisch für das Industriezeitalter gelten sollte. Nicht minder wichtig ist in diesem Zusammenhang, daß die neue Kommunikationstechnik das menschliche Selbstbewußtsein grundlegend veränderte und die neue bürgerliche Schicht der Moderne entstehen ließ.

Vor allem anderen etablierte die Drucktechnik die Idee des Zusammenfügens einzelner Bestandteile zu einem Ganzen, das Schlüsselprinzip industrieller Fertigung und Lebensweise. Das Verfahren, das Alphabet zunächst in standardisierte Untereinheiten aufzuteilen, die von einheitlicher Form, austauschbar und wiederverwendbar sind, machte den Buchdruck zum ersten modernen industriellen Prozeß. Außerdem führte der Druck das Prinzip der festen räumlichen Positionierung von Gegenständen ein. Beim Drucken werden die Abstände zwischen den einzelnen Typen egalisiert, indem man die Buchstaben fest in eine Satzform einbringt, die dann in die Druckerpresse eingesetzt wird. Dieser Satz kann wieder und wieder reproduziert werden, wobei jede Kopie identisch und vom Original nicht zu unterscheiden ist. Der Prozeß der Zerlegung in uniforme, austauschbare Einzelteile, die reproduzierbare räumliche Positionierung von Gegenständen, deren Zusammenfügen und die Massenproduktion bildeten das Fundament des Industriezeitalters. Der Druck schuf den Archetyp der Technologie für diese neue Art, die Natur zu organisieren. [...]

Heute wird die Drucktechnik in der Organisation und Verwaltung von Produktion, Handel und Gewerbe in zunehmendem Maße von Computertechnologien unterstützt oder verdrängt. Obwohl die umwälzenden Entwicklungen in Computerwissenschaft und Telekommunikation dem industriellen Marktgeschehen derzeit scheinbar zwanglos aufgepfropft werden, so stehen doch Sprache und Arbeitsweise des Kommunikationszeitalters im Grunde noch in krassem Gegensatz zu vielen der essentiellen Voraussetzungen und geltenden Wirkprinzipien einer älteren Buchdruckkultur und industriellen Lebensweise. Das ist einer der Gründe, warum der Produktionszuwachs der industriellen

Wirtschaft trotz riesiger Geldsummen, die in die Entwicklung der neuen Informationstechnologien geflossen sind, geringer ausgefallen ist als erwartet. Die primäre Rolle der neuen Informationstechnologien wird in Zukunft darin bestehen, im neuen biotechnologischen Marktgeschehen genetische Information zu verwalten, ebenso wie einst zur Verwaltung eines industriellen Marktes auf der Grundlage fossiler Brennstoffe der Druck genutzt wurde.

Die Informationstechnologie ist weniger eine ökonomische Ressource als vielmehr eine "Sprache" der Verwaltung und der Koordination. Ihr Schicksal ist eng verflochten mit den genetischen Rohressourcen, die sie im Zeitalter der Biotechnologie isolieren, abspeichern, organisieren, interpretieren, bearbeiten und programmieren wird. Die Computertechnologien und die sie begleitende Telekommunikation bilden, wie es der verstorbene Medienhistoriker Marshall McLuhan und andere formuliert haben, eine Ausweitung des menschlichen Nervensystems in die übrige Welt. Sie sind eine mechanische Projektion, des menschlichen Geistes in jede Ecke und jeden Winkel physikalischer Realität. Gleichzeitig sind die Gene der Inbegriff aller biologischen Existenz, die Verkörperung der Myriaden von Instruktionen, auf die ein Organismus bauen muß, um seinen Lebenslauf steuern zu können. Zusammen bilden Computer und Gene einen mächtigen neuen Dualismus von Geist und Körper. In den nächsten Jahren wird die Menschheit dahin kommen, den Computer immer mehr als "Ersatzgeist" – oder Sprache – zu sehen, der die ungeheuren Mengen genetischer Informationen manipuliert, lenkt und strukturiert, die Grundlage aller physikalischen Existenz lebender Wesen sind.

Der Computer organisiert Kommunikation auf eine revolutionär neue Art und Weise, die ihn zum idealen Werkzeug für die Bewältigung der dynamischen Fließzustände und interaktiven Prozesse macht, aus denen die bewegte Welt der Gene, Zellen, Organe, Organismen und Ökosysteme besteht. [...]

Doch es sind nicht nur die Funktionsprinzipien des Computers, die diesen zu einem derart geeigneten Kommunikationswerkzeug für die Bearbeitung dynamischer lebender Systeme machen, sondern auch die Tatsache, daß man die ihm eigene "Operationssprache" gegenwärtig auf biologische Systeme überträgt. Diese gemeinsame Sprache ist es, die einen nahtlosen Übergang zwischen Informations- und Biowissenschaften entstehen läßt und den Zusammenschluß von Computern und Genen in einer gemeinsamen, machtvollen technologischen Revolution ermöglicht.

Im Jahre 1953, nur sieben Jahre nachdem Ingenieure von der University of Pennsylvania den ersten funktionstüchtigen Computer – den "Electronic Numerical Integrator and Computer" (ENIAC) – in Gang gesetzt hatten, verkündeten James D. Watson und Francis Crick die Entdeckung der Doppelhelixstruktur von DNA und öffneten damit die Tür zu den innersten Geheimnissen der Biologie. Nicht minder wichtig als die Entdeckung war die Sprache, in der sie diese beschrieben. Sie entliehen sich Metaphern und Begriffe aus dem neuen Gebiet der Kybernetik und den soeben erst entstehenden Informationswissenschaften. Watson und Crick beschrieben die helixartige Gestalt der Gene als einen mit chemischen Informationen programmierten Code, den es zu entschlüsseln gelte.

Joseph Weizenbaum vom Massachusetts Institute of Technology (MIT), ein früher Pionier der Computerwissenschaft, berichtet, daß der Computer schon von den allerersten Anfängen der genetischen Revolution an die übergreifende Metapher geliefert habe und daß die Computersprache auch die zum Verständnis biologischer Funktionsprozesse angemessene Erklärung bereitstelle.[1]

Die von Watson und Crick vorgestellten Ergebnisse fielen auf einen Boden, der durch die vagen Kenntnisse der breiten Öffentlichkeit über Computer, Computerschaltungen und Informationstheorien schon bereitet war. Damit war es für die Allgemeinheit leicht, das "Knacken" des genetischen Codes wie den Ablauf eines Computerprogramms zu verstehen und die Entwicklung der Doppelhelixstruktur von DNA als Deutung eines Computerschaltplanes zu begreifen.

Heute, beinahe ein halbes Jahrhundert danach, ist die Informationstheorie zur Entschlüsselung und Organisation von Informationen genauso unerläßlich wie zum Verständnis der zunehmend komplexer erscheinenden Welt von Molekularbiologie und Gentechnologie.

Um richtig einschätzen zu können, wie sehr die Sprache der Computerwissenschaften zur Sprache der Biologie geworden ist, ist es notwendig, sich einmal die Operationsprinzipien zu vergegenwärtigen, die der Computerrevolution zugrunde liegen. Konkrete Form nahmen diese Prinzipien zum erstenmal im Zweiten Weltkrieg an. Damals beauftragte die Regierung Arbeitsgruppen aus Ingenieuren und Wissenschaftlern damit, neue Möglichkeiten zu finden, wie sich die zunehmende Fülle von völlig unterschiedlichen Informationen in intelligentes und effizientes Handeln umsetzen ließ. Aus diesem Unternehmen entwickelte sich ein neuer Ansatz für die Organisation von Abläufen. Man bezeichnete die neue Lehre als Kybernetik, und sie lieferte der Computerrevolution ihre grundlegenden Operationsprinzipien.

Der Begriff "Kybernetik" leitet sich her von *kybernetike,* dem griechischen Wort für die "Steuermannskunst". Die Kybernetik ist eine allgemeine Methodenlehre, die zu erklären versucht, wie Phänomene sich über längere Zeiträume hinweg selbst erhalten. Sie reduziert jegliche Aktivität auf zwei essentielle Bestandteile – Information und Rückkopplung – und vertritt den Standpunkt, daß alle Vorgänge als Amplifikationen dieser beiden Grundprozesse zu verstehen sind.

Der Mathematiker Norbert Wiener vom MIT, der die theoretischen Grundlagen der Kybernetik populär gemacht hat, definiert Information als die

"Bezeichnung für den Inhalt dessen, was mit der Außenwelt ausgetauscht wird, während wir uns an diese anpassen und unsere Anpassung in ihr fühlbar machen. Der Vorgang der Informationsaufnahme und -verwertung ist eins mit dem Prozeß unserer Anpassung an die Eventualitäten der äußeren Umgebung und mit dem Prozeß unseres effizienten Lebens in dieser Umgebung."

Information besteht somit aus den zahllosen Botschaften und Anweisungen, die zwischen Dingen und ihrer Umgebung fortwährend ausgetauscht werden. Kybernetik ist die Theorie von der Art und Weise, wie diese Botschaften oder Bruchstücke von Informationen miteinander wechselwirken, um zu vorhersagbaren Aktionen zu führen.

Der kybernetischen Theorie zufolge ist die Rückkopplung der "Regelungsmechanismus", der alles Verhalten reguliert. Wer schon einmal einen Thermostat eingestellt hat, weiß, was eine Rückkopplung ist. Der Thermostat überwacht die Temperatur in einem Zimmer. Fällt die Raumtemperatur unter die eingestellte Markierung, schaltet der Thermostat die Heizung so lange ein, bis die Raumtemperatur wieder mit der gewählten Markierung übereinstimmt. Dann wird die Heizung wieder abgeschaltet, bis die Raumtemperatur erneut gefallen ist und zusätzliche Wärme nötig wird. Das ist ein Beispiel für eine negative Rückkopplung. Alle Systeme erhalten sich selbst durch den Einsatz negativer Rückkopplung. Ihr Gegenteil, die positive Rückkopplung, führt zu einer ganz anderen Art von Ergebnis. Bei der positiven Rückkopplung speist sich die Veränderung des Aktivitätszustands selbst, sie verstärkt und intensiviert den Prozeß, anstatt ihn zu regulieren und zu dämpfen. [...]

Wiener sah in der Kybernetik eine große vereinheitlichende Theorie und gleichzeitig auch das methodische Werkzeug zur Reorganisation der gesamten Welt. Nachfolgende Generationen von Wissenschaftlern und Ingenieuren stimmten dem zu. Dank des Computers ist die Kybernetik zum primären methodischen Ansatz für die Organisation wirtschaftlicher und sozialer Aktivitäten geworden. Nahezu jede auch nur einigermaßen bedeutsame Aktivität unserer heutigen Gesellschaft wird vermittels kybernetischer Prinzipien kontrolliert. "Informationsverarbeitung" per Computer wird immer mehr zum Kennzeichen unserer technologischen Kultur. [...]

Immer mehr Biologen begannen, lebende Organismen als Informationssysteme zu betrachten. Thorpe definiert lebende Organismen als Dinge, die "Informationen aufnehmen und speichern, ihr Verhalten aufgrund solcher Informationen ändern und spezielle Organe zur Wahrnehmung, Bewertung und Organisation dieser Informationen entwickelt haben". Das ältere Newtonsche Modell, in dem Natur gesehen wurde als "die Bewegung von Partikeln unter Krafteinwirkung", war durch ein neues Modell ersetzt worden, das Natur definierte als die Speicherung und Übermittlung von Informationen innerhalb eines Systems". Wenn man sich kurz vergegenwärtigt, daß Information etwas Nichtmaterielles ist, wird die ganze Tragweite dieser Revolution des Denkens offenbar. Da Information nichtmateriell ist, existiert sie nicht in demselben Sinne in einem statischen räumlichen Kontext, wie Newton dies vor Augen hatte, als er die Welt als bewegte Materie beschrieb. Wenn ein Biologe von lebenden Organismen als Informationssystemen spricht, sagt er damit, daß sie Anweisungen oder Programme sind, die "einen Prozeß beschreiben und ferner Anweisungen geben, daß dieser Prozeß erfolgen soll". Wenn ein Biologe von einem Prozeß spricht, dann meint er damit etwas, das über einen gewissen Zeitraum hinweg abläuft. Damit werden lebende Systeme in der neuen Denkweise zu Informationsprogrammen, die sich im Laufe einer Zeitspanne in vorhersehbarer Weise entfalten. "Die bedeutendste biologische Erkenntnis der letzten Jahre", so Thorpe, "ist die Beobachtung, daß die Prozesse des Lebens durch Programme gesteuert werden... [und] daß Leben nicht einfach nur programmierte Aktivität ist, sondern selbstprogrammierte Aktivität".

In seinem Buch *The Origins of Life* stellte der Physiker Freeman Dyson die Informations- und Biowissenschaften vereint in einen einfachen konzeptuellen Rahmen, und zwar mit der folgenden markigen Bemerkung: *"Hardware verarbeitet Information; Software verkörpert Information. Diese beiden Komponenten finden ihre exakten Analogien in einer lebenden Zelle. Proteine sind Hardware, Nukleinsäuren sind Software."* [...]

In den fünfzig Jahren, die vergangen sind, seit Norbert Wiener seinen großen Entwurf dargelegt hat, hat sich biologisches Denken am Vorbild der Informationstechnologie neu strukturiert. Ende der achtziger Jahre waren sogar die Lehrbücher neu geschrieben und reflektierten den Einfluß der Informationswissenschaften. In einem der am weitesten verbreiteten Lehrbücher mit dem Titel *Molekularbiologie der Zelle* stellen die Autoren fest:

"Bei Zellen wie bei Computern macht das Gedächtnis komplizierte Programme möglich. Viele Zellen zusammen, von denen jede Schritt für Schritt durch ihr kompliziertes Entwicklungsprogramm geht, bauen den komplexen adulten Körper auf. ... Deshalb kann man die Zellen eines Embryo mit einer Reihe von Computern vergleichen, die parallel arbeiten und Informationen austauschen."

Der Computerwissenschaftler Richard M. Karp von der University of Washington in Seattle gehört zu der wachsenden Zahl von Experten aus den Informationswissenschaften, die sich mit Molekularbiologen zusammentun, um die Fülle an genetischer Information zu verarbeiten. Er gibt die Meinung vieler seiner Kollegen von beiden Gebieten wieder, wenn er sagt: "Insbesondere auf molekularer Ebene kann Biologie für viele Zwecke als Informationswissenschaft gesehen werden. Um eine Zelle, das Gehirn oder das Immunsystem verstehen zu können, müssen Sie es manchmal als ungeheuer komplexes informationsverarbeitendes System betrachten."

Wenn die Kybernetik zusammen mit der Informationstheorie eine gemeinsame Sprache liefert, die sich sowohl in den Computer als auch in den Biowissenschaften anwenden läßt, so ist damit der entscheidende Kommunikationsrahmen geschaffen, um Computer zur Manipulation und Organisation der im kommenden Jahrhundert zu erwartenden Datenflut einsetzen zu können. [. . .]

Gegenwärtig sind Molekularbiologen auf der ganzen Welt unermüdlich damit beschäftigt, die umfassendste Datensammlung der Geschichte anzulegen. In Regierungsbehörden, Universitäten und den Labors der Unternehmen kartieren und sequenzieren die Forscher die Gesamtgenome von Lebewesen, angefangen von den niedersten Bakterien bis hinauf zum Menschen, mit dem Ziel, neue Möglichkeiten zur ökonomischen Nutzung und Ausbeutung genetischer Informationen ausfindig zu machen. Bis zum Ende des 21. Jahrhunderts hoffen die Biologen, die Genome von Zehntausenden lebender Organismen aufgezeichnet und katalogisiert zu haben – eine riesige Bibliothek der evolutionären "Konstruktionspläne" zahlloser Mikroorganismen, Pflanzen und Tiere, die unsere Erde bevölkern. Die Kartierung derart vieler Genome "wird Informationsmassen ergeben, die alles bisher Gekannte um Größenordnungen übertreffen", stellt der Biochemiker Charles Cantor fest, Leiter des Human-Genome-Projekts am Department of Energy. Die so erhaltenen biologischen Informationen werden derart umfangreich sein, daß man sie nur mit Hilfe von Computern wird handhaben können und in Tausenden von Datenbanken auf der ganzen Welt wird speichern müssen. Die komplette Sequenz des menschlichen Genoms beispielsweise – nur eine der Millionen Arten, die es zu kartieren und zu sequenzieren gilt – würde, druckte man sie im Format und Schriftgrad eines Telefonbuchs, zweihundert Bände des tausendseitigen Telefonbuchs von Manhattan ergeben – eine Datenbank aus über drei Milliarden Einträgen. Um die Analogie noch einen Schritt weiter zu treiben: Wollten wir darüber hinaus die Daten für alle menschenmöglichen Varianten ausdrucken, dann nähme die Datenbank um vier Größenordnungen zu – das entspricht dem Zehntausendfachen der ursprünglichen Größe. In Zukunft werden Wissenschaftler vermutlich nicht umhinkommen, ihre Bemühungen auf kleine Regionen des

Genoms einzelner Arten zu konzentrieren und ihre Forschung mit der anderer Wissenschaftler über "Genomstationen" zu koordinieren – Computerterminals, die den Forschern Zugang zu den Genom-Datenbanken ihrer Kollegen auf der ganzen Welt gewähren.

Das Sammeln, Aufzeichnen, Verwalten und Nutzen genomischer Informationen wird eine engere Zusammenarbeit zwischen Informations- und Biowissenschaften erfordern und die fachübergreifende Ausbildung von Forschern in Physik, Mathematik, Ingenieurwissenschaften, Computerwissenschaften, Chemie und Molekularbiologie nötig machen. Das Human-Genome-Projekt hat die Annäherung zwischen Computertechnologie und Genetik beschleunigt. Die Sequenzierung und Analysierung der drei Milliarden Basenpaare wäre ohne die Hilfe von Computerwissenschaftlern und zunehmend ausgefeilteren Datenverarbeitungstechnologien unmöglich. [...]

Welche potentiellen Fähigkeiten Computer besitzen, wenn es darum geht, Gene zu entschlüsseln und die gewonnene Information zu verwerten, wurde im Jahr 1983 deutlich. In jenem Jahr gelang Russell Doolittle, seinerzeit Professor für Chemie an der University of California in San Diego, und seinen Mitarbeitern allein durch das Auswerten von Computerausdrucken eine wichtige biologische Entdeckung. Doolittles Arbeitsgruppe verglich die Sequenzdaten zweier Proteine und erkannte, daß eine DNA-Sequenz aus einem Tumor mit einer anderen DNA über einstimmte, die für zelluläre Wachstumsprozesse verantwortlich ist, und wies damit erstmals nach, daß Krebsgene abnormes Wachstum verursachen können. Für diese Erkenntnis war kein einziges Experiment nötig gewesen.

Robert Cook-Deegan, der gegenwärtige Direktor des National Cancer Policy Board der National Academy of Sciences, stellt fest, daß mit Beginn der achtziger Jahre die Einführung von Computern in die Molekularbiologie die Macht in die Hände derer legte, die über mathematisches Talent und über Computerverstand verfügen. Eine neue Sorte von Wissenschaftlern begann ihren Aufstieg – Leute mit Erfahrung in Molekularbiologie, Computerwissenschaften und mathematischer Analytik.

Es überrascht nicht, daß die Bioinformatik plötzlich den Kinderschuhen entwächst. Titanen der Computerszene wie Bill Gates und Wallstreet-Insider wie Michael Milken pumpen Mittel in den neuen Bereich und hoffen, damit die enge Partnerschaft zwischen Informations- und Biowissenschaften vorwärtsbringen zu können. [...]

Bill Gates faßt die neuen kooperativen Bestrebungen zwischen Informations- und Biowissenschaften mit den Worten zusammen: "Dies ist das Zeitalter der Informationen, und biologische Informationen gehören sicher zu den interessantesten Informationen, die wir zu entschlüsseln und zu verändern suchen. All das aber ist eine Frage des 'Wie' und nicht des '0b'."

In dem Bestreben, die Informationsflut aus den verschiedenen Genomsequenzierungsprojekten besser zu koordinieren, haben die National Institutes of Health auf ihrem Gelände in Bethesda, Maryland, das National Center for Biotechnology Information ins Leben gerufen. Das Ziel dieses NIH-Projekts ist, eine integrierte genetische Datenbank zu schaffen, die von Forschern auf der ganzen Welt abgerufen werden kann. Ein ähnliches Projekt, das European Bioinformatics Institute, existiert in der Nähe von Cambridge in England. Um sämtliche einzelnen Genbanken in ein zentrales System einzubinden, experimentieren Fachleute auf dem Gebiet der Bioinformatik gegenwärtig mit der Bildung einer universellen Sprache, mit der sich weltweit alle Daten unter den Forschern austauschen lassen.

Darüber hinaus werden Computer eingesetzt, um virtuelle biologische Umgebungen zu schaffen, mit deren Hilfe sich komplexe biologische Organismen, Netzwerke und Ökosysteme modellieren lassen. Solche virtuellen Umgebungen helfen den Wissenschaftlern, neue Hypothesen und Szenarien zu entwerfen, mit denen sich später im Labor neue Pharma- und Agrarprodukte sowie medizinische Therapien an lebenden Organismen testen lassen. In virtuellen Welten kann ein Biologe mit ein paar Anschlägen auf seiner Tastatur neue synthetische Moleküle entwerfen, ohne den langwierigen Prozeß – der oftmals Jahre dauern kann – zu versuchen, am Labortisch ein reales Molekül zu synthetisieren. Mit dreidimensionalen Computermodellen können die Forscher verschiedene Kombinationen auf dem Bildschirm durchspielen und verschiedene Moleküle verbinden, um zu sehen, wie diese miteinander wechselwirken. Im Jahre 1991 schufen Arbeitsgruppen von der Pennsylvania State University und der Scripps Clinic im kalifornischen La Jolla mit Hilfe der damals neuesten Computertechnik das erste synthetische Molekül mit wertvollen chemischen Eigenschaften. Diese Verbindung, als QM212 bekannt, wurde auf dem Bildschirm entworfen, und sein reales Gegenstück wird heute in verschiedenen biotechnologischen Labors zuhauf produziert. Mit Hilfe der neuen Computertechnologien des Informationszeitalters wollen die Wissenschaftler in Zukunft alle möglichen neuen Moleküle entwerfen. Die Chemiker reden bereits von Verbindungen, die sich selbst reproduzieren und Elektrizität leiten, Kontaminationen aufspüren, das Tumorwachstum bremsen, den Auswirkungen von Kokain entgegenwirken und das Fortschreiten von Aids blockieren können.

Im Jahre 1996 verblüffte die molekularbiologische Welt die Wall Street mit dem ersten DNA-Chip. Sie sind mit DNA beladen und sollen die Massen genetischer Informationen in den Genomen lebender Organismen "lesen". Die

Firma Affymetrix aus Santa Clara hatte die Chips entworfen, um genetische Anomalien aufdecken zu können. Gegenwärtig arbeitet die Firma mit OncorMed zusammen, einem Unternehmen aus Gaithersburg, Maryland, das Gentests produziert. Man hofft, gemeinsam einen DNA-Chip herstellen zu können, der fehlerhafte Versionen des Gens p53 ausfindig machen kann, das an über sechzig Prozent aller menschlichen Krebserkrankungen beteiligt zu sein scheint. Wissenschaftler sind der Ansicht, daß der Tag nicht mehr fern ist, an dem man das Genom eines Patienten mit DNA-Chips untersuchen kann, um seine genetische Konstitution detailliert zu analysieren, und sogar in der Lage ist, Genanomalien oder -fehlfunktionen ausfindig zu machen. Irgendwann werden DNA-Chips imstande sein, festzustellen, welche Gene zu einem beliebigen Zeitpunkt "an-" und "ab"geschaltet sind. Mark Schee von Affymetrix berichtet: "Wir können uns vorstellen, irgendwann die Expression eines jeden Gens beliebig messen zu können – beispielsweise bevor jemand eine Tasse Kaffee trinkt und hinterher." Andere DNA-Chips ließen sich beispielsweise verwenden, um bei einem Patienten einen Rachenabstrich auf ein bestimmtes Bakterium hin zu untersuchen, das als Ursache für dessen Halsschmerzen in Frage kommt, ja sogar diejenigen Gene zu entdecken, die gegen bestimmte Antibiotika resistent machen.

DNA-Chips werden mittels Fotolithographie hergestellt - derselben Technik, mit der man auch Mikroprozessoren herstellt. Und wie ihre Vorgänger werden auch DNA-Chips ständig informationshaltiger. Affymetrix' erster Prototyp aus dem Jahre 1994 enthielt zwanzigtausend DNA-Sonden. Heute enthalten die Chips der Firma über vierzigtausend Sonden.

Die endgültige Integration von Informations- und Biowissenschaften wird in Gestalt eines molekularen Computers daherkommen, einer Denkmaschine aus DNA-Strängen statt aus Silizium. Wissenschaftler haben den ersten DNA-Computer bereits konstruiert, und eine wachsende Zahl von Computerwissenschaftlern und Molekularbiologen prophezeit, daß sich irgendwann in den Anfangsjahren des Biozeitalters ein erheblicher Teil der Datenverarbeitung nicht mehr über die integrierten Schaltkreise eines Mikrochips abspielt, sondern nach DNA-Manier erfolgen wird. In bezug auf die Fähigkeit, Informationen zu verarbeiten, übertrifft die DNA die fortschrittlichsten Supercomputer. Im Unterschied zu den meisten herkömmlichen Computern, die sequentiell arbeiten und nur eine Sache zur Zeit leisten können, verkörpert die DNA einen höchst wirksam parallel arbeitenden Apparat, der theoretisch Billiarden Dinge zur selben Zeit erledigen kann. Ein Forscher bemerkte unlängst beiläufig, ein kleines Röhrchen DNA könne mehr Arithmetik leisten als sämtliche Computer, die derzeit in Gebrauch sind.

Der molekulare Computer ist das geistige Kind von Leonard Adelman, Mathematiker und Computerwissenschaftler an der University of Southern California. Als ihm klarwurde, daß die DNA Informationen auf ganz ähnliche Weise speichert wie ein Computer, kam Adelman auf die Idee, daß "man die DNA als Computer verwenden könnte". Adelman erklärt: "Die DNA ist ihrem Wesen nach digital. Das heißt, sie kann zählen." Damit bleibt die Frage, wie man sie dazu bringen könnte, Probleme zu lösen. Im Jahre 1994 fand Adelman eine Antwort auf diese Frage und brachte die DNA dazu, ein einfaches mathematisches Rätsel zu lösen. Das Ergebnis erschien in der Zeitschrift *Science* und wurde von der wissenschaftlichen Welt als bahnbrechendes Experiment in der Geschichte der Naturwissenschaften bezeichnet.

Richard Lipton, Computerwissenschaflter an der Princeton University, führte Adelmans Arbeit noch einen Schritt weiter und erfand eine Codierungsmethode, mit der sich die Basenpaare einer DNA in eine Folge aus den beiden Ziffern 1 und 0 umsetzen ließen. Dann gab er den Inhalt zweier Teströhrchen mit genetisch analysierten Molekülen zusammen und ließ die DNA "die elektronischen Fenster simulieren, mit deren Hilfe ein Computer seine Ja- oder Neinentscheidung fällt". Kurz, er brachte die DNA zum "Denken". Liptons Ansicht nach würde ein DNA-Supercomputer "in eine Badewanne" passen und weniger als hunderttausend Dollar kosten. Adelman behauptet, daß DNA-Supercomputer millionenmal schneller arbeiten als die fortgeschrittensten Supercomputer unserer Tage und daß sie unsere Lebensweise und die Welt, in der wir leben, tiefgreifend verändern werden. Der DNA-Supercomputer vereint Informations- und Biowissenschaften zu einer gemeinsamen technologischen Revolution, der die Macht innewohnt, unsere Welt zu verändern.

[1] Vergl. S. 190 Joseph Weizenbaum: "Die Qualität der Begegnung zählt!"

William J. Mitchell

Cyborgs – die Bürger der digitalen Stadt

William J. Mitchell ist Professor für Architektur und Medienwissenschaften sowie Dekan für Architektur und Planung am Massachusetts Institute of Technology (MIT). Er stellt die Frage: Wie werden sich das Leben und die Kommunikation der Menschen in den Ballungsräumen verändern, wenn Schritt für Schritt neue Computeranwendungen in unseren Alltag Einzug halten?

Schauen Sie sich um. Die alte Ausgabe des Körpers – Affe 2.0 – bietet nicht mehr genug; die Benutzer haben Nachrüstsätze bekommen. Ich starre aus meinem Fenster auf die Nike-beschuhten Cyborgs auf dem Memorial Drive. Ihre Füße aus Fleisch und Blut klatschen auf die Oberfläche der materiellen Welt; ihre mit Walkmen verstärkten Ohren saugen Signale aus der virtuellen auf. Als teils menschliche, teils elektronische Janusköpfe joggen sie durch zweierlei Welten zugleich. Ihre auf und ab hüpfenden Körper vereinigen unterschiedliche Seinsbereiche in sich.

Stephen Hawking, Cyborg, spricht. Spricht er? Gelähmte Glieder und der in seinen Rollstuhl eingebaute Voltrax-Allophongenerator tun sich zusammen und erzeugen elektronisch vermittelte Äußerungen. Der bewegungsunfähige Körper bleibt stumm; die Finger bewegen kaum wahrnehmbar einen Joystick und wählen damit Wörter aus einem angezeigten Menü aus, dann rufen Software und Silizium gespeicherte Laute ab, setzen sie zu Textpassagen zusammen und strahlen sie über Lautsprecher aus. Nicht mehr der herkömmliche Körper aus Fleisch und Blut, sondern eine neuartige, elektrosomatische Konstruktion wird nun zum Sitz von Denken und Handeln.

August 1991. Yo-Yo Ma, Hypercellist, gibt ein Konzert in Tanglewood. Sein Handgelenk, der Bogen und das Cello sind mit Spezialsensoren verkabelt. Ein Computer übersetzt die Signale dieser Sensoren in synthetische Klänge, die ein großes Publikum aus zahlreichen Lautsprechern hört. Künstler, Instru-

---

* zu 29. William J. Mitchell: "Die Bürger der digitalen Stadt"
Finger drückt auf virtuelle Weltkugel, (Abb. S. 229)
"Auf meinem Computerbildschirm öffnet sich ein Fenster, und eine entfernte Videokamera tritt zeitweise an die Stelle meiner Augen und Ohren. Ich zeige und benutze meinen Körper auf die Distanz. Mit einer fast unbewußten Geste rücke ich meine Krawatte im Videomonitor zurecht – und merke dann mit einem leichten Schreck, daß ich keinen Spiegel sehe, sondern ein Bild des Bildes, das mein Publikum auf der anderen Seite der Welt vor Augen hat. Ich bin telepräsent."

ment, Computer und Lautsprecher-System werden zu einem einzigen kybernetischen Organismus. Wo sind seine Grenzen?

Ohne mein Büro im MIT zu verlassen, unterrichte ich eine Studentengruppe in Singapur. Wie der so grausam gelähmte Physiker erweitere ich die begrenzte Leistungsfähigkeit meiner körperlichen Sensoren und Effektoren durch elektronische Zaubertricks; auf meinem Computerbildschirm öffnet sich ein Fenster, und eine entfernte Videokamera tritt zeitweise an die Stelle meiner Augen und Ohren. Ich kann sie von meinem Platz aus steuern, als ob ich sie selbst in Händen hielte. Zugleich können die Studenten mich sehen und hören. Ich zeige und benutze meinen Körper auf die Distanz. Mit einer fast unbewußten Geste rücke ich meine Krawatte im Videomonitor zurecht – und merke dann mit einem leichten Schreck, daß ich keinen Spiegel sehe, sondern ein Bild des Bildes, das mein Publikum auf der anderen Seite der Welt vor Augen hat. Ich bin telepräsent.

Wir sind heute alle Cyborgs. Die Architekten und Stadtplaner des digitalen Zeitalters müssen den Körper im Raum theoretisch neu fassen.

Nervensystem/Körpernetz

Stellen Sie sich vor, Ihre Armbanduhr würde ständig mit Ihrem Taschencomputer kommunizieren; die elektronische Uhr des Rechners liefert die Zeitinformation, so daß sich die Armbanduhr zu einem simplen, günstig plazierten Anzeigegerät ohne internen Zeitmechanismus oder Regulierungsknöpfe reduziert. Ähnlich kann der Computer Ihrer Kamera die nötige Information liefern, um Bilder mit Uhrzeit und Datum zu versehen. Eine zentrale elektronische Uhr tritt an die Stelle der drei, die sonst nötig wären, und alle drei Geräte sind immer perfekt synchronisiert. Der Computer selbst könnte das Funksignal einer normsetzenden Atomuhr (wie der der Physikalischen Bundesanstalt in Braunschweig) empfangen, so daß er niemals gestellt werden muß.

Führen wir nun diese Idee weiter aus. Versetzen wir uns an den Zeitpunkt, in dem all Ihre persönlichen elektronischen Geräte – drahtloser Kopfhörer, Handy, Piepser, Diktiergerät, Camcorder, persönlicher digitaler Assistent (PDA), elektronischer Griffel, Modem, Taschenrechner, Satellitennavigationssystem, intelligente Brille, Videofernbedienung, Datenhandschuh, elektronische Joggingschuhe, die Ihre Schritte zählen und Sie vor herankommenden Fahrzeugen warnen, medizinische Überwachungssysteme, Schrittmacher (wenn Sie dieses Pech haben) und alles sonstige, was Sie für gewöhnlich oder gelegentlich bei sich tragen – sich nahtlos zu einem drahtlosen Körpernetz verbinden lassen, so daß sie als integriertes System arbeiten und an das weltweite digitale Netzwerk angekoppelt sind. Sie können mit Ihrem PDA Ihren

Videorecorder programmieren, Piepsermeldungen über Ihren Walkman hören, Koordinaten Ihres Navigationssystems von Ihrer intelligenten Brille anzeigen lassen, physiologische Daten aus einer elektronischen Trainingsmaschine in Ihren PDA transferieren und den Output Ihres Camcorders über Ihr drahtloses Modem an entfernte Orte übertragen. Wenn Sie in einer fremden Stadt joggen, können Sie Ihren Weg in Ihren PDA eingeben und dann Anweisungen für den Rückweg zu Ihrem Hotel über Walkman abhören. Sie verstehen das Prinzip.

Auf dieser Stufe der Entwicklung miniaturisierter elektronischer Produkte besitzen Sie eine Reihe austauschbarer, ansteckbarer, durch Exonerven verbundener Organe. An den Schnittstellen dieser elektronischen Organe mit Ihren Sinnesrezeptoren und Muskeln springen ständig Bits über den Kohlenstoff-Silizium-Spalt hin und her. Und an den Kontaktstellen zur externen digitalen Welt ist Ihr Nervensystem an das weltweite digitale Netz gekoppelt. Sie sind zu einem modularen, rekonstruierbaren, unendlich erweiterbaren Cyborg geworden.

Im Zuge der Verkleinerung der elektronischen Organe und ihrer immer engeren Verbindung mit dem Körper dürften sie ihre herkömmlichen harten Plastikgehäuse verlieren. Sie werden sich eher zu einer Art Kleidungsstück entwickeln – weiche, tragbare Dinge, die sich den Konturen Ihres Körpers anschmiegen; man wird Sie Ihnen anpassen wie Schuhe, Handschuhe, Kontaktlinsen oder Hörhilfen. Vielleicht werden die Schaltkreise in Stoff eingewoben. Möglicherweise lassen sich die Mikrogeräte sogar chirurgisch implantieren; elektronische Schrittmacher und Cochleaimplantate sind heutzutage gang und gäbe, Systeme zur neuromuskulären Stimulation bieten offenbar vielversprechende Möglichkeiten bei Rückenmarksschäden. Zur Zeit wird intensiv erforscht, ob man Blinden Netzhäute aus Silizium implantieren kann, und elektronische Ohrenstöpsel, Nasenringe oder Tätowierungen sind durchaus vorstellbar. Manche Chips sind so winzig, daß sie sich injizieren lassen, und man verwendet sie bereits zur Kennzeichnung und Beobachtung von freilebenden Tierarten und Haustieren.

Wenn wir erst einmal die Grenzen unserer Hauthülle in dieser Weise durchbrochen haben, werden allmählich auch die zur Architektur durchlässig. Mit anderen Worten, einige unserer elektronischen Organe lassen sich in unsere Umgebung einbauen. Schließlich besteht kein großer Unterschied zwischen einem Laptop und einem Standmodell, zwischen einer Armbanduhr und einer Wanduhr oder zwischen einer ins Ohr eingepaßten Hörhilfe und einem Spezialtelefon für Schwerhörige in einer Telefonzelle. Der einzige Unterschied liegt in der physischen Befestigung des Organs, und das spielt in einer drahtlosen Welt, in der jedes elektronische Gerät über eingebaute Datenverarbeitungs-

und Telekommunikationsfunktionen verfügt, kaum noch eine Rolle. “Wohnen” wird daher eine neue Bedeutung bekommen – der Begriff meint weniger, daß wir unseren Körper in einem architektonisch definierten Raum abstellen, als vielmehr, daß wir unser Nervensystem an umgebende elektronische Organe anschließen. Unser Heim wird zu einem Teil von uns und wir zu einem Teil von ihm.

Doch die elektronischen Organe, an die wir uns anschließen, müssen sich nicht einmal in unserem Besitz und auch nicht in nächster Nähe befinden. Denken wir nur an das gute alte Telefonsystem; man mietet Leitungen und den Zugang zu entfernten Geräten, wenn man sie braucht. Dieses Prinzip wird sich in dem Maße erweitern, wie die digitalen Netzwerke wachsen, sich verdichten und geographisch ausdehnen und immer unterschiedlichere elektronische Organe einbeziehen. Wir werden alle zu gewaltigen, gestaltwandlerischen Cyborgs, die sich in Windeseile selbst umbilden können – wir mieten zusätzliches Nervengewebe und Organfunktionen und ordnen unsere Erweiterungen je nach unseren Bedürfnissen und unseren Mitteln neu im Raum an. [...]

Die Grenze zwischen innen und außen wird bei Cyborgs also durchlöchert. Die Unterscheidung zwischen Ich und Du sind umbaufähig. Unterschiede existieren nur auf Zeit. Und wenn die Körpergrenzen und die Grenzen des Nervensystems weiter verschwimmen, machen sich vielleicht die Metaphysiker daran, das Leib-Seele-Problem neu zu formulieren – als Geist-Netzwerk-Problem. Manche würden vielleicht argumentieren, daß der Sitz der Cyborgseele – die postmoderne Zirbeldrüse – nicht mehr nur auf der feuchten Seite der Kohlenstoff-Silizium-Schranke zu suchen ist.

Augen/Fernsehen

In den historischen Behausungen der noch nicht technisch erweiterten Menschheit waren Raum und Zeit kontinuierlich. Ein Fenster trennte drinnen von draußen, doch auf der anderen Seite befand sich stets derselbe Ort, und es gab jenseits der Scheibe keinen Zeitunterschied. In der Welt jedoch, die wir Cyborgs bewohnen, erzeugen die elektronischen Netzhäute unserer Videokameras Verschiebungen und Fragmente. Räume und Gebäude haben jetzt neuartige Öffnungen; die Szenen, die wir durch das Glas sehen, haben einen neuen Maßstab und sind weit entfernt, der Ort auf der anderen Seite kann sich von einem Augenblick zum nächsten ändern, und das, was sich abspielt, ist möglicherweise eine Wiederholung.

Die Zeitschrift *Punch* nahm dies 1879 vorweg; eine Karikatur zeigte das fiktive “Telephonoskop von Edison” (überträgt sowohl Bild als auch Ton); dieses Gerät öffnete ein Videofenster über dem Kaminsims des Schlafzimmers einer üppigen viktorianischen Villa. Zu sehen waren Paterfamilias und Materfamilias in Eaton Place, wie sie mit ihren Kindern in Ceylon auf der anderen Seite der Erdkugel telekonferierten. Die elektrische Camera obscura war tatsächlich bald Realität; 1884 erwarb Paul Nipkow das Patent auf ein System mit der nach ihm benannten Scheibe, das Bilder elektromechanisch in elektrische Signale umwandelte und diese an einem Empfangspunkt entschlüsselte. [...]

Später Nachmittag, Cambridge, England. Ich sitze am Schreibtisch eines Forschers am PARC von Xerox. Durch das schmutzige Fenster sehe ich, wie draußen hinter steinernen Kirchtürmen die Sonne untergeht. Gleichzeitig blicke ich durch das elektronische Fenster vor mir in ein leeres Büro in der Xerox-PARC-Zentrale in Palo Alto, Kalifornien. Und durch das Fenster dieses weit entfernten Büros ist dieselbe Sonne zu sehen, wie sie über den ockerfarbenen Hügeln von Palo Alto aufgeht. Ich befinde mich in einem Medienraum, der zwei entfernte Bürogebäude zusammenschweißen soll und zu diesem Zweck zwei ständig geöffnete, in beiden Richtungen "durchsichtige" elektronische Fenster geschaffen hat.

Luxuriöses Hotelzimmer, Riad. Ein elektronisches Einwegfenster öffnet sich in das CNN-Nachrichtenstudio in Atlanta. Ein Pfeil auf dem Nachttisch weist dem Gläubigen die Richtung gen Mekka, doch die Satellitenschüssel auf dem Dach orientiert Nachrichtensüchtige und Schlaflose nach Georgia. Ein Muezzin verkündet irgendwo draußen über Lautsprecher, daß die Zeit für das Morgengebet gekommen ist; jenseits des elektronischen Fensters markiert der Schnelldurchlauf der Tagesschlagzeilen die volle Stunde. Genau in diesem Augenblick ist dasselbe Fenster in Tausenden und Abertausenden ähnlicher, über die ganze Welt verstreuter Hotelzimmer geöffnet. Ted Turner ist es gelungen, sie alle elektronisch zu einem gigantischen, umgekehrten panoptischen System zu vereinigen. Doch das anti-panoptische Zentrum – der Ort, der aus all den verstreuten Cyborg-Zellen Blicke auf sich zieht – kann im Nu wechseln; während wir zusehen, verschiebt es sich nach London, dann nach Sydney, nach Peking, dann wieder zurück nach Atlanta. Und es kann in der Zeit zurückgehen, wenn Signale aus Videoaufzeichnungen (die von Live-Kamerabildern ununterscheidbar geworden sind) in die Übertragung eingefügt werden.

Das Haus des Microsoftmoguls Bill Gates, Seattle. Die Innenwände sind nicht das, was sie scheinen. Sie erweisen sich als riesige, flache Videobildschirme. In Ruhe simulieren sie die Oberfläche gewöhnlicher Baumaterialien, doch aktiviert werden sie zu elektronischen Fenstern auf alles, was man will. Baukörper und Leerräume werden beliebig austauschbar, und die herkömmliche Beziehung von innerem zu äußerem Raum verwandelt sich in ein verblüffendes Paradoxon. [...]

Muskeln/Aktuatoren

Plötzlich spüre ich die Erschütterung eines starken Erdbebens, doch das stört mich nicht im geringsten; ich spiele mit einem hydraulisch betriebenen, computergesteuerten Rütteltisch – mit dem normalerweise Architekturmodelle auf Erdbebensicherheit getestet werden, und ich erlebe eine aus seismischen Daten generierte Simulation. Mechanische Muskeln bewegen meinen Körper.

Hotel-Casino Luxor, Las Vegas. Zusammen mit anderen zahlenden Kunden schnalle ich mich in einem noch moderneren Bewegungssimulator an. Eine Breitleinwand vor uns zeigt aus der Sicht eines Piloten einen rasenden Flug mit Drehungen, Kurven und steilsten Anstiegen durch eine phantastische, dreidimensionale Umgebung. Die Beschleunigung unserer Sitze ist mit den projizierten Bildern präzise synchronisiert, um die entsprechenden g-Kräfte und Stöße zu erzeugen. Eine fürchterliche, magenumstülpende Achterbahnfahrt durch eine riesige virtuelle Landschaft – doch in Wirklichkeit bewegen wir uns nie mehr als einige Fuß, und von Anfang bis Ende verlassen wir den kleinen, verdunkelten Raum nicht. Die scheinbare Bewegung ist viel größer als die tatsächliche; das macht nur die ausgetüftelte Programmierung.

Anaheim Convention Center. Ich stelle mich gemeinsam mit Computergraphik-Freaks und dienstfreien Standhostessen an, um den Sega R360 auszuprobieren. Die Fahrt im Doug Trumbull des Luxor bezieht ihren ganzen Nervenkitzel aus Gleitbewegungen um nur zwei Achsen, doch der Sega bietet Drehungen um 360 Grad. Und ich setze mir einen Datenhelm auf, statt auf eine Projektionswand zu schauen. Die Illusion, zu fliegen wie Superman, ist perfekt. Diese verdammten Gleichgewichtsorgane! Physische und scheinbare Bewegung lassen sich jetzt entkoppeln; wir teleportbesitzenden Cyborgs haben Schlupflöcher in den Newtonschen Gesetzen gefunden.

Hände/Telemanipulatoren

Ein Operationstisch; das Skalpell eines Chirurgen bewegt sich präzise über die Oberfläche eines Augapfels und macht einen winzigen Einschnitt. Doch das Skalpell wird ferngesteuert, und der Chirurg ist Hunderte von Kilometern entfernt, hält ein Instrument mit Kraftruckkoppelung und beobachtet die Ausgabe eines medizinischen bildgebenden Systems auf einem Videomonitor.

In Wirklichkeit ist diese Szene eine Simulation, und das Skalpell schneidet nur in eine Weintraube. Doch Anfang der 90er Jahre waren Roboter- und Telechirurgie eine Zeitlang ein Forschungsschwerpunkt – es gab viele solche Experimente. An Hühnerbrüsten übte man Gewebeentfernungen, an Wassermelonen Gehirnoperationen. Es gab auch einige erfolgreiche praktische Einsätze von Robotern bei chirurgischen Aufgaben, die Treffsicherheit und schnelle Durchführung erfordern: Im März 1991 führte der erste aktive chirurgische Roboter der Welt am Shaftesbury Hospital in London eine Prostataoperation an einem lebenden Patienten durch, und im November 1992 erhielt ein 64jähriger Mann aus Sacramento mit Hilfe von Robodoc – einem speziellen Roboterarm – ein neues Hüftgelenk. Telemanipulatoren nehmen im Organrepertoire des Cyborgs einen immer wichtigeren Platz ein.

Genau wie bei einem Boxer mit langen Armen das Risiko, einen Kinnhaken abzubekommen, kleiner ist als bei einem kurzarmigen Gegner, können Cyborg-Soldaten mit Fernlenkwaffen sicher in der Etappe bleiben und die Gefahren des Kampfes in vorderster Front vermeiden. Im Golfkrieg spielten tatsächlich zum ersten Mal fernbediente Waffen eine entscheidende Rolle auf dem Schlachtfeld. Der Himmel wimmelte von Pioneer RPVs (remotely piloted vehicles, ferngelenkte Maschinen) – ferngelenkten Flugzeugen, mit denen die irakischen Truppen verfolgt, Raketenabschußbasen entdeckt, Minen gesucht und das Ausmaß der Zerstörungen durch das Bombardement ermittelt wurden. Die 82. Luftlandedivision überwachte Basen mit Pointer RPVs, und deutsche Minenräumer setzten ferngelenkte Patrouillenboote ein. Vielleicht kann der Arm, der die Waffe hält, in Zukunft noch länger werden: 1987 stellte ein Artikel in der *Military Review* fest: "Wenn nötig, könnten die Soldaten in physiologischem Sinn drei Meilen groß und 20 Meilen breit erscheinen... es besteht Anlaß zu der Hoffnung, eines Tages Soldaten schaffen zu können, die im Schutz von Robotern oder ferngelenkten Flugzeugen vorrücken könnten." Goliath wird neu erfunden.

Wenn umgekehrt Roboter in Insektengröße machbar sind, können wir mit ihnen auch näher herankommen als je zuvor und Dinge manipulieren, die zu klein für unsere Fingerspitzen sind. Rodney Brooks baute 1988 am MIT einen schabengroßen Roboter und arbeitete danach an piezoelektrischen, motorgetriebenen Ameisenrobotern mit etwa einem Millimeter Durchmesser. Diese könnten, so meinte er, in Arterien hineinkriechen und sie wieder durchlässig machen, durchtrennte Nervenbahnen wieder zusammenflicken oder über den Augapfel gleiten und Netzhautoperationen durchführen.

Telemanipulatoren und Roboter im Winzlingsformat eignen sich offenbar besonders zu endoskopischen Eingriffen, bei denen Instrumente und Kameras durch sehr kleine Einschnitte in den Körper eingeführt und vom Chirurgen, vielleicht sogar von einem entfernten Standort aus, über Videobildschirm beobachtet werden. Johannes Smits von der Universität Boston, Erfinder eines Mikromotors, glaubt, daß winzige elektromechanische Käfer auch als Minispione dienen könnten: "Stellen Sie sich vor, was man mit einer Ameise machen könnte, wenn sie steuerbar wäre. Sie könnten sie ins Hauptquartier des CIA marschieren lassen."

[...]

Gehirne/Künstliche Intelligenz

Eine anonyme Straße in Tokio. Wie gewöhnlich in dieser unüberschaubaren Metropole habe ich absolut keine Ahnung, wo ich mich befinde. Deshalb drückt mein Begleiter beiläufig einen Knopf auf dem Armaturenbrett seines Autos, und das neueste Wunderwerk der japanischen Konsumentenelektronik tritt in Aktion. Im Nu erfaßt es unsere Koordinaten vom globalen Satellitennavigationssystem *(global positioning system* – GPS), zeigt auf einem Bildschirm im Armaturenbrett eine detaillierte Straßenkarte und markiert unsere Position und Richtung mit einem Pfeil. Auf unserem verschlungenen Weg von Shinjuku nach Asakusa gibt das System ständig unseren neuesten Standort an – automatisch dreht und zentriert es die Karte neu, damit der Pfeil immer unter der Mitte der Karte bleibt und geradeaus zeigt. Die wirkliche Stadt, die uns umgibt, und die Videostadt, die uns leitet, werden in perfekter Übereinstimmung gehalten.

Doch das ist nur der Anfang. Ein Fahrzeug, das weiß, wo es ist, und positionsrelevante Information aus einer Datenbank geographisch codierter Information abrufen kann, schafft noch viel mehr, als nur Landkarten zu zeigen. Es kann beispielsweise Interessantes in Online-Reiseführern nachschlagen und Ihnen einen Kommentar zur vorbeiziehenden Szenerie vorlesen. Mit einer etwas komplizierteren Programmierung könnte es lernen, was Sie besonders interessiert – die Höhepunkte der lokalen Geschichte vielleicht – oder statistische Erhebungen über die Bevölkerung oder die landwirtschaftlichen Produkte der Region –, und würde Ihnen – wie ein kenntnisreicher und aufmerksamer Begleiter – nur Beobachtungen mitteilen, an denen Ihnen wahrscheinlich gelegen ist. Wenn Sie in einem Lieferwagen säßen, sich Immobilien ansähen, für eine politische Sache würben oder sonst etwas täten, was Informationen über die vorbeiziehenden Gebäude und ihre Bewohner erfordert, könnte das System diese Informationen liefern. Für Touristen könnte es einige ganz praktische Probleme lösen – sie zur nächsten Tankstelle oder zum nächsten preiswerten China-Restaurant lotsen oder ihnen ein Bett zum Übernachten suchen. Und es könnte ihnen mitteilen, was in ihrer unmittelbaren Nachbarschaft los ist und wann welche Geschäfte oder Kneipen geöffnet haben. [...]

Aber nicht nur Fahrzeuge können "wissen", an welcher Stelle des Straßennetzes sie sind, auch das Straßennetz selbst läßt sich mit elektronischen Sensoren bestücken, so daß es seinerseits feststellen kann, wo sich Fahrzeuge befinden. Damit kann man das alte Konzept der Mautstation modernisieren; auf diese Weise lassen sich Straßenbenutzungsgebühren praktisch sofort der Verkehrsdichte anpassen. Das intelligente Fahrzeug muß dann nicht nur den kürzesten oder schnellsten Weg zu einem Ziel, sondern auch den billigsten berechnen beziehungsweise einen Weg finden, bei dem Schnelligkeit und Kosten in vernünftigem Verhältnis zueinander stehen. In Zukunft wird bei der Fahrt durch eine Stadt ein kontinuierlicher Informationsaustausch zwischen intelligenten Fahrzeugen und intelligenten Straßensystemen stattfinden.

Während mir all das durch den Kopf geht, fällt mir die Serie “Fury” ein – ein “Geländefahrzeug” mit einer Fülle bordeigener Intelligenz. Fury wußte immer, wo er war, konnte notfalls den Weg zurück nach Hause finden und spürte stets, was sein kleiner Herr Joey brauchte; Pferd und Reiter waren eins. Doch als das Pferd aus dem Alltag verschwand und nur die pferdelose Kutsche zurückblieb, verschwand auch die bordeigene Intelligenz; es entstand eine technische Lücke, die es zu füllen galt – Joey hätte zu einem Jeep offensichtlich nicht dieselbe Beziehung gehabt. Heute übernimmt dies zunehmend die Elektronik. Bald werden unsere Autos zumindest so klug sein wie Fury, und die Beziehung zwischen Fahrer und Wagen wird wieder der zwischen Reiter und Reittier entsprechen. Und wenn die pferdelose Kutsche noch intelligenter wird, entwickelt sie sich vielleicht zum fahrerlosen Automobil. [...]

Vor Ort sein

Jahrtausendelang haben sich die Architekten mit dem durch die Haut begrenzten Körper und dessen unmittelbarer sinnlicher Umgebung beschäftigt – sie sorgten für Schutz, Wärme und Sicherheit, beleuchteten die ihn umgebenden Flächen, schufen Räume für Unterhaltung und Musik, stimmten harte und weiche, rauhe und glatte Materialien aufeinander ab und kümmerten sich um frische Luft und Gerüche. Heute müssen sie sich mit elektronisch erweiterten, rekonfigurierbaren, virtuellen Körpern befassen, die auf die Entfernung spüren und handeln können und dennoch teilweise in ihrer unmittelbaren Umgebung verwurzelt bleiben. Die Phantasie des *Neuromancer* von einem Cyberspace, der den physischen Raum vollständig überblendet – und so eine völlig entkörperlichte elektronische Existenz erzeugt –, stellt eine theoretische Grenze, keinen praktischen Zustand dar.

Wenn Sie im Bus einen Walkman tragen, stehen Ihre Füße auf dem Boden, und Ihre Augen blicken in den abgeschlossenen, realen Raum, doch die unmittelbare Hörumgebung ist von einer elektronischen überlagert, und Ihre Ohren sind woanders. Wenn Sie einen Datenhelm aufsetzen, um in einem Virtuellen-Realitäts-Spielsalon *Dactyl Nightmare* zu spielen, wird die unmittelbare visuelle Umgebung vom virtuellen Raum verdrängt, doch Ihr Berührungsempfinden erinnert Sie daran, daß Sie immer noch von momentan unsichtbaren, festen Gegenständen umgeben sind. Wenn Sie ein Videokonferenzfenster in eine entfernte Zeitzone neben eine verglaste Öffnung auf die unmittelbare Umgebung stellen, können Sie Nacht und Tag und Winter und Sommer gegeneinanderstellen. Zunehmend überlagern, verflechten und kreuzen sich in komplexer Weise die Architekturen des physischen Raums und des Cyberspace, also des an einem bestimmten Ort lokalisierten Körpers und seiner fließenden elektronischen Erweiterungen. Die klassische Einheit von architektonischem Raum und Erfahrung hat sich aufgelöst – wie vor langer Zeit die drei Einheiten des Dramas –, und die Architekten müssen sich heute auf diese neue Situation einstellen.

Im Vergleich mit früheren Zeitaltern können wir als multipel erweiterte Cyborgs erkennen, daß wir für vieles dankbar sein müssen. Aber wir sollten unsere Wurzeln nicht vergessen: das kulturelle Erbe dieser langen Präsiliziumjahrhunderte, in denen unsere Ahnen alles mit Protoplasma bewältigen mußten. Sie hatten kaum Möglichkeiten, ihr Nervensystem zu erweitern oder ihren Körper zu verbessern; daher bauten sie Wohnorte – Gebäude und Städte –, die dem Maß und den Grenzen der natürlichen Ausstattung sorgfältig angepaßt und so strukturiert waren, daß sie einen ständigen, direkten Kontakt, Auge in Auge, in Hörweite und Armeslänge förderten.

Das Leben an Präcyborg-Orten war eine ganz andersartige Erfahrung. Man mußte wirklich vor Ort sein.

Nicholas Negroponte

Die Zukunft der Kommunikation

Nicholas Negroponte ist Mitbegründer und Direktor des berühmten Medienlabors am Massachusetts Institute of Technology (MIT), er hat dort eine Professur für Medientechnologien inne. Sein Bestseller "Being digital" wurde in den vergangenen vier Jahren in mehr als 40 Sprachen übersetzt. Negroponte war auch Mitgründer der angesehenen Computerzeitschrift "WiReD" und beschreibt als deren regelmäßiger Kolumnist, wie die Welt "zwischen Internet und Multimedia" dereinst aussehen könnte: total digital.

Ein Kühlschrank mit einer Kinderzeichnung auf der Tür ist so amerikanisch wie Apple-pie. Wir ermutigen unsere Kinder zu Ausdruckskraft und Kreativität. Aber plötzlich, wenn sie sechs oder sieben Jahre alt sind, schalten wir einen Gang zurück und vermitteln ihnen den Eindruck, daß Kunst so wenig zum Stundenplan gehört wie Baseball und nicht annähernd so wichtig ist wie Englisch oder Mathe. Lesen, Schreiben und Rechnen – *das* sind die Fächer, die für junge Manner und Frauen von Bedeutung sind, die später jemand sein und es zu etwas bringen wollen. In den letzten zwanzig Jahren haben wir die linke Gehirnseite mit aller Kraft wie eine Gans genudelt und die rechte Seite auf Erbsengröße schrumpfen lassen.

Von Seymour Papert stammt die Geschichte eines Chirurgen aus der Mitte des 19. Jahrhunderts, der auf magische Weise durch die Zeit reist und sich in einem modernen Operationssaal wiederfindet. Der Arzt würde nichts wiedererkennen und nicht wissen, was zu tun sei oder wie er helfen könne. Zu seinem Leidwesen und Unverständnis hätten moderne Technologien die Praxis der Operationsmedizin vollkommen verändert. Wenn ein Lehrer aus der Mitte des 19. Jahrhunderts mit derselben Zeitmaschine in einen Klassenraum von heute transportiert würde, könnte er – abgesehen von geringfügigen fachspezifischen Details – die Arbeit seines Kollegen aus dem späten 20. Jahrhundert fortsetzen. Es gibt kaum gravierende Unterschiede zwischen dem Unterricht vor hundertfünfzig Jahren und heute, und der eingesetzte Technologieumfang ist nahezu unverändert geblieben. Wie aus einer jüngst veröffentlichten Umfrage des amerikanischen Bildungsministeriums hervorgeht, halten 84 Prozent der amerikanischen Lehrer nur eine Art der Informationstechnologie für absolut "unverzichtbar" – einen Fotokopierer mit einer ausreichend schnellen Papierzufuhr.

Und doch bewegen wir uns endlich weg von einer kompromislosen Lehrmethode, die in erster Linie systematisch denkende Kinder fördert, und wenden uns einer offeneren Methodik zu, die Kunst und Wissenschaft oder linke und rechte Gehirnhälfte nicht als deutlich voneinander getrennt begreift. Wenn ein Kind mit einer Computersprache wie Logo ein Bild auf seinem Computerbildschirm erstellt, handelt es sich dabei sowohl um eine künstlerische als auch um eine mathematische Ausdrucksform, die unter beiden Gesichtspunkten betrachtet (und bewertet) werden sollte. Denn auch abstrakte Konzepte wie das der Mathematik können heute auf konkrete Bestandteile der bildenden Kunst zurückgreifen.

Personalcomputer werden unserer zukünftigen Generation von Erwachsenen die Mathematik näherbringen, sie aber auch auf dem Gebiet der Kunst fördern. In etwa zehn Jahren steht den Teenagern wahrscheinlich eine wesentlich größere Auswahl an Ausdrucksmöglichkeiten zur Verfügung, weil das Suchen nach intellektuellen Erfolgen nicht mehr nur dem Bücherwurm vorbehalten sein wird, sondern eine größere Zahl von kognitiven Begabungen, Lernmustern und ausdrucksstarken Verhaltensweisen einbezieht.

Die Ebene zwischen Arbeit und Spiel wird sich erheblich vergrößern, und die scharfe Trennlinie zwischen Pflicht und Vergnügen wird durch den gemeinsamen Nenner – die Digitalzeit – immer mehr verschwimmen. Der Hobbymaler ist das Symbol für eine neue Ära, in der kreative Nebenbeschäftigungen Anerkennung und Respekt finden – wir werden ein Leben lang produzieren, gestalterisch tätig sein und uns künstlerisch ausdrücken. Wenn Rentner heutzutage Aquarelle malen, ist dies wie eine Rückkehr in die Kindheit, denn sie erhalten für diese Leistung nicht die gleiche Anerkennung wie für ihre berufliche Tätigkeit. In der Zukunft werden die Menschen aller Altersstufen ihr Leben als harmonischeres Kontinuum leben können, weil sich die Arbeitsgeräte und "Spielsachen" in zunehmendem Maße angleichen. Pflicht und Vergnügen, eigene Ausdrucksfreiheit und Gruppenarbeit werden sich in viel größerem Umfang gemeinsam gestalten lassen.

Junge und alte Computerhacker sind ein ausgezeichnetes Beispiel für diese These. Ihre Programme gleichen surrealistischen Gemälden, die ästhetische Qualität mit technischer Meisterschaft vereinen. Die Arbeit dieser Hacker wird in bezug auf Form und Inhalt sowie auf Bedeutung und Leistung bewertet werden. Das Verhalten ihrer Computerprogramme zeigt eine neue Form der Ästhetik. Diese Hacker sind die Vorreiter eines neuen E-xpressionismus.

In der Computerwissenschaft hat sich die Musik zu einer der tragenden Gestaltungskräfte entwickelt. Musik läßt sich aus drei sehr dynamischen und einander ergänzenden Perspektiven betrachten. Sie kann erstens vom Standpunkt der digitalen Signalverarbeitung gesehen werden – mit sehr schwierigen Problemstellungen wie der Klangtrennnung (das Entfernen des Geräuschs einer fallenden Coladose aus einer Musikaufnahme). Sie läßt sich zweitens vom Standpunkt der Musikerkennung aus betrachten – wie verstehen wir die Sprache der Musik, was sind die Voraussetzungen für ein Musikverständnis, und wodurch werden Gefühle erzeugt? Drittens kann Musik als eine künstlerische Ausdrucks- und Erzählform behandelt werden: eine Geschichte, die man erzählt und die Emotionen, die dabei erzeugt werden. Diese drei Perspektiven sind – auch unabhängig voneinander – von großer Bedeutung, und sie machen den Musikbereich zur perfekten intellektuellen Landschaft, in der man sich graziös von der Technologie zum Ausdruck, von der Wissenschaft zur Kunst und von der Privatsphäre zur Öffentlichkeit bewegen kann.

Wenn Sie in einer Vorlesung vor Studenten der Computerwissenschaften fragen würden, wer unter den Anwesenden ein Instrument spielt oder ein ernsthaftes Interesse an Musik hat, würden die meisten Hände in die Höhe gehen. Diese traditionelle Verwandtschaft von Mathematik und Musik zeigt sich deutlich in der gegenwärtigen Computerwissenschaft und unter den Hackern. Einige der besten Studenten der Computerwissenschaft verdankt das Media Lab seinem Musikbereich.

Die Beschäftigung mit Musik oder Kunst, die von seiten der Eltern oder anderer pädagogischer Kräfte (absichtlich oder versehentlich) in der Kindheit nicht unterstützt wurde, sondern lediglich als Entlastungsventil für den schulischen Erfolgsdruck galt, könnte den einseitigen Blickwinkel erweitern, mit dem Kinder bislang ganze Wissensbereiche betrachtet und erforscht haben. Obwohl ich in der Schule Geschichte nicht mochte, bin ich trotzdem in der Lage, fast jedes historische Ereignis anhand von Meilensteinen der Kunst und Architektur zeitlich richtig einzuordnen – anstatt dafür politische Ereignisse oder Kriege zu Hilfe zu nehmen. Mein Sohn hat meine Dyslexie zwar geerbt, kann aber Windsurfing- und Skizeitschriften problemlos von der ersten bis zur letzten Seite lesen. Für manche Menschen ist die Musik der einzige Weg, um Mathematik oder Physik zu lernen und die Geheimnisse der Anthropologie zu durchschauen.

Gegen diese Vorteile spricht unser heutiges Erleben von Musik. Im 19. und frühen 20. Jahrhundert musizierte der Schüler noch selbst. Durch die Entwicklung der Musikaufnahmen ging dies drastisch zurück, und erst in jüngster Zeit kehrt man an einigen Schulen wieder zum Musizieren zurück, anstatt Musik nur zu hören. Das Erlernen von Musik in einem sehr jungen Alter mit Hilfe eines Computers ist ein ausgezeichnetes Beispiel für die Vorteile, die dieses Medium durch seine vielfältigen Einstiegsmöglichkeiten bietet. Der Computer beschränkt den Zugang zur Musik nicht auf das begabte Kind. Spiele mit Musik, Klangdisketten und die der digitalen Tonwelt eigene Veränderbarkeit sind nur einige der vielen Möglichkeiten, die ein Computer besitzt, um Kindern die Welt der Musik näherzubringen. Das visuell begabte Kind wird darüber hinaus vielleicht sogar Wege finden, die Töne sichtbar zu machen.

Wenn Computer und Kunst zum erstenmal aufeinandertreffen, kommen von beiden meist nur die negativen Aspekte zum Tragen. Ein Grund dafür liegt in der Tatsache, daß eine Maschine viele Dinge leicht überzeichnet darstellt. Dadurch überlagert ihre Ausdruckskraft den beabsichtigten künstlerischen Ausdruck – ein Effekt, den man häufig in der Holographie und bei 3-D-Filmen beobachtet. Technologie kann sich wie mexikanischer Pfeffer in einer französischen Sauce auswirken: Die Würze des Computers zerstört die subtilen Signale der Kunst.

Es überrascht daher auch nicht, daß eine gegenseitige Befruchtung von Computern und Kunst am erfolgreichsten in der Musik und in der darstellenden Kunst stattfindet – nämlich dort, wo sich die Technik der Darstellung, Verbreitung und Erfahrbarkeit von Kunstwerken als sehr "computertauglich" erweist. Komponisten, Ausführende und Zuschauer können alles digital steuern. Wenn Herbie Hancock sein nächstes Stück im Internet herausbringt, würde das nicht nur bedeuten, in einem Saal mit zwanzig Millionen Sitzplätzen zu spielen, sondern es hieße auch, daß jeder Zuhörer die Musik je nach seiner persönlichen Vorliebe verändern könnte. Manche würden einfach nur die Lautstärke ändern, andere würden das Stück in Karaoke verwandeln und wieder andere die Instrumentierung nach ihren Wünschen gestalten.

Mit der digitalen Datenautobahn gehört fertige und unveränderbare Kunst der Vergangenheit an. Die Schnurrbartverzierungen der Mona Lisa sind natürlich nur Kindereien, aber wir werden ernsthafte digitale Manipulationen an unfertigen Darstellungen erleben, die sich im Internet bewegen – was nicht notwendigerweise schlecht sein muß.

Wir kommen in ein Zeitalter, das offenere und lebendigere Ausdrucksformen erleben wird. Hier haben wir zum erstenmal Gelegenheit, umfassende sensorische Wahrnehmungen zu erleben, die sich vom Betrachten einer Buchseite deutlich unterscheiden und einen einfacheren Zugang bieten als eine Reise zum Louvre nach Paris. Künstler werden das Internet als die weltweit größte Galerie für ihre eigenen Werke und als Mittel für deren direkte Verbreitung nutzen. [...]

Das ursprüngliche Konzept des Media Lab war es, sowohl die Entwicklung der Benutzerschnittstelle als auch die Forschung im Bereich der künstlichen Intelligenz in eine neue Richtung zu lenken. Der Kniff bestand darin, ihnen eine neue Gestalt zu geben in bezug auf den Inhalt von Informationssystemen, den Anforderungen von Verbrauchergeräten und dem Wesen des künstlerischen Denkens. Dieses Konzept wurde den Fernsehanstalten, den Verlagen und der Computerindustrie als eine Verschmelzung der vielfältigen sensorischen Möglichkeiten der Videotechnik, der Informationsdichte des Verlagswesens und der dem Computer eigenen Interaktivität vorgestellt. Dies alles klingt heute sehr logisch, wurde jedoch zur damaligen Zeit als völlig verrückt betrachtet. Die *New York Times* berichtete, daß ein "nicht näher genanntes" leitendes Mitglied der Fakultät alle an diesem Projekt beteiligten Mitarbeiter als "Scharlatane" bezeichnete. [...]

Die Zeit war reif für ein solches Institut: Der Personalcomputer hatte sich durchgesetzt, die Benutzerschnittstelle rückte in den Mittelpunkt der Entwicklungen, und die Freigabe der Telekommunikationsindustrie setzte langsam ein. Besitzer und Manager von Zeitungs-, Zeitschriften- und Buchverlagen, Filmstudios und Fernsehsendern begannen, über zukünftige Entwicklungen nachzudenken. Clevere Medienmoguln erahnten, welche Bedeutung dem sich langsam entwickelnden digitalen Zeitalter zukommen würde, und es war kein allzu großes Risiko für sie, in eine verrückte Einrichtung am MIT zu investieren. Innerhalb kürzester Zeit wuchs unser Institut auf dreihundert Leute.

Heute ist das Media Lab das Establishment, und die Internet-Surfer sind die "Crazy kids on the block". Die Digitalos halten sich jenseits von Multimedia auf, dort, wo man den wirklichen Lebensformen näher ist als intellektuellen Manifesten. Ihre Hochzeiten finden im Cyberspace statt. Sie nennen sich Bit-niks und Cybraians. Ihre soziale Mobilität überspannt den gesamten Planeten. [...]

Ihr Salon befindet sich irgendwo im Net. Er ist digital.

Epilog: Ein Zeitalter des Optimismus

Ich bin von Natur aus Optimist. Aber jede Technologie und jedes Geschenk der Wissenschaft hat Schattenseiten, und die Digitalzeit bildet dabei keine Ausnahme.

Das nächste Jahrzehnt wird den Mißbrauch geistigen Eigentums und einen Einbruch in unsere Privatsphäre erleben. Wir werden Digitalvandalismus, Softwarepiraterie und Datendiebstahl kennenlernen. Aber am schlimmsten ist die Tatsache, daß wir zu Zeugen eines Vorgangs werden, bei dem viele Arbeitsplätze zugunsten vollautomatisierter Systeme abgebaut werden, wodurch sich die Arbeitswelt der Büroangestellten in ähnlichem Maße verändert, wie es bereits innerhalb der Fabriken geschah. Der Gedanke an eine lebenslange

Anstellung in einem einzigen Beruf oder an einem Arbeitsplatz verliert jetzt schon an Überzeugungskraft.

Diese radikalen Veränderungen unserer Arbeitsmarktstrukturen (wir arbeiten immer weniger mit Atomen und dafür mehr mit Bits) werden genau mit dem Zeitpunkt zusammentreffen, an dem sich das zwei Milliarden starke Arbeitsheer Indiens und Chinas langsam in die Rechnerwelt einschaltet (im wahrsten Sinne des Wortes). Ein selbständiger Software-Entwickler aus Peoria wird mit seinem Pendant in Pollang konkurrieren; ein Digital-Schriftsetzer aus Madrid kämpft gegen die Konkurrenz in Madras. Schon jetzt verlagern amerikanische Gesellschaften ihre Hardware-Entwicklung und Software-Produktion nach Rußland und Indien; dabei sind sie jedoch nicht auf der Suche nach billigen Arbeitskräften, sondern nach einem hervorragend ausgebildeten Heer von Geistesarbeitern, das anscheinend bereit ist, härter, schneller und diziplinierter zu arbeiten, als die Arbeitskräfte des eigenen Landes.

Da die Geschäftswelt immer weltumfassender und das Internet stets größer wird, müssen wir schon bald mit einem nahtlosen digitalen Arbeitsplatz rechnen. Lange bevor politische Bemühungen Erfolge zeigen und lange bevor die GATT-Gespräche zu einer Einigung bezüglich der Zolltarife und des Handels von Atomen führen (das Recht zum Verkauf von Evian-Mineralwasser in Kalifornien), werden Bits grenzenlos gespeichert und verändert werden – und zwar vollkommen unabhängig von geopolitischen Grenzen. Wahrscheinlich spielen in unserer digitalen Zukunft Zeitzonen eine wichtigere Rolle als Handelszonen. Ich könnte mir ein Software-Projekt vorstellen, das in einem 24-Stunden-Zyklus von Osten nach Westen um die Welt reist, von Person zu Person oder von Gruppe zu Gruppe, wobei die einen arbeiten, während die anderen schlafen. Microsoft wird in London und Tokio weitere Zweigstellen für die Software-Entwicklung eröffnen müssen, um in drei Schichten rund um die Uhr produzieren zu können.

Während wir uns mehr und mehr auf eine solche digitale Welt zubewegen, wird ein ganzer Bereich der Bevölkerung ausgeschlossen sein oder sich zumindest so fühlen. Wenn ein fünfzigjähriger Stahlarbeiter seinen Job verliert, hat er im Gegensatz zu seinem fünfundzwanzigjährigen Sohn wahrscheinlich keinerlei Kenntnisse über die digitale Welt. Wenn ein moderner Sekretär seine Stelle verliert, ist er mit der digitalen Welt zumindest vertraut und besitzt übertragbare Kenntnisse.

Bits lassen sich nicht essen, das heißt, sie können den Hunger nicht stoppen. Rechner besitzen keine Moral; sie können für komplexe Themenbereiche wie das Recht auf Leben und Sterben keine Lösungen anbieten. Aber die Digitalzeit gibt dennoch berechtigten Anlaß zum Optimismus. Genau wie eine

Naturgewalt kann auch das Digitalzeitalter weder ignoriert noch gestoppt werden. Denn es besitzt vier mächtige Eigenschaften, die letztendlich zu seinem Triumph führen werden: Dezentralisierung, Globalisierung, Harmonisierung und Befähigung zum Handeln.

Der Dezentralisierungseffekt der Digitalzeit zeigt sich nirgendwo deutlicher als im Handel und in der Computerindustrie. Das sogenannte Management-Informationssystem (MIS) Czar, das ein unter Glas verschlossenes und vollklimatisiertes Mausoleum regierte, ist ein Kaiser ohne Kleider – und so gut wie erledigt. Denjenigen, die überleben, gelingt dies im allgemeinen nur deshalb, weil sie rangmäßig über jedem stehen, der sie entlassen könnte, während der Verwaltungsrat der Gesellschaft inzwischen den Anschluß verloren hat oder schläft oder beides.

Die Thinking Machines Corporation, eine große und einfallsreiche Supercomputerfirma, verschwand etwa zehn Jahre, nachdem sie von Danny Hillis, einem Genie auf den Gebiet der Elektrotechnik, ins Leben gerufen worden war. Innerhalb dieser kurzen Zeitspanne machte diese Firma die Welt mit der gewaltigen Architektur der Parallelrechner bekannt. Aber ihr Untergang beruhte nicht auf Mißwirtschaft oder einer Fehlkonstruktion ihrer sogenannten Connection Machine. Die Firma verschwand, weil die Parallelität dezentralisiert werden konnte. Genau die gleiche gewaltige Parallelrechnerarchitektur wurde plötzlich auch durch die Verknüpfung preiswerter, massenproduzierter Personalcomputer möglich.

Während dies natürlich keine gute Nachricht für Thinking Machines war, handelte es sich im Grunde um eine wichtige Nachricht für uns alle – sowohl im wörtlichen als auch im übertragenen Sinne. Diese Verknüpfung bedeutet, daß die Unternehmen der Zukunft ihren Bedarf an Rechenkapazität auf neue und skalierbare Weise decken können, indem sie ihre Büros mit Personalcomputern ausstatten, die im Bedarfsfall gemeinsam an rechnerintensiven Problemen arbeiten. Die Computer arbeiten dann sowohl für Einzelpersonen als auch für Gruppen. Meines Erachtens wird eine solche Dekonzentration der Intelligenz auch in unserer Gesellschaft heranwachsen – vorangetrieben von einer jungen Bürgerschaft in der digitalen Welt. Die traditionelle zentralistische Lebenseinstellung wird dann der Vergangenheit angehören.

Aber auch der Nationalstaat als solcher wird gewaltige Veränderungen und eine Globalisierung erleben. In etwa fünfzig Jahren werden die Regierungen sowohl größer als auch kleiner sein: Europa wird in kleinere ethnische Gruppen zerfallen und gleichzeitig eine einheitliche Wirtschaft anstreben. Nationalistische Bestrebungen machen es überaus einfach, zynisch zu reagieren und jeglichen breit angelegten Versuch einer Vereinigung der Welt zum Scheitern zu verurteilen. Aber in der digitalen Welt werden zuvor unmögliche Lösungsvorschläge endlich durchführbar.

Wenn in unserer heutigen Zeit 20 Prozent der Weltbevölkerung 80 Prozent der Weltressourcen verbrauchen, wenn ein Viertel der Menschheit einen annehmbaren Lebensstandard genießt, drei Viertel der Weltbevölkerung aber nicht – wie kann diese Kluft überbrückt werden? Während sich die Politiker mit der Altlast der Geschichte abmühen, entsteht aus der digitalen Landschaft eine neue Generation, die frei von alten Vorurteilen ist und sich von den Beschränkungen geographischer Nähe als einziger Basis für Freundschaft, Zusammenarbeit, Spiel und Nachbarschaft gelöst hat. Die digitale Technologie kann wie eine Naturgewalt wirken, die die Menschen zu größerer Weltharmonie bewegt.

Die harmonisierende Wirkung der Digitalzeit wird bereits bei zuvor getrennten Disziplinen und Unternehmen deutlich, die inzwischen zusammenarbeiten, anstatt sich gegenseitig Konkurrenz zu machen. Darüber hinaus entwickelt sich eine zuvor fehlende Allgemeinsprache, die es den Menschen ermöglicht, sich über die Grenzen hinweg zu verständigen. Die Kinder in der Schule haben heute die Möglichkeit, eine Sache aus mehreren Blickwinkeln zu betrachten. Beispielsweise kann ein Computerprogramm gleichzeitig als eine Reihe von Computerbefehlen und als konkrete Dichtung betrachtet werden, die sich aus den Einrückungen im Text des Programms ergibt. Die Kinder lernen sehr schnell, daß man ein Programm erst dann beherrscht, wenn man es nicht nur aus einer Perspektive, sondern unter verschiedenen Blickwinkeln kennt.

Aber mehr als alles andere entsteht mein Optimismus aus der Befähigung zum Handeln, die die Digitalzeit mit sich bringt. Der Zugriff, die Mobilität und die Flexibilität sind Aspekte, die die Zukunft erheblich von unserer Gegenwart unterscheiden werden. Auch wenn die Datenautobahn heute meist nur eine große Modewelle darstellt, ist sie noch eine Untertreibung dessen, was uns in der Zukunft erwartet: Sie wird jenseits selbst wildester Prophezeiungen existieren. Während Kinder lernen, globale Informationsquellen zu nutzen und dabei feststellen, daß nur die Erwachsenen eine Erlaubnis zum Lernen benötigen, werden wir neue Hoffnung und Würde an Orten der Welt entdecken, wo es dies bisher nur selten gab.

Mein Optimismus beruht nicht auf einer zu erwartenden Erfindung oder Entdeckung. Möglicherweise finden wir ein Heilmittel gegen Krebs oder Aids, einen akzeptablen Weg zur Geburtenkontrolle oder erfinden eine Maschine, die unsere Luft einatmen und unsere Meere trinken und sie unverschmutzt wieder ausscheiden kann. Diese Träume werden sich vielleicht erfüllen, vielleicht aber auch nicht. Aber in der Digitalzeit müssen wir nicht auf eine Erfindung warten – das digitale Leben ist bereits hier und jetzt vorhanden. Und man kann es fast als vererbbar bezeichnen; vererbbar insofern, als daß jede Generation ein wenig digitaler werden wird als die Generation davor.

Die Kontroll-Bits dieser digitalen Zukunft liegen stärker als je zuvor in den Händen der Jugend. Und nichts könnte mich glücklicher machen.

Quellennachweis

William F. Allmann: aus:“Mammutjäger in der Metro”, Mit freundlicher Genehmigung von Spektrum Akademischer Verlag, Heidelberg, Berlin 1996

Ronald D. Laing: aus:“Knoten”. Mit freundlicher Genehmigung des Rowohlt Verlages 1986

Roger Fouts: aus: “Unsere nächsten Verwandten”. Mit freundlicher Genehmigung des Luchterhand Verlages©1997©1998 für die deutsche Ausgabe Limes Verlag GmbH, München

Jürgen Matijevic: Mit freundlicher Genehmigung des Autors Jürgen Matijevic

Walter Frese: aus: MPG Spiegel 4/98. Mit freundlicher Genehmigung der Max-Planck-Gesellschaft

Ernst Pöppel: aus: “Geheimnisvoller Kosmos Gehirn”©1994. C. Bertelsmann Verlag, München. Mit freundlicher Genehmigung des Bertelsmann Verlages

Oliver Sacks: aus: “Die Insel der Farbenblinden”, deutsch: Hainer Kober. Mit freundlicher Genehmigung des Rowohlt Verlages.©1998 by Rowohlt Verlag GmbH, Reinbeck

Francis Crick: aus: “Was die Seele wirklich ist”. Mit freundlicher Genehmigung des Artemis & Winkler Velages, Düsseldorf/Zürich©1998

Julian Jaynes: aus: “Der Ursprung des Bewußtseins”, deutsch: Kurt Neff. Mit freundlicher Genehmigung des Rowohlt Verlages, 1998.

Reinhard Werth: aus: “Hirnwelten”, C. H. Beck’sche Verlagsbuchhandlung, München, 1998. Mit freundlicher Genehmigung des C. H. Beck Verlages

Michel Jouvet: aus: “Die Nachtseite des Bewußtseins”. Rowohlt 1994. Mit freundlicher Genehmigung der Liepmann AG, Zürich

Jonathan Winson: aus: “Auf dem Boden der Träume: die Biologie des Unbewußten”, Beltz, 1986. Mit freundlicher Genehmigung des Beltz Verlages

Bruce Mazlish: aus: “Faustkeil und Elektronenrechner: Die Annäherung von Mensch und Maschine”, 1998. Mit freundlicher Genehmigung des Insel Verlages

Holk Cruse, Jeffrey Dean, Helge Ritter: aus: “Die Entdeckung der Intelligenz oder können Ameisen denken?”. C. H. Beck’sche Verlagsbuchhandlung, München, 1998. Mit freundlicher Genehmigung des C. H. Beck Verlages

Robert J. Sternberg: aus: Spektrum der Wissenschaft Spezial: Intelligenz, 3/1999. Mit freundlicher Genehmigung der Spektrum der Wissenschaft Verlagsgesellschaft mbH

Dieter E. Zimmer: aus: "Das Erbe im Kopf", DIE ZEIT, 16. April 1998.Mit freundlicher Genehmigung von DIE ZEIT

Kenneth M. Ford, Patrick J. Hayes: aus: Spektrum der Wissenschaft Spezial: Intelligenz, 3/1999. Mit freundlicher Genehmigung der Spektrum der Wissenschaft Verlagsgesellschaft mbH

David Concar: aus: "You're wrong, Mr. Spock!", New Scientist supplement, 27. April 1996. Mit freundlicher Genehmigung des New Scientist Verlages, London

Michio Kaku: aus: "Zukunftsvisionen". Deutsche Ausgabe. Mit freundlicher Genehmigung des Lichtenberg Verlages©1998

Karl Sigmund: aus: "Spielpläne: Zufall, Chaos und die Strategien der Evolution". Mit freundlicher Genehmigung des Hoffmann und Campe Verlages, Hamburg©1995

Jeremy Rifkin: aus: "Das biotechnologische Zeitalter". Alle Rechte an der deutschsprachigen Ausgabe beim C. Bertelsmann Verlag, München in der Verlagsgruppe Bertelsmann GmbH, 1998

William J. Mitchell: aus: "City of Bits, Leben in der Stadt des 21. Jahrhunderts", Birkhäuser, Basel – Boston – Berlin, 1996. Mit freundlicher Genehmigung des Birkhäuser Verlages, Basel 1996

Nicholas Negroponte: aus: "Total Digital". Alle Rechte an der deutschsprachigen Ausgabe 1995 beim C. Bertelsmann Verlag, München in der Verlagsgruppe Bertelsmann GmbH.

Weiterführende Literatur

Sollte die Lektüre der für diesen Reader zusammengestellten Buchauszüge neugierig gemacht haben aufs Lesen der vollständigen Texte, wäre dies aus Sicht der Herausgeber eine durchaus erhoffte Nebenwirkung. Gleichwohl möchten wir uns einige Hinweise auf weiterführende Literatur nicht versagen, die wiederum unter dem Aspekt der fachlichen Genauigkeit bei gleichzeitiger Eingängigkeit zusammengetragen wurde. Den Anfang machen sollen einige Titel zum Themenkreis "Normalität und Nicht-Normalität des Gehirns". khw/utz

Sacks, Oliver: Awakenings – Zeit des Erwachens. 1991: Rowohlt Verlag (rororo-Sachbuch 8878)

Als Nebeneffekt einer Grippe-Epidemie erkrankten zwischen 1916 und 1927 tausende Menschen an einer schweren Gehirnkrankheit, die ihnen nahezu jede Verständigungsmöglichkeit mit anderen Menschen raubte. Oliver Sacks stieß Ende der 60er Jahre in einem Krankenhaus bei New York auf Überlebende dieser Epidemie und begann, sie mit dem neu entdeckten Medikament L-Dopa zu behandeln. In seinem eindrucksvollen Bericht, der eine Sternstunde der wissenschaftlich fundierten Literatur der Gegenwart markiert, beschreibt Sacks, wie jahrzehntelang "erstarrte" Menschen plötzlich wieder zum Leben erwachten. Mit Robert De Niro in der Hauptrolle wurde das Buch 1990 kongenial verfilmt.

Die literarische Qualität der von Oliver Sacks erarbeiteten "Fallstudien" gebietet es, mindestens noch auf zwei weitere Titel hinzuweisen:

–, Der Mann, der seine Frau mit einem Hut verwechselte. 1987: Rowohlt-Verlag (rororo-Sachbuch 8780)

–, Der Tag, an dem mein Bein fortging. 1989: Rowohlt-Verlag (rororo-Sachbuch 8884)

Ergreifende Geschichten sind hier zu finden, von Menschen, die aus der "Normalität" gefallen sind.

Oehler, Regina (Hg.): Psychische Störungen: erkennen, verstehen, bewältigen 1998: Eichborn-Verlag

Angstzustände, Depressionen, Zwangsstörungen, Schizophrenien, Eßstörungen und Süchte: Auf dem neuesten Stand der Forschung wird erläutert, welche Ursachen diese psychischen Störungen haben, wann eine Behandlung erforderlich ist und welche Therapie geeignet ist. Zu Wort kommen Fachleute unterschiedlichster Richtungen, Patientinnen und Patienten sowie deren Angehörige.

Shorter, Edward: Von der Seele in den Körper. Die kulturellen Ursprünge psychosomatischer Krankheiten. 1999: Rowohlt-Verlag (rororo-Sachbuch 60701)

Anhand dutzender Fallbeispiele aus den letzten drei Jahrhunderten belegt Edward Shorter, welche schlimmen körperlichen Verfallserscheinungen durch seelische Konflikte hervorgerufen werden können – und zugleich wird deutlich, dass vergleichbare psychische Ursachen ganz unterschiedliche körperliche Symptome hervorrufen können, je nach Epoche, je nach Alter, Geschlecht und sozialem Stand. Deutlich wird so, dass es die soziale Umgebung ist, dass es im besonderen sogar die medizinischen Theorien der Zeit sind, die dem Körper gleichsam diktieren, welche Symptome zu entstehen haben.

Lenzen, Dieter: Krankheit als Erfindung. Medizinische Eingriffe in die Kultur. 1991: Fischer-Verlag (Taschenbuch 10559)

Thema des Buches ist, wie es der Medizin als kultureller Institution gelingt, Betätigungsfelder zu etablieren, deren Sinn, vorsichtig formuliert, ungesichert, wenn nicht zweifelhaft ist.

Damasio, Antonio: Descartes' Irrtum. Fühlen, Denken und das menschliche Gehirn. 1994: List-Verlag (auch als Taschenbuch bei dtv)

Eine der Grundannahmen des westlichen Denkens ist die Trennung von Verstand und Gefühl. Der Autor hat in Iowa City die weltweit größte Sammlung von Fällen spezifischer Hirnläsionen zusammen getragen und weist anhand seiner Forschungsergebnisse nach, dass ohne Gefühl kein vernünftiges Handeln möglich ist.

Pöppel, Ernst: Grenzen des Bewußtseins. Wie kommen wir zur Zeit und wie entsteht Wirklichkeit? 1997: Insel Verlag

Was ist Bewusstsein, was leistet es, und welches sind seine Grenzen? Der Autor geht davon aus, dass wir über unser Zeiterleben Zugang zum Verständnis von Bewusstsein erlangen. Hierin unterscheidet sich dieses Buch prinzipiell von anderen Büchern, die in jüngerer Zeit vom Thema Bewusstsein erschienen sind.

Pöppel, Ernst / Christaller, Thomas (Hg.): Die Technik auf dem Weg zur Seele. Forschungen an der Schnittstelle Gehirn / Computer 1996: Rowohlt-Verlag (rororo Sachbuch 60133

Dieser äußerst lesenswerte Sammelband dokumentiert vorzüglich den bis in die Mitte der 90er Jahre hinein reichenden Glauben an ein Zusammenwachsen von Hirnforschung und Informatik, die Hoffnung (und zugleich: die Furcht), der menschliche Geist – das menschliche Bewusstsein und unser Erleben – könne technisch simuliert werden. In mehr als 30 Beiträgen geht es um Themen aus den Gebieten der Hirnforschung und der Robotik sowie um die Grundlagen einer "neurotechnologischen" Ethik.

Linke, Detlef: Hirnverpflanzung. Die erste Unsterblichkeit auf Erden. 1993: Rowohlt-Verlag (rororo-Sachbuch 60135)

Der Autor ist Neurophysiologe und gibt einen Überblick über den Stand des handwerklich- technischen Könnens auf dem Gebiet der Neurochirurgie. Dabei spitzt er in provokanter Weise die möglichen Perspektiven des Faches zu, so dass ein Bild des Grauens angesichts des Bevorstehenden gemalt wird.

von Randow, Gero: Roboter: Unsere nächsten Verwandten 1997: Rowohlt-Verlag (rororo-Sachbuch 60553)

Die Roboter sind unter uns, und wir müssen endlich verstehen, wie sie sich verhalten: Diese selbst gestellte Aufgabe löst der Autor mit Bravour und Humor. Erklärt wird, wie Roboter sich bewegen, wie sie ihre Umwelt wahrnehmen und wo sie heute schon eingesetzt werden.

Spektrum der Wissenschaft, Dossier 4/1998: Roboter erobern den Alltag 1998: VCH Wiley-Verlag

Reich bebildert, gibt dieses Sonderheft der Zeitschrift "Spektrum der Wissenschaft" einen hervorragenden Überblick u.a. über die Geschichte der Roboter-Entwicklung und über Forschungstendenzen in der Gegenwart, diverse einsatzfähige Prototypen werden erklärt, und es werden Parallelen heraus gearbeitet zwischen den biomechanischen und den mechanischen Anforderungen bei Tieren und Robotern.

Moravev, Hans: Computer übernehmen die Macht. Vom Siegeszug der künstlichen Intelligenz. 1999: Hoffmann und Campe Verlag

Auf über 300 Seiten unterfüttert der Autor seine auch im vorliegenden Sammelband dokumentierte These, "Roboter mit Bewusstsein" könnten schon sehr bald derart komplex konstruiert werden, dass sie an menschliche Geisteskraft heranreichen. Seine Thesen leiden jedoch unter der Tatsache, dass eine bloße Fortschreibung des technischen Fortschritts (in diesem Fall: der vergangenen 10 Jahre) bislang regelmäßig in die Irre wies.

Whitaker, Reg: Das Ende der Privatheit. Überwachung, Macht und soziale Kontrolle im Informationszeitalter. 1999: Verlag Antje Kunstmann

"Wissen ist Macht" – diese alte These wird hier von einem Politikwissenschaftler mit Blickrichtung auf die Zukunft erörtert. Welche Nutzerdaten können z. B. im Internet erhoben, gespeichert und verwendet werden? Welcher Missbrauch ist denkbar? Und vor allem: Welche Regelungen sollten getroffen werden, um auch künftig "Privatheit" erhalten zu können?

Casti, John: Das Cambridge Quintett. 1998: Berlin-Verlag

An einem regnerischen Abend im Cambridge des Jahres 1949 lädt C. P. Snow zum Dinner ein. Die Gäste sind der Informatiker Alan Turing, der das theoretische Konzept zum Computer ausgearbeitet hat (bevor es ihn überhaupt in einem physikalischen Sinne gab); der Genetiker Haldane; der Physiker Erwin

Schrödinger und der Philosoph Wittgenstein. Im Laufe des Abends diskutieren die fünf die Möglichkeiten der künstlichen Intelligenz. Eine wissenschaftliche Spekulation.

Hodges, Andrew: Alan Turing, Enigma 1994: Springer-Verlag

Die Biographie des legendären britischen Mathematikers Alan Turing, der in einer 1937 erschienenen Arbeit die Möglichkeiten eines abstrakten Universalrechners erforschte, Jahre bevor es einen Computer gab. Während des Zweiten Weltkriegs war Turing an der Entwicklung des ersten britischen Computers beteiligt. Durch seine Rolle beim Entschlüsseln deutscher Codes verkürzte er den Krieg um entscheidende Monate, so dass die Atombomben nicht mehr über Deutschland abgeworfen wurden.

Hofstadter, Douglas: Gödel, Escher, Bach. Ein Endloses Geflochtenes Band 1991: Verlag Klett-Cotta (auch als Taschenbuch bei dtv)

Epimenides, der Kreter, behauptet: Alle Kreter lügen. Kurt Gödel entwickelte die mathematische Umsetzung dieses Lügenparadoxons und erschütterte damit die Grundfesten der Mathematik. Der Grafiker Escher und der Komponist Bach haben solche Paradoxa jeweils in ihren Künsten umgesetzt. Seit seinem Erscheinen ist dieses Kultbuch die beste Einführung in die mathematische Logik, deren Möglichkeiten und Grenzen auch das Funktionieren der Computer bestimmen.

Kippenhahn, Rudolf: Verschlüsselte Botschaften. Geheimschrift, Enigma und Chipkarte 1997: Rowohlt-Verlag

Die Geschichte der Kryptologie, der Wissenschaft von der Ver- und Entschlüsselung von Nachrichten, reicht bis in die Antike zurück. Kippenhahn erzählt, warum Maria Stuart ihren Kopf verlor, wie entschlüsselte Nachrichten den Verlauf beider Weltkriege beeinflussten und wie die Finanzwirtschaft Verschlüsselungsverfahren zum Sichern von Transaktionen einsetzt. Nur mit Hilfe der Kryptologie wird die elektronische Geldbörse noch sicherer als ein papierener Geldschein.

Wilhelm, Reinhard: Informatik. Grundlagen, Anwendungen, Perspektiven 1996: Verlag C.H. Beck

Auf einer Tagung stellten einige Professoren fest, dass es in deutscher Sprache keine Selbstdarstellung der Informatik für interessierte Laien gibt. Das schmale Bändchen gibt Auskunft über die theoretischen, ingenieurwissenschaftlichen, philosophischen und gesellschaftspolitischen Probleme der Informatik. Wie bei einem Autorenkollektiv unvermeidlich sind die Beiträge von unterschiedlicher Qualität.

Joseph Weizenbaum

Erkenntnis und Information

"Es ist Alltagspraxis geworden, *Informationen* mit *Wissen* oder gar *Ideen* zu verwechseln. Das hat überhaupt nichts miteinander zu tun. Im Gegenteil: Nonsenstexte, von dressierten Affen am PC geschrieben, haben informationstheoretisch einen größeren Informationsgehalt als Shakespeares Werke. Also hat diese Verwechselung verheerende Folgen. Wir sehen diese Schludrigkeit von der Gentechnik bis hin zur Hardwaretechnologie. Gene werden mit Informationen gleichgesetzt, und danach haben Schimpansen zu 98% die gleichen genetischen Informationen wie die Menschen. Der Kontextbezug wird einfach unterschlagen. Das ist so, als wenn ich ein Kunstwerk von Michelangelo zermahle und aus der chemischen Analyse seine Idee rekonstruieren wollte. Die interessengebundene Forschung profitiert von der Desinformation der Bevölkerung und der politischen Entscheidungsträger.
Das führt auch dazu, daß es an wissenschaftlichen Forschungsinstituten und Projekten in der Regel überhaupt kein Problem ist, die Mittel für die teuerste Hardware genehmigt zu bekommen. So profitieren meine KI Kollegen Marvin Minsky und Hans Moravec von dieser organisierten Fehleinschätzung. Auch der oberflächliche Journalismus trägt dazu bei. Der Computer scheint zu "denken", aber er tut es nicht. Er ist sehr fleißig im Zusammenzählen bei Rechenoperationen – wie ein unendlicher Sklave. Dadurch ist es verblüffend leicht, sogenannte "als ob" Effekte zu erzielen." (J. Weizenbaum)

Frühjahr 2000, 80 S., 24,80 DM, gb., ISBN 3-8258-4075-1

LIT Verlag Münster – Hamburg – London
Bestellungen über:
Grevener Str. 179 48159 Münster
Tel.: 0251 – 23 50 91 – Fax: 0251 – 23 19 72
e-Mail: lit@lit-verlag.de – http://www.lit-verlag.de
Preise: unverbindliche Preisempfehlung